BESCHERELLE

EL ARTE DE CONJUGAR
EN ESPAÑOL

Franci...
Antonio

HATIER
8 Rue d'Assas 75006 PARIS

Abreviaturas

vivir	verbo que figura en un cuadro de conjugación
78	llamadas a los cuadros de conjugación
t.	verbo transitivo
i.	verbo intransitivo
p.	verbo pronominal
irr.	verbo irregular
def.	verbo defectivo
imp.	verbo impersonal
amer.	americanismo
p.p.	participio pasivo irregular

1. La gramática del verbo

El verbo

El **verbo** es la parte de la oración que expresa:
— existencia de los seres: *Juan **vive**.*
— estado de los seres: *Los animales **enfermaron**.*
— acción de los seres: *El caballo **corre**.*
— pasión de los seres: *Todos los alumnos **han sido suspendidos**.*
— los sucesos: *Ayer **llovió** bastante.*

El **verbo**, por sus caracteres formales, es la parte de la oración que presenta más variaciones. Por ejemplo, cuando decimos: ***Escribo** una carta,* ***escribieron** un libro* o ***escribirá** una novela,* las palabras *escribo,* ***escribieron*** y ***escribirá*** son tres formas de las muchas que tiene el verbo ***escribir,*** que indican **quién** realiza la acción, **cuándo** la realiza y si está acabada o no.

Los accidentes verbales

El **verbo** consta de una parte, casi siempre invariable, que se llama *raíz* o *radical,* y de una parte, que varía según las formas, llamada *terminación* o *desinencia.* En las formas citadas del verbo ***escribir** (escrib-o, escrib-ieron* y *escrib-irá),* se distinguen claramente las dos partes citadas.

Todas las variaciones que el verbo sufre en sus diferentes formas indican los distintos **accidentes verbales,** que son: la *voz,* el *modo,* el *tiempo,* el *número,* la *persona* y el *aspecto* o forma de presentarse la acción verbal.

La voz indica si la acción del verbo la realiza el sujeto o es éste quien la recibe.
Cuando el sujeto realiza la acción, el verbo está en **voz activa**: *Los alumnos **estudian** la lección.*
Cuando el sujeto recibe la acción, el verbo está en **voz pasiva**: *La lección **es estudiada** por los alumnos.*

El modo indica las distintas maneras generales de expresar la significación del verbo. En español o castellano **los modos** son cinco: **infinitivo, indicativo, potencial, subjuntivo** e **imperativo,** aunque actualmente los gramáticos los reducen a cuatro, ya que consideran que el **potencial,** llamado **condicional,** es un tiempo del modo indicativo.

1. El modo infinitivo indica la significación del verbo sin expresar tiempo, número ni persona, y comprende las llamadas *formas no personales* o *nombres verbales,* que son el *infinitivo* propiamente dicho *(tomar, beber, decir),* el *gerundio (tomando, bebiendo, diciendo)* y el *participio (tomado, bebido, dicho).*

8

2. El modo indicativo expresa la acción del verbo de forma real: *Juan **toma** el autobús; María **leyó** la novela; Luis y Antonio **irán** al cine.*

3. El modo potencial presenta la acción del verbo como posible dependiendo, casi siempre, de una condición: *Si estudiaras más, **aprobarías** el curso.*

4. El modo subjuntivo expresa una acción subordinada a otro verbo que indica suposición, deseo, temor, etc.: *Quieren que **vayamos** a su casa; Luis teme que **llueva** hoy.*

5. El modo imperativo expresa un deseo, una orden, una petición, un ruego o un consejo: ***Venid** cuando queráis; Ana, **estudia**.*

El tiempo indica cuándo se realiza la acción verbal y puede ser: **presente,** cuando se realiza en el momento *(José **come** pan);* **pasado** o **pretérito,** cuando ya se ha realizado *(Julio **comió** pan),* o **futuro,** cuando se va a realizar *(Juan **comerá** pan).*

Desde el punto de vista de su estructura, **los tiempos verbales** pueden ser **simples,** formados por una sola palabra *(canta, bebían, subirán),* y **compuestos,** formados por dos o más palabras *(ha cantado, había bebido, han sido subidos).*

Cada **modo verbal** contiene uno o varios **tiempos:**

1. Infinitivo	infinitivo	simple	*cantar*
		compuesto	*haber cantado*
	gerundio	simple	*cantando*
		compuesto	*habiendo cantado*
	participio	simple	*cantado*

2. Indicativo	tiempos simples	presente	*canto*
		pretérito imperfecto	*cantaba*
		pretérito perfecto simple	*canté*
		futuro	*cantaré*
		condicional	*cantaría*
	tiempos compuestos	pretérito perfecto compuesto	*he cantado*
		pretérito pluscuamperfecto	*había cantado*
		pretérito anterior	*hube cantado*
		futuro perfecto	*habré cantado*
		condicional perfecto	*habría cantado*

9

		presente	*cante*
	tiempos simples	pretérito imperfecto	*cantara o cantase*
		futuro	*cantaré*
3. Subjuntivo			
		pretérito perfecto	*haya cantado*
	tiempos compuestos	pretérito pluscuamperfecto	*hubiera o hubiese cantado*
		futuro perfecto	*hubiere cantado*

4. Imperativo	presente	*canta, cantad*

El número y la persona: Cada uno de los tiempos verbales anteriores puede tener varias formas:

1. En el **infinitivo** son formas únicas en todos los casos.

2. En el **indicativo** y el **subjuntivo** hay seis formas distintas para cada tiempo, simple o compuesto, que corresponden a las tres **personas gramaticales** del **número singular** *(yo, tú, él o ella)* y a las tres del **número plural** *(nosotros o nosotras, vosotros o vosotras, ellos o ellas)*.

Estas tres **personas,** del **singular** o del **plural,** indican quien o quienes realizan la acción del verbo:

La **primera persona** *(yo, nosotros o nosotras)* se refieren a quien o a quienes hablan: **Yo** *hablo poco.* **Nosotros** *salimos de casa.* **Nosotras** *viajamos mucho.*

La **segunda persona** *(tú, vosotros o vosotras)* se refieren a quien o a quienes escuchan: **Tú** *hablas poco.* **Vosotros** *salís de casa.* **Vosotras** *viajáis mucho.*

La **tercera persona** *(él o ella, ellos o ellas)* indica de quien o de quienes se habla: **El** *habla poco.* **Ellos** *salen de casa.*

3. En el **imperativo** sólo hay cinco formas en su único tiempo, el presente, ya que carece de la **primera persona de singular:** *habla* **tú,** *hable* **él** o **ella,** *hablemos* **nosotros** o **nosotras,** *hablad* **vosotros** o **vosotras,** *hablen* **ellos** o **ellas.**

El aspecto indica cómo se desarrolla internamente la acción, expresando si tiene un carácter **instantáneo** *(morir)*, **reiterativo** *(clavar)*, **durativo** *(leer)*, etc., y si está acabada, **aspecto perfecto** *(estudió la lección)*, o inacabada, **aspecto imperfecto** *(estudiaba la lección)*.

Todos los tiempos compuestos y el pretérito perfecto simple tienen **aspecto perfectivo,** mientras que todos los demás tiempos simples tienen **aspecto imperfectivo.**

Por otra parte, es necesario señalar que muchos aspectos pueden expresarse mediante **perífrasis verbales.**

Empleo de los tiempos verbales

Los tiempos indican el momento en que se realiza la acción *(presente)*, se ha realizado *(pasado* o *pretérito)* o si se va a realizar *futuro)*. Estos tres tiempos son **absolutos,** cuando la acción se expresa en uno de los momentos citados *(Estudio la lección. Estudié la lección. Estudiaré la lección)* o **relativos,** cuando se tiene en cuenta la relación de un hecho con otro que no aparece en el discurso *(El lunes iba a Madrid. Quería pedirle un favor a usted).*

Teniendo en cuenta que los **presentes, pasados o pretéritos** y **futuros gramaticales** no expresan siempre el mismo **tiempo cronológico,** respectivamente, y que, incluso, hay formas verbales que no se refieren a un **tiempo cronológico** determinado, sino que la acción sucede o no habitualmente *(El autobús pasa por mi calle),* a continuación, se indican los usos más corrientes de los tiempos verbales y los diferentes matices que éstos introducen en la oración.

Tiempos del modo indicativo

Presente: El **presente de indicativo** es un tiempo **absoluto** que expresa una acción actual *(presente)* que no está acabada *(aspecto imperfectivo): Antonio canta.* No obstante, se emplea poco así y es sustituído por la perífrasis **estar** + **gerundio:** *Antonio está cantando.*
Otros empleos del **presente de indicativo** son:
1. El **presente habitual,** que se emplea para expresar acciones que pueden producirse o no en el momento actual, pero que se han producido antes y se van a producir después: *José estudia Medicina.*
2. El **presente histórico,** que se emplea para expresar acciones pasadas, que deberían expresarse en tiempo pasado o pretérito, pero que no pueden confundirse en cuanto al tiempo en que se realizaron y que así se presentan con mayor viveza: *Colón descubre América en 1492. María no quería verla y, apenas sale a la calle, se la encuentra.*
3. El **presente futuro,** que se emplea para expresar acciones que se tiene la seguridad o la intención de realizar: *El jueves voy a Toledo.*
4. El **presente de mandato** o **performativo,** que se emplea para mandar, incluso con más viveza que utilizando el imperativo: *Ahora mismo tomas el autobús y vas a su casa.*
5. El **presente intemporal,** que se emplea para enunciar verdades no sujetas a un tiempo determinado: *El ángulo recto mide noventa grados.*

Pretérito imperfecto: El **pretérito imperfecto de indicativo** es un tiempo **relativo** que expresa una acción pasada *(pretérito)* sin tener en cuenta su principio y su fin *(aspecto imperfectivo): El perro ladraba mucho por las noches.*

El **pretérito imperfecto de indicativo**, por su gran amplitud temporal, se utiliza mucho en las narraciones: *Cuando amanecía, volvían a casa.* En este caso, las dos acciones corren paralelas.

A veces, las dos acciones no transcurren paralelas: *Cuando llegaste, estaba ahí.* Entonces, la acción expresada por el pretérito imperfecto es interferida por la otra acción.

El **pretérito imperfecto de indicativo** se utiliza a veces para expresar acciones presentes, principalmente cuando queremos pedir algo cortésmente: *Quería pedirte un favor. ¿Podía dejarme su libro?*

Pretérito perfecto simple: El **pretérito perfecto simple,** llamado también **pretérito indefinido** es un tiempo **absoluto** que expresa una acción pasada *(pretérito)* y terminada *(aspecto perfectivo)* en un tiempo que el hablante considera acabado: *El domingo pasado vimos a Pedro.*

Pretérito perfecto compuesto: El **pretérito perfecto compuesto de indicativo** es un tiempo **absoluto** que expresa una acción pasada *(pretérito)* y terminada *(aspecto perfectivo)* en un tiempo que el hablante no considera acabado todavía: *Hoy han terminado las clases.*

La diferencia fundamental que existe entre el empleo de los **pretéritos perfectos, simple** y **compuesto,** está en si el hablante considera, respectivamente, que el tiempo en que se realiza la acción ha terminado o no. A pesar de esta clara diferencia, en algunas regiones se emplean indistintamente ambos pretéritos en el lenguaje coloquial.

Pretérito pluscuamperfecto: El pretérito pluscuamperfecto de indicativo es un tiempo **relativo** que expresa una acción pasada y que es anterior a otra acción pasada también *(pretérito)* que ya han terminado *(aspecto perfectivo)*: *Cuando fuimos ya se habían ido.* La acción pasada *ya se habían ido* es anterior a la acción pasada también *cuando fuimos.*

Pretérito anterior: El **pretérito anterior** es un tiempo **relativo** que expresa una acción pasada *(pretérito)* y terminada *(aspecto perfectivo)* que es anterior a otra acción pasada y terminada también: *Apenas hubo terminado se marchó.*

El **pretérito anterior** se diferencia del **pretérito pluscuamperfecto de indicativo** en la proximidad de las acciones: el primero informa de que la acción es inmediatamente anterior a otra, mientras que el segundo no da esa información.

El **pretérito anterior** va siempre precedido por un adverbio de tiempo *(apenas, cuando, apenas...)*, se utiliza muy poco y se sustituye por el **pretérito perfecto simple** o **indefinido** o por el **pretérito pluscuamperfecto de indicativo**: *Apenas terminó se marchó. Apenas había terminado se marchó.*

Futuro: El **futuro de indicativo** es un tiempo **absoluto** que expresa una acción venidera *(futuro)* y no acabada *(aspecto imperfectivo): Mañana iremos temprano.*

El **futuro de indicativo** se emplea poco en lengua hablada, sustituyéndose por perífrasis: *Mañana vamos a ir temprano.* Sin embargo, se emplea con otros usos:

1. El **futuro de obligación,** que se emplea en sustitución del imperativo para expresar un deber: *Amarás a tus padres.*

2. El **futuro de exigencia,** que se emplea en sustitución del imperativo para dar una orden: *Usted hará lo que le digo.*

3. El **futuro de cortesía,** que se emplea en sustitución del imperativo para expresar un ruego: *¿Me dejará el libro, por favor?*

4. El **futuro de probabilidad,** que se emplea para expresar una opinión de la que no se tiene completa seguridad: *Creo que vendrá.*

Futuro perfecto: El **futuro perfecto de indicativo** es un tiempo **relativo** que expresa una acción venidera *(futuro)* y acabada *(aspecto perfectivo)* que es anterior a otra acción también futura: *Cuando vengas ya habré terminado.*

También se emplea el **futuro perfecto de probabilidad** para expresar una opinión aproximada de un hecho pasado: *Habrá venido tarde.*

Condicional: El **condicional simple** es un tiempo **relativo** que expresa una acción venidera *(futuro)* y no acabada *(aspecto imperfectivo)* en relación con el pasado. Se trata, pues, de un futuro del pasado, llamado también **futuro hipotético:** *El hombre del tiempo dijo que llovería hoy.*

El **condicional simple** se emplea también con otros usos:

1. El **condicional de cortesía,** que se emplea para expresar un ruego, una invitación, etc.: *¿Querría acompañarme?*

2. El **condicional de consejo,** que se emplea para aconsejar algo: *Deberías estudiar más.*

3. El **condicional de probabilidad,** que se emplea para expresar una opinión aproximada de un hecho pasado: *Valdría un millón por lo menos.*

Condicional perfecto: El **condicional perfecto** es un tiempo **relativo** que expresa una acción venidera *(futuro)* y acabada *(aspecto perfectivo)* en relación con otra acción pasada que se considera punto de partida: *Me dijeron que cuando vinieses ya habrían terminado.*

El **condicional perfecto** se emplea también como:

1. **Condicional de cortesía,** para expresar un ruego, un deseo, etc.: *¿Habría venido usted?*

2. **Condicional de probabilidad,** para expresar una opinión aproximada de un hecho pasado: *Habría valido un millón por lo menos.*

Los **condicionales, simple** y **perfecto,** se utilizan en la proposición principal de las oraciones compuestas subordinadas condicionales: *Si estudiaras más, aprobarías. Si hubieras estudiado más, habrías aprobado.*

Tiempos del modo subjuntivo

Las formas verbales del **subjuntivo,** por su carácter de irrealidad, expresan el **tiempo** (generalmente, determinado por el contexto) con menor precisión que las formas del **indicativo.** Por otra parte, los **tiempos del subjuntivo** sólo son seis (frente a los diez del **indicativo**), habiendo quedado reducidos en la práctica a cuatro, ya que los dos futuros apenas se usan actualmente.

Presente: El **presente de subjuntivo** es un tiempo **relativo** que expresa una acción no acabada *(aspecto imperfectivo):*
1. En el momento actual *(presente): No creo que* **venga** *ahora.*
2. En un tiempo venidero *(futuro): Es posible que* **venga** *mañana.*
El **presente de subjuntivo,** por su capacidad para expresar acción futura, se usa frecuentemente para construir oraciones:
— **dubitativas:** *Acaso* **vaya** *hoy.*
— **desiderativas:** *¡Ojalá* **vaya** *hoy!*
— **exhortativas:** *Vaya usted tranquilo.*
— **imperativas:** *Vaya usted temprano.*

Pretérito imperfecto: El **pretérito imperfecto de subjuntivo** es un tiempo **relativo** que expresa una acción no acabada *(aspecto imperfectivo):*
1. En el momento actual *(presente): Si* **tuviera** *dinero, compraría la casa ahora. Si* **tuviese** *dinero, habría comprado la casa ahora.*
2. En un tiempo pasado *(pretérito): Me dijeron que* **callase.**
3. En un tiempo venidero *(futuro): Decían que* **volviera** *mañana.*
Generalmente, su empleo depende de otra forma verbal de los tiempos pretérito perfecto simple *(Me* **dijeron** *que callase),* del pretérito imperfecto de indicativo (**Decían** *que volviera mañana)* o del condicional, simple o compuesto *(Si tuviera dinero,* **compraría** *la casa ahora mismo. Si tuviese dinero,* **habría comprado** *la casa ahora).*
El **pretérito imperfecto de subjuntivo** también se emplea para construir oraciones:
— **dubitativas:** *Acaso* **fuese** *hoy.*
— **desiderativas:** *¡Ojalá* **fuera** *hoy!*
En ambos casos, expresa reforzados los mismos matices que el presente de subjuntivo.

Futuro: El **futuro de subjuntivo** es un tiempo **relativo** que expresa una acción no acabada *(aspecto imperfectivo):*
1. En el momento actual *(presente): Si alguien* **dudare** *de mí, que lo diga ahora mismo.*
2. En un tiempo venidero *(futuro): En caso de que* **estuvieres** *aquí la semana próxima, avísame.*
Actualmente está en desuso, sustituyéndose por los presentes de indicativo *(Si alguien* **duda** *de mí, que lo diga ahora mismo)* o de subjuntivo *(En*

*caso de que **estés** aquí la semana próxima, avísame)*. El pretérito imperfecto y el futuro del subjuntivo son tiempos derivados directamente de la 3.ª persona del plural del pretérito perfecto simple de indicativo al suprimirse la desinencia **-ron** y añadiéndole las desinencias:

Pretérito imperfecto de subjuntivo:

1.ª forma: *-ra, -ras, -ra*   2.ª forma: *-se, -ses, -se*
         -ramos, -rais, -ran   *-semos, -seis, -sen*

Futuro de subjuntivo:

1.ª forma: *-re, -res, -re*
         -remos, -reis, -ren

Pretérito perfecto: El **pretérito perfecto de subjuntivo** es un tiempo relativo que expresa una acción acabada *(aspecto perfectivo)*:
1. En un tiempo pasado *(pretérito)*: *Espero que no **haya llegado** todavía.*
2. En un tiempo venidero *(futuro)*: *Saldré cuando **haya terminado**.*
Como puede apreciarse en los ejemplos anteriores, su empleo suele depender de otra forma verbal en presente o en futuro de indicativo.

Pretérito pluscuamperfecto: El **pretérito pluscuamperfecto de subjuntivo** es un tiempo **relativo** que expresa una acción acabada *(aspecto perfectivo)* realizada en un tiempo también acabado *(pretérito)*: *Si **hubieras venido**, te habrías divertido. No sabía que **hubieras venido** ayer.*

Futuro perfecto: El **futuro perfecto de subjuntivo** es un tiempo **relativo** que expresa una acción acabada *(aspecto perfectivo)*:
1. En un tiempo pasado *(pretérito)*: *Si **hubiere hablado** antes, no tendría problemas ahora.*
2. En un tiempo venidero *(futuro)*: *Si no **hubiere hablado** a las siete, no esperéis más.*
Como el futuro imperfecto de subjuntivo, este tiempo verbal está actualmente en desuso, sustituyéndose por los pretéritos perfecto de indicativo *(Si no **ha hablado** antes de las siete, no esperéis más)* o pluscuamperfecto de subjuntivo *(Si **hubiese hablado** antes, no tendría problemas ahora)*.

El modo imperativo

Presente: El **presente** es el único tiempo del modo imperativo. Es un tiempo **absoluto** que expresa una orden o un ruego que indica una acción terminada *(aspecto perfectivo)* en un tiempo venidero *(futuro):* ¡*Ven aquí*! *Sentaos junto a mí.*

El **presente de imperativo** se caracteriza por no poseer propiamente más que dos formas, correspondientes a la segunda persona de singular *(canta tú)* y de plural *(cantad vosotros)*, ya que sólo es posible dar **órdenes** o formular **ruegos directos** a quien nos oye.

Como nadie puede dirigirse a sí mismo en ninguno de los dos sentidos anteriores, el **presente de imperativo** carece de primera persona de singular. Sin embargo, sí es posible dar **órdenes** y formular **ruegos indirectos** que nos afecten a nosotros mismos (primera persona de plural), a vosotros (segunda persona de plural) y a él o a ellos (terceras personas de singular y plural). En estos casos, las formas empleadas no son propias del **presente de imperativo,** sino del **presente de subjuntivo** *(cante él, cantemos nosotros, canten ellos).*

Cabe señalar que en el uso del **imperativo** suelen cometerse dos errores:
1. Utilizar la forma de **infinitivo** *(cantar vosotros)* por la segunda persona de plural del **imperativo** *(cantad vosotros).*
2. Utilizar la forma de **infinitivo** unida al pronombre **os** *(callaros vosotros)* por la segunda persona del plural del **imperativo,** en la que se suprime la **d** final, unida al pronombre **os** *(callaos vosotros).*

Sin embargo, las expresiones formadas por la preposición **a** más el **infinitivo** *(¡A cantar!, ¡A comer!, ¡A vivir!, etc.)* son correctas.

El modo infinitivo

El **infinitivo,** el **gerundio** y el **participio,** llamadas **formas no personales** del verbo, no expresan tiempo, sino aspecto y, por su doble valor, se sitúan entre el sintagma nominal y el verbal.

El infinitivo: El **infinitivo** expresa acción y va siempre formando parte de una oración que lleva un verbo en forma personal. En esa oración, el **infinitivo** funciona como **nombre:**
1. Sujeto, que puede llevar o no artículo: *Querer es poder. El comer y el rascar es hasta empezar.*
2. Atributo en una oración copulativa: *Querer es poder.*
3. Complemento directo: *Quiere estudiar.*
4. Complemento indirecto: *Vine para cantar.*
5. Complemento nominal o **verbal** de cualquier clase: *Va a cantar. No quiere acostarse sin cenar. Hablan de venir.*

El gerundio: El gerundio funciona como **adverbio,** que puede ser o no **complemento circunstancial** de un verbo, y, por tanto, no admite ningún tipo de determinantes aunque sí complementos verbales. El **gerundio** expresa acción simultánea *(Paseaba **hablando**)* o duración *(Estoy **leyendo** el periódico).*

El **gerundio** se emplea:

1. En **perífrasis:** *Estaba **cantando**. Seguí **subiendo**...*
2. Desempeñando una **función adjetiva:** *Los alumnos, que estaban **leyendo**, no le vieron. Vimos al niño **llorando**.*
3. Con valor **causal:** *Sabiendo que era Juan, le abrí la puerta.*
4. Con valor **condicional:** ***Estando** de acuerdo, iremos todos.*
5. Con valor **concesivo:** *Aunque esté **lloviendo**, saldremos.*
6. Con valor **copulativo:** *Madrid es la capital de España, **siendo** la primera ciudad por el número de sus habitantes.*

El participio: El participio funciona como un **adjetivo** y puede variar en género y número, siempre que no intervenga en la formación de un tiempo compuesto, en cuyo caso es invariable.

El **participio** se emplea:

1. Para formar con el auxiliar **haber** los **tiempos compuestos:** *Hemos **venido** a verte. Había **comido** mucho. Habrán **tenido** sueño...*
2. Para formar la **voz pasiva** con el auxiliar **ser:** *El ladrón fue **detenido** por la policía. Los alumnos han sido **suspendidos**.*
3. En **perífrasis:** *El presidente sigue **enfadado**.*
4. Como **sujeto independiente** en proposiciones subordinadas adsolutas: ***Terminada** la película, salimos a la calle.*
5. Como **adjetivo verbal:** *Los niños están **cansados*** (atributo). *Comimos carne **asada*** (complemento de un nombre).

La conjugación

Se llama **conjugación** o **flexión** del verbo al conjunto de todas las formas que éste puede tomar al variar sus accidentes gramaticales. **Conjugar** un verbo es, por tanto, enunciar ordenadamente todas sus formas.

Las **desinencias** o **terminaciones** de las formas verbales varían de acuerdo con la **desinencia** o **terminación del infinitivo** de cada verbo, que puede ser **-ar, -er** o **-ir.** De aquí que todos los verbos españoles pertenezcan a los siguientes **tipos de conjugación:**

Primera conjugación: Verbos cuyo infinitivo termina en *-ar: cantar, tomar, andar...*

Segunda conjugación: Verbos cuyo infinitivo termina en *-er: comer, beber, saber...*

Tercera conjugación: Verbos cuyo infinitivo termina en *-ir: partir, vivir, subir...*

Clases de verbos según su conjugación

Según su conjugación, los verbos pueden ser **auxiliares, regulares, irregulares, defectivos** e **impersonales.**

Verbos auxiliares son los que sirven para formar tiempos de otros verbos. Los verbos auxiliares más importantes son *haber* y *ser*.
El verbo *haber* sirve para formar los tiempos compuestos de todos los verbos.
El verbo *ser* sirve para formar los tiempos de la voz pasiva.
Se consideran auxiliares los verbos que, al iniciar una perífrasis, pierden su significado propio: *Vamos a trabajar. Tengo que subir. Estamos escribiendo...*

Verbos regulares son los que toman las desinencias comunes a los verbos de su conjugación y **no varían su raíz**.
Generalmente, se toman como modelos de verbos regulares *amar* o *cortar*, para la primera conjugación; *temer* o *deber*, para la segunda conjugación, y *partir* o *vivir*, para la tercera conjugación. Los demás verbos regulares se conjugan como éstos.

Verbos irregulares son los que, al ser conjugados, **varían su raíz** en alguna forma verbal; toman **terminaciones especiales**, o hacen ambas cosas a la vez, apartándose de la conjugación de los verbos modelos.
Así, varían su raíz: *jugar (juego), soñar (sueño), poder (pude, ... puedo)...*; toman terminaciones especiales: *andar (anduve, no andé), tener (tuve, no teni); decir (dije, no decí)...*; varían la raíz y la terminación: *hacer (hice, no haci); venir (vine, no veni)...*
Generalmente, los verbos irregulares no lo son en todos sus tiempos, sino que las irregularidades se dan por grupos de tiempos o temas, que son tres:
I. Al **tema de presente** pertenecen los presentes de indicativo, de subjuntivo y de imperativo.
II. Al **tema de pretérito** pertenecen el pretérito perfecto simple de indicativo, el pretérito imperfecto, el futuro de subjuntivo y, a veces, el gerundio.
III. Al **tema de futuro** pertenecen el futuro de indicativo y el condicional simple.
Por tanto, para saber si un verbo es irregular basta con ver si son irregulares el presente, el pretérito perfecto simple y el futuro de indicativo.

I. Irregularidades del tema de presente:

A. Diptongación de la vocal radical acentuada:

A.1. Cambian E por IE:
calentar	yo caliento	yo caliente	calienta tú
perder	yo pierdo	yo pierda	pierde tú
discernir	yo discierno	yo discierna	discierne tú

A.2. Cambian I por IE:
adquirir	yo adquiero	yo adquiera	adquiere tú
inquirir	yo inquiero	yo inquiera	inquiere tú

A.3. Cambian O por UE:
contar	yo cuento	yo cuente	cuenta tú
volver	yo vuelvo	yo vuelva	vuelve tú

A.4. Cambia U por UE:
jugar	yo juego	yo juegue	juega tú

A.5. Cambian E por IE / I:
sentir	yo siento	yo sienta	siente tú	sintiendo
mentir	yo miento	yo mienta	miente tú	mintiendo

A.6. Cambian O por UE / U:
morir	yo muero	yo muera	muere tú	muriendo
dormir	yo duermo	yo duerma	duerme tú	durmiendo

B. Debilitación de la vocal radical acentuada:

B.1. Cambian E por I:
pedir	yo pido	yo pida	pide tú	pidiendo
vestir	yo visto	yo vista	viste tú	vistiendo

B.2. Cambia O por U:
podrir	yo pudro	yo pudra	pudre tú	pudriendo

C. Aumento de consonantes:

C.1. Cambian C por ZC:
conocer	yo conozco	yo conozca	conozca él
nacer	yo nazco	yo nazca	nazca él

C.2. Cambian N por NG:
poner	yo pongo	yo ponga	ponga él
tener	yo tengo	yo tenga	tenga él

C.3. Cambian L por LG:
salir	yo salgo	yo salga	salga él
valer	yo valgo	yo valga	valga él

C.4. Cambia S por SG:
asir	yo asgo	yo asga	asga él

C.5. Cambian U por UY:
huir	yo huyo	yo huya	huye tú
concluir	yo concluyo	yo concluya	concluye tú

C.6. Añaden IG:

caer	yo ca**ig**o	yo ca**ig**a	ca**ig**an ellos
oír	yo o**ig**o	yo o**ig**a	o**ig**an ellos

D. Otras irregularidades:

D.1. El verbo ha**b**er cambia B por Y en el presente de subjuntivo:

yo ha**y**a

D.2. Cambian C por G:

hacer	yo ha**g**o	yo ha**g**a	ha**g**amos nosotros
satisfacer	yo satisfa**g**o	yo satisfa**g**a	satisfa**g**amos nosotros

D.3. Cambian AB por EP:

ca**b**er	yo qu**ep**o	yo qu**ep**a	qu**ep**amos nosotros
sa**b**er		yo s**ep**a	s**ep**amos nosotros

D.4. Cambian EC por IG:

de**c**ir	yo d**ig**o	yo d**ig**a	d**ig**amos nosotros
malde**c**ir	yo mald**ig**o	yo mald**ig**a	mald**ig**amos nosotros

II. Irregularidades del tema de pretérito:

A. Debilitación de la vocal radical:

A.1. Cambio de E por I:

g**e**mir	él g**i**mió	él g**i**miera / g**i**miese	él g**i**miere	g**i**miendo
s**e**rvir	él s**i**rvió	él s**i**rviera / s**i**rviese	él s**i**rviere	s**i**rviendo

A.2. Cambio de O por U:

d**o**rmir	él d**u**rmió	él d**u**rmiera / d**u**rmiese	él d**u**rmiere	d**u**rmiendo
m**o**rir	él m**u**rió	él m**u**riera / m**u**riese	él m**u**riere	m**u**riendo

B. Pretéritos fuertes

(graves en su acentuación, en lugar de ser agudos)

andar	yo anduve	él anduvo
caber	yo cupe	él cupo
conducir	yo conduje	él condujo
dar	yo di	él dio
decir	yo dije	él dijo
estar	yo estuve	él estuvo
haber	yo hube	él hubo
hacer	yo hice	él hizo
placer [1]	—	plugo
poder	yo pude	él pudo
poner	yo puse	él puso
querer	yo quise	él quiso

(1) Las formas con **g** del verbo **placer** no se emplean hoy en la lengua hablada. Sólo tienen estado literario, a pesar de su carácter arcaico.

responder [2]	yo repuse	él repuso
saber	yo supe	él supo
ser / ir	yo fui	él fue
tener	yo tuve	él tuvo
traer	yo traje	él trajo
venir	yo vine	él vino
ver	yo vi	él vio

III. Irregularidades del tema de futuro y condicional:

A. Pérdida de vocal interior protónica:

haber	yo habré	yo habría
caber	yo cabré	yo cabría
saber	yo sabré	yo sabría
querer	yo querré	yo querría
poder	yo podré	yo podría

B. Pérdida de vocal y consonante:

hacer	yo haré	yo haría
decir	yo diré	yo diría

C. Pérdida de vocal y aumento de consonante:

poner	yo pondré	yo pondría
tener	yo tendré	yo tendría
valer	yo valdré	yo valdría
salir	yo saldré	yo saldría
venir	yo vendré	yo vendría

(2) El verbo **responder**, además de su pretérito perfecto simple **respondí**, conserva su pretérito fuerte originario **repuse, repusiste**... que coincide hoy con el pretérito fuerte del verbo **reponer**.

Modificaciones ortográficas

A. Verbos con modificaciones ortográficas para conservar la pronunciación:

A.1. Verbos de la primera conjugación:

    1.1. Los verbos terminados en CAR cambian la C por QU delante de E:

    buscar   *busqué*   *busquemos*

    1.2. Los verbos terminados en GAR toman GU delante de E:

    jugar   *jugué*   *juguemos*

    1.3. Los verbos terminados en GUAR toman GÜ delante de E:

    averiguar   *averigüé*   *averigüemos*

    1.4. Los verbos terminados en ZAR cambian la Z por C delante de E:

    cruzar   *crucé*   *crucemos*

A.2. Verbos de la segunda y la tercera conjugaciones:

    2.1. Los verbos terminados en CER y CIR cambian la C por Z delante de A y de O:

    vencer   *venzo*   *venza*
    esparcir   *esparzo*   *esparza*

    2.2. Los verbos terminados en GER y GIR cambian la G por J delante de A y de O:

    encoger   *encojo*   *encoja*
    dirigir   *dirijo*   *dirija*

    2.3. Los verbos terminados en GUIR suprimen la U delante de A y de O:

    conseguir   *consigo*   *consiga*

    2.4. Los verbos terminados en QUIR cambian QU por C delante de A y de O:

    delinquir   *delinco*   *delinca*

B. Verbos con modificaciones según las reglas ortográficas:

B.1. La i átona desaparece cuando está situada entre una l o las consonantes CH, LL y Ñ y una vocal:

reír	*riendo*	*rió*	*riera / riese*	*riere*
bullir	*bullendo*	*bulló*	*bullera / bullese*	*bullere*
bruñir	*bruñendo*	*bruñó*	*bruñera / bruñese*	*bruñere*

B.2. La i átona entre dos vocales se escribe Y:

caer	*cayendo*	*cayó*	*cayera / cayese*	*cayere*
oír	*oyendo*	*oyó*	*oyera / oyese*	*oyere*
huir	*huyendo*	*huyó*	*huyera / uyese*	*huyere*

C. Alteraciones del acento ortográfico de los verbos terminados en IAR y UAR:

Generalmente se acentúan ortográficamente la I y la U de la raíz cuando estas vocales son tónicas:

confío, confías, confía, confían
confíe, confíes, confíe, confíen
continúo, continúas, continúa, continúan
continúe, continúes, continúen

Algunos verbos terminados en IAR y todos los que terminan en CUAR y GUAR conservan el diptongo en todas las personas y no se acentúan nunca:

acaricio, acaricias, acaricia, acarician
apaciguo, apaciguas, apacigua, apaciguan

Tipo de verbos

Verbo copulativo es el que **une el sujeto con el atributo** en una oración, que puede ser un **sintagma nominal** *(José es médico),* un **sintagma adjetivo** *(La fruta está verde)* o un **sintagma preposicional** *(María es de Valencia).*

Los verbos copulativos son *ser y estar,* pero pueden funcionar como tales muchos verbos intransitivos: andar *(Juan anda despistado),* dormir *(El enfermo duerme tranquilo),* llegar *(Ana llegó cansada),* seguir *(Luis sigue enfermo),* etc., que se construyen con un **sintagma adjetivo.**

Verbo predicativo es el que desempeña la función de **núcleo del predicado** en una oración e indica estado *(La mujer vivía aún),* acción *(El perro ladra)* o pasión *(El herido fue llevado al hospital).* Estos verbos se dividen en dos grupos: intransitivos y transitivos.

Verbo intransitivo es aquél cuya acción, completa sin necesidad de complemento u objeto directo, no pasa del sujeto a otra persona, animal o cosa: *Sus amigos viven en aquella casa. Cervantes nació en Alcalá de Henares. Esta noche ha nevado.*

Verbo transitivo es aquél cuya acción, realizada por el sujeto, recae sobre una persona, animal o cosa que en la oración desempeña la función de complemento u objeto directo: *Ayer vimos A TU HERMANO. Juan tiene UN CABALLO. Luisa escribió UNA CARTA.* Para determinar si un verbo es transitivo, hay que preguntarse **qué cosa** o cual es el objeto de la acción.

Muchos verbos transitivos pueden funcionar como intransitivos: *Juan habla. El perro ladra. María escribe.* En los verbos transitivos se incluyen los verbos nominales y pronominales, y éstos se dividen a su vez en verbos reflexivos y recíprocos.

Verbo nominal es el verbo transitivo cuyo complemento u objeto directo es un **nombre:** *Antonio ganó LA CARRERA. José felicitó A PILAR. El caballo bebe AGUA.*

Verbo pronominal es el verbo transitivo cuyo complemento u objeto directo es un **pronombre:** *Juan SE lava. Lucía y yo NOS encontramos en la calle.*

Verbo reflexivo es el verbo pronominal cuya acción se refleja o recae sobre el sujeto que la realiza: *Antonio SE lava. Julio y yo NOS levantamos temprano.* El objeto se expresa mediante un pronombre personal *(ME, TE, SE, NOS, OS, SE).*

Verbo recíproco es el verbo pronominal que tiene por sujeto a dos o más personas, animales o cosas que, al mismo tiempo que realizan la acción unos sobre otros, la reciben de los demás: *Los dos amigos SE ayudaron. Mónica y yo NOS tuteamos.*

La voz pasiva

El verbo está en **voz pasiva** cuando el sujeto **recibe la acción** *(sujeto paciente)* en vez de realizarla *(sujeto agente),* como sucede cuando está en **voz activa**. En las oraciones *El Quijote fue escrito POR CERVANTES; Marta es estimada DE TODOS,* podemos observar que:

— **los sujetos** *(El Quijote* y *Marta)* reciben la acción de los verbos correspondientes *(escribir* y *estimar).* Son **sujetos pacientes:**

— **quienes** realizan las acciones *(Cervantes* y *todos)* son los **complementos agentes** y van acompañados de las preposiciones **por** y **de,** respectivamente;

— las **formas verbales** empleadas (fue escrito y es estimada) están compuestas por la correspondiente forma del verbo *ser (fue y es)* y el participio del verbo que indica la acción *(escrito* y *estimada).*

Las oraciones que, como las anteriores *(El Quijote fue escrito por Cervantes. Marta es estimada de todos)* constan de **sujeto paciente, verbo en voz pasiva** y **complemento agente,** reciben el nombre de **oraciones primeras de pasiva** y pueden transformarse en **oraciones activas** *(Cervantes escribió el Quijote. Todos estiman a Marta)* convirtiendo el sujeto paciente en complemento u objeto directo; transformando el complemento agente en sujeto agente, y poniendo el verbo en voz activa.

Las oraciones que, como *Luis es estimado; el puente ha sido construido,* constan de *sujeto paciente (Luis y puente)* y **verbo en voz pasiva,** pero no tienen complemento agente, son **oraciones segundas de pasiva** y pueden transformarse en **activas** *(Estiman a Luis; han construido el puente)* o en **pasivas impersonales** *(Se estima a Luis; se ha construido el puente).*

Oraciones de pasiva refleja

Las **oraciones de pasiva refleja** tienen su predicado en tercera persona, con *se,* y significación pasiva: *Se vende un piso (Un piso es vendido); Se arreglan zapatos (Zapatos son arreglados),* concordando en número el verbo y el sujeto paciente.

Perífrasis verbales

Se llaman **perífrasis verbales** a los grupos verbales que contienen un **verbo auxiliar,** que no es *haber* ni *ser,* y una forma verbal no personal: **infinitivo, gerundio** o **participio.**

Las perífrasis verbales se utilizan para expresar con mayor precisión tanto los **modos** como los **aspectos** verbales.

Perífrasis verbales con infinitivo:
Son **perífrasis modales** que expresan **obligación**:
haber de + *infinitivo: Hemos de estudiar la lección.*
haber que + *infinitivo: Hay que aprovechar el tiempo.*
tener que + *infinitivo: Tengo que ir a casa.*
deber + *infinitivo: Debemos terminar el trabajo.*
Son **perífrasis modales** que expresan **duda** o **probabilidad**:
deber de + *infinitivo: Deben de ser cuatro o cinco.*
venir a + infinitivo: *Viene a durar una semana.*
Son **perífrasis aspectuales** que indican acción a punto de empezar **(ingresivas)**:
ir a + *infinitivo: Iba a escribir una carta.*
pasar a + *infinitivo: Entendida su pregunta, paso a contestarle.*
estar a punto de + *infinitivo: Estaba a punto de empezar la novela.*
Es una **perífrasis aspectual** que expresa **reiteración**:
volver a + *infinitivo: Volvió a empezar su tarea.*
Son **perífrases aspectuales** que indican acción en el momento de empezar **(incoativas)**:
echarse a + *infinitivo: Se echó a llorar amargamente.*
ponerse a + *infinitivo: Se puso a cantar una jota.*
liarse a + *infinitivo: Se lió a dar golpes.*
romper a + *infinitivo: Rompió a reír nerviosamente.*
Son **perífrasis aspectuales** que indican exageración **(hiperbólicas)**:
hartarse de + *infinitivo: Se hartó de comer fruta.*
hincharse de + *infinitivo: Se hinchó de llorar en el teatro.*
inflarse de + *infinitivo: Se infló de beber agua.*
darle (a uno) por + *infinitivo: Le dio por gastar dinero.*
Son **perífrasis aspectuales** que indican acción acabada como consecuencia de otra acción previa **(resultativas)**:
llegar a + *infinitivo: Agobiado por las deudas, llegó a vender todo.*
acabar de + *infinitivo: Cuando llegamos, acabó de comer.*
dejar de + *infinitivo: Cuando se examinó, dejó de estudiar.*
quedar en + *infinitivo: Quedó en venir el domingo.*

Perífrasis verbales con gerundio:
Son **perífrasis aspectuales** que indican **duración**:
seguir + *gerundio: Siguió cantando toda la tarde.*
estar + *gerundio: Estaba hablando con Juan.*
continuar + *gerundio: Continuó escribiendo la carta.*
ir + *gerundio: Iban llorando por la calle.*
andar + *gerundio: Andaba buscando un libro.*
llevar + *gerundio: Llevaban esperando dos horas.*
quedarse + *gerundio: Se quedaron esperando la respuesta.*
Es una **perífrasis aspectual incoativa**:
salir + *gerundio: Salió corriendo de la casa.*
Es una **perífrasis aspectual reiterativa**:
venir + *gerundio: Viene gastando más dinero desde hace unos meses.*

Son **perífrasis aspectuales resultativas**:
acabar + *gerundio: Por su mala cabeza,* **acabó arruinando** *el negocio.*
terminar + *gerundio: Con tantos trabajos* **terminó ganando** *una fortuna.*

Perífrasis verbales con participio:
Son **perífrasis aspectuales durativas**:
seguir + *participio: José* **sigue sentado** *allí.*
traer (a uno) + *participio: Los exámenes* **me traen preocupado.**
quedar + *participio: El asunto* **quedó decidido** *durante la reunión.*
Son **perífrasis aspectuales resultativas**:
quedar + *participio: El asunto* **quedó decidido** *al final de la reunión.*
dar por + *participio:* **Dio por finalizado** *el partido antes de tiempo.*
Son **perífrasis aspectuales que indican movimiento**:
ir + *participio: María* **iba preocupada.**
andar + *participio: María* **andaba preocupada.**

Usos de *ser* y *estar*

Los verbos copulativos *ser* y *estar* pueden funcionar también como verbos **predicativos** en oraciones como *El baile* **fue** *en la plaza; Los animales* **estaban** *en el establo,* en las que no realizan ninguna unión y pueden llevar un complemento circunstancial.

Utilizados como verbos copulativos, su empleo presenta ciertas dificultades, por lo que es necesario señalar sus usos para evitar errores.

Ser se utiliza:
— Para unir el sujeto con el atributo expresado por un sustantivo *(María es* **una mujer**), un adjetivo *(María es* **alta**), un infinitivo *(Querer es* **poder**), un pronombre *(Este libro es* **mío**) o **de** + **sustantivo** *(La silla es* **de madera**).
— Seguido de la preposición **de** + **nombre propio,** para indicar origen *(Pedro es* **de Málaga**) o pertenencia *(Esa casa es* **de Juan**).
— Para expresar tiempo *(Son* **las cinco**) o cantidad *(Son* **mil pesetas;** *es* **mucho**).

Estar se utiliza:
— Con un adverbio de lugar, para indicar localización: *(José está* **allí**).
— Con un adverbio o locución adverbial de modo, para indicar estado transitorio: *(Ana está* **bien**).
— Con un adjetivo, para indicar una cualidad transitoria: *(El mar está* **azul**).
— Con la preposición **de,** para expresar una situación transitoria: *(Mis padres están* **de viaje**).
— Con la preposición **en,** para indicar lugar: *(María está* **en Madrid**).
— Con un participio, para expresar estado transitorio: *(El perro está* **cansado**).
— Con el gerundio, para expresar una acción transitoria: *(Mis hermanos están* **durmiendo**).

Expresiones que funcionan con *ser* y con *estar:*

José es vivo.	(José es **inteligente, rápido**).
José está vivo.	(José **vive**).
Luis es listo.	(Luis es **inteligente**).
Luis está listo.	(Luis está **preparado, dispuesto**).
Juan es bueno.	(Juan **se comporta bien, tiene buen carácter**).
Juan está bueno.	(Juan **tiene salud**).
Ana es mala.	(Ana **se comporta mal, tiene mal carácter**).
Ana está mala.	(Ana **está enferma**).

El tratamiento entre personas

La comunicación en sociedad, entre dos o más personas, es uno de los aspectos más importantes en la utilización del lenguaje articulado. En estos casos, los verbos deben someterse, en su conjugación, a lo que llamamos *tratamiento* y que resulta de la costumbre, de las particularidades nacionales o regionales, de la mayor o menor familiaridad entre las personas que participan en la conversación o, por el contrario, del respeto a que están sometidas sus relaciones.

Las tres formas de tratamiento más frecuentes son: *el tuteo, el voseo* (en ciertas áreas de Hispanoamérica) y *el tratamiento con usted.*

1. El tuteo

Cuando existe familiaridad o amistad entre dos o varias personas, el tratamiento habitual es el *tuteo*. Consiste en el uso del pronombre *tú (2ª persona del singular)* para dirigirse a una sola persona y del pronombre *vosotros -as (2ª persona del plural)* para dirigirse a varias personas. Por ejemplo: *tú hablas, vosotros cantáis.*

Al nominativo *tú* corresponden una única forma para el dativo y el acusativo y dos formas para el preposicional.

Dativo y **acusativo:** *te estoy mirando.*

Casos preposicionales: *bailaré contigo, estas flores son para ti, se han vuelto contra ti.*

El nominativo plural *vosotros -as* no cambia en el caso preposicional, pero sí en el dativo y en el acusativo, aunque con una única forma para los dos géneros.

Dativo y **acusativo:** *os estoy mirando (a vosotros o a vosotras).*

Casos preposicionales: *estoy con vosotros (masc. pl.), estas flores son para vosotras (fem. pl.), se han vuelto contra vosotros (masc. pl.)*

La familiaridad y la intimidad no son las únicas causas que imponen el uso del *tuteo*. El desarrollo de la vida urbana, la modernización de las costumbres y, más particularmente, las relaciones entre colegas o entre jóvenes han generalizado el uso de *tú* y el desuso del tratamiento con *usted* que es, como lo veremos, marca de distanciamiento o respeto.

Como ocurre en otras lenguas, el hispanoparlante también *tutea* a Dios, a los santos, a las divinidades en general y a su patria. En estos casos, el uso de *tú* es marca de amor y reverencia. Así, el poeta nicaragüense Rubén Darío saluda reverenciosamente a Leonardo de Vinci:

«*Maestro, Pomona levanta su cesto. Tu
estirpe saluda la Aurora, ¡Tu Aurora!...*»

Pero el *tú* puede ser utilizado también en frases de enojo o de enemistad. El mismo Darío advierte en su poema a Roosevelt:

«*¡Es con voz de la Biblia, o verso de Walt Whitman,
que habría que llegar a ti, Cazador!*»

Los contextos, el tono empleado, los signos de puntuación permiten reconocer el significado del *tuteo* en cada uno de estos casos.

2. El voseo

Un muy amplio sector del mundo hispanoparlante utiliza el *voseo,* tratamiento que consiste en el empleo de la forma *vos* para dirigirse a una sola persona. El *voseo* se practica sobre todo en el Río de la Plata (Argentina, Uruguay y parte de Paraguay) así como en otras regiones de América del Sur y en ciertos países del Caribe y de América Central.

El verbo conjugado con *vos* adopta en este tratamiento, formas particulares para el presente de indicativo que se obtiene eliminando el diptongo de la segunda persona del plural: *vos sos, vos cantás, vos tenés, vos podés.* El imperativo del *voseo* parece provenir de la elisión de la consonante final. Así tendremos: *salí, cantá, poné* en vez de *salid, cantad, poned.* En el imperativo negativo coexisten dos formas, según se acentúe o no la última sílaba: *no cantes* o *no cantés; no digas* o *no digás.* Sin embargo la forma aguda es utilizada únicamente en los medios más populares.

Por lo general, en otros tiempos y modos, el *voseo* utiliza las formas correspondientes a la segunda persona del singular. En el pretérito perfecto simple de indicativo coexisten dos formas según se agregue o no una *s* final: *cantaste, cantastes; bailaste, bailastes; viniste, vinistes.*

El plural de *vos* es *ustedes* que se utiliza con la tercera forma verbal de la tercera persona del plural: *ustedes salen, ustedes están, ustedes tienen.*

Es difícil determinar el origen histórico del *voseo;* parece provenir, sin embargo, del *vos* español de la época de la Conquista, que se utilizaba como signo de gran respeto y reverencia. En la actualidad, por el contrario, la utilización del *voseo* es signo de familiaridad y de amistad.

Al uso de *vos* se agrega más particularmente en Uruguay y en Argentina, el empleo del vocativo *che: che, vos; che, Juan.*

En Uruguay, según las zonas geográficas y los sectores sociales se utiliza el *voseo,* o el *tuteo* o una fórmula ecléctica caracterizada por el empleo de *tú* asociado al verbo «*voseado*»: *tú tenés, tú venís, tú bailás.*

Durante un largo período, el *voseo* fue considerado como una variante dialectal que debía ser evitada. En la actualidad —y desde hace unos cincuenta años— su adopción por escritores de nombradía (Miguel Angel Asturias, Julio Cortázar, Jorge Luis Borges, Juan Carlos Onetti, Ernesto Sábato y tantos más) parece haberle dado una total validez como sustituto del *tuteo*. En Argentina, se utiliza, incluso, en la publicidad y en los periódicos.

3. El tratamiento con usted

El castellano antiguo adoptó como tratamiento de respeto la fórmula *vuestra merced* que introduce el verbo en tercera persona del singular: *si lo permite vuestra merced*. Esta fórmula sufrió, con el paso de los siglos, varios cambios y ha terminado por dar, en nuestros días la forma *usted,* tras haber pasado por varias expresiones intermediarias *(vuesarced, vusted)*.

Usted se utiliza, pues, con la tercera persona del singular: *si usted lo permite*. Se emplea en todos los casos que, por razones de edad, de debido respeto o de mera deferencia, el *tuteo* resulta imposible.

El nominativo *usted* (ambos géneros) se confunde con el caso preposicional, pero se utilizan formas diferentes para el dativo y el acusativo.

Nominativo: *usted sale*
Dativo: *le traigo el correo*
     se lo traigo
Acusativo: *lo(le) veo (masc.)*
     la veo (fem.)
Caso preposicional: *salgo con usted*

El plural de *usted* es *ustedes (masc. y fem.),* que también varía según los casos gramaticales.

Nominativo: *ustedes salen*
Dativo: *les traigo el correo*
     se lo traigo
Acusativo: *los(les) veo (masc.)*
     las veo (fem.)
Caso preposicional: *salgo con ustedes*

En el vocativo, *usted* precede el nombre de pila o el apellido, a los que se antepone el *Don* o la palabra *Señor,* según las áreas geográficas, los usos y el grado de respeto.

Los posesivos que corresponden a *usted* y *ustedes* son *su (masc. y fem. singular), sus (masc. y fem. plural), suyo (masc. singular), suya (fem. singular), suyos (masc. plural)* y *suyas (fem. plural).*

4. Otras formas de tratamiento

El uso de *vosotros,* generalmente practicado en la Península Ibérica como plural de *tú,* es sustituido, en Canarias y en Hispanoamérica por *ustedes* seguido por el verbo conjugado en la tercera persona del plural: *tú tienes, ustedes tienen (en vez de vosotros tenéis).*

Por otra parte, es frecuente el empleo del plural *nosotros* o *nos* con valor de la 1ª persona del singular, en circunstancias especiales tales como la expresión de autoridad «*Ante Nos, Juez de Instrucción...*», en actos académicos «*... nos permitiremos discrepar con nuestro colega...*» o en actos *públicos.*

2. Lista de los verbos conjugados

Conjugación pasiva

amar

Conjugación pronominal

levantarse

Verbos auxiliares

1 ser   3 haber
2 estar   4 tener

Verbos regulares

5 cortar (primera conjugación)
6 deber   (segunda conjugación)
7 vivir   (tercera conjugación)

Verbos irregulares

8	abolir	24	desosar	40	nacer	56	reñir
9	adquirir	25	discernir	41	oír	57	roer
10	agorar	26	dormir	42	oler	58	saber
11	andar	27	elegir	43	parecer	59	salir
12	asir	28	embaír	44	pedir	60	satisface
13	avergonzar	29	empezar	45	pensar	61	seguir
14	bruñir	30	encontrar	46	placer	62	sentir
15	caber	31	erguir	47	poder	63	soler
16	caer	32	errar	48	podrir o pudrir	64	tañer
17	cocer	33	forzar	49	poner	65	traer
18	colgar	34	hacer	50	predecir	66	trocar
19	conocer	35	influir	51	producir	67	valer
20	creer	36	ir	52	querer	68	venir
21	dar	37	jugar	53	raer	69	ver
22	decir	38	lucir	54	regar	70	volver
23	defender	39	mover	55	reír	71	yacer

Verbos con cambios de ortografía o prosodia

72	actuar	77	cabrahigar	82	distinguir	87	prohibir
73	ahincar	78	cazar	83	enraizar	88	reunir
74	airar	79	coger	84	guiar	89	sacar
75	aullar	80	delinquir	85	mecer	90	zurcir
76	averiguar	81	dirigir	86	pagar		

3. Cuadros de conjugación

amar conjugación pasiva

FORMAS PERSONALES

MODO INDICATIVO		MODO SUBJUNTIVO	
Tiempos simples	Tiempos compuestos	Tiempos simples	Tiempos compuestos

MODO INDICATIVO

Tiempos simples — Tiempos compuestos

Presente
(Bello : Presente)

soy	amado
eres	amado
es	amado
somos	amados
sois	amados
son	amados

Pretérito perfecto compuesto
(Bello : Antepresente)

he	sido amado
has	sido amado
ha	sido amado
hemos	sido amados
habéis	sido amados
han	sido amados

Pretérito imperfecto
(Bello : Copretérito)

era	amado
eras	amado
era	amado
éramos	amados
erais	amados
eran	amados

Pretérito pluscuamperfecto
(Bello : Antecopretérito)

había	sido amado
habías	sido amado
había	sido amado
habíamos	sido amados
habíais	sido amados
habían	sido amados

Pretérito perfecto simple
(Bello : Pretérito)

fui	amado
fuiste	amado
fue	amado
fuimos	amados
fuisteis	amados
fueron	amados

Pretérito anterior
(Bello : Antepretérito)

hube	sido amado
hubiste	sido amado
hubo	sido amado
hubimos	sido amados
hubisteis	sido amados
hubieron	sido amados

Futuro
(Bello : Futuro)

seré	amado
serás	amado
será	amado
seremos	amados
seréis	amados
serán	amados

Futuro perfecto
(Bello : Antefuturo)

habré	sido amado
habrás	sido amado
habrá	sido amado
habremos	sido amados
habréis	sido amados
habrán	sido amados

Condicional
(Bello : Pospretérito)

sería	amado
serías	amado
sería	amado
seríamos	amados
seríais	amados
serían	amados

Condicional perfecto
(Bello : Antepospretérito)

habría	sido amado
habrías	sido amado
habría	sido amado
habríamos	sido amados
habríais	sido amados
habrían	sido amados

MODO SUBJUNTIVO

Tiempos simples — Tiempos compuestos

Presente
(Bello : Presente)

sea	amado
seas	amado
sea	amado
seamos	amados
seáis	amados
sean	amados

Pretérito perfecto
(Bello : Antepresente)

haya	sido amado
hayas	sido amado
haya	sido amado
hayamos	sido amados
hayáis	sido amados
hayan	sido amados

Pretérito imperfecto
(Bello : Pretérito)

fuera	amado
fueras	amado
fuera	amado
fuéramos	amados
fuerais	amados
fueran	amados

fuese	amado
fueses	amado
fuese	amado
fuésemos	amados
fueseis	amados
fuesen	amados

Pretérito pluscuamperfecto
(Bello : Antepretérito)

hubiera	sido amado
hubieras	sido amado
hubiera	sido amado
hubiéramos	sido amados
hubierais	sido amados
hubieran	sido amados

hubiese	sido amado
hubieses	sido amado
hubiese	sido amado
hubiésemos	sido amados
hubieseis	sido amados
hubiesen	sido amados

Futuro
(Bello : Futuro)

fuere	amado
fueres	amado
fuere	amado
fuéremos	amados
fuereis	amados
fueren	amados

Futuro perfecto
(Bello : Antefuturo)

hubiere	sido amado
hubieres	sido amado
hubiere	sido amado
hubiéremos	sido amados
hubiereis	sido amados
hubieren	sido amados

MODO IMPERATIVO

Presente

sé (tú) amado (-a)
sea (él, usted) amado (-a)
seamos (nosotros) amados (-as)
sed (vosotros) amados (-as)
sean (ellos, ustedes) amados (-as)

FORMAS NO PERSONALES

Tiempos simples	Tiempos compuestos
Infinitivo: ser amado	Infinitivo compuesto haber sido amado
Gerundio: siendo amado	
Participio: sido amado	Gerundio compuesto habiendo sido amado

N.B. Cada tiempo figura con la terminología de la Real Academia Española,
en la parte inferior figura la terminología de Andrés Bello.

levantarse conjugación pronominal

FORMAS PERSONALES

MODO INDICATIVO		MODO SUBJUNTIVO	
Tiempos simples	Tiempos compuestos	Tiempos simples	Tiempos compuestos

Presente
(Bello : Presente)

me **levant** o
te **levant** as
se **levant** a
nos **levant** amos
os **levant** áis
se **levant** an

Pretérito perfecto compuesto
(Bello : Antepresente)

me he levantado
te has levantado
se ha levantado
nos hemos levantado
os habéis levantado
se han levantado

Presente
(Bello : Presente)

me **levant** e
te **levant** es
se **levant** e
nos **levant** emos
os **levant** éis
se **levant** en

Pretérito perfecto
(Bello : Antepresente)

me haya levantado
te hayas levantado
se haya levantado
nos hayamos levantado
os hayáis levantado
se hayan levantado

Pretérito imperfecto
(Bello : Copretérito)

me **levant** aba
te **levant** abas
se **levant** aba
nos **levant** ábamos
os **levant** abais
se **levant** aban

Pretérito pluscuamperfecto
(Bello : Antecopretérito)

me había levantado
te habías levantado
se había levantado
nos habíamos levantado
os habíais levantado
se habían levantado

Pretérito imperfecto
(Bello : Pretérito)

me **levant** a ra
te **levant** a ras
se **levant** a ra
nos **levant** á ramos
os **levant** a raís
se **levant** a ran

me **levant** a se
te **levant** a ses
se **levant** a se
nos **levant** á semos
os **levant** a seis
se **levant** a sen

Pretérito pluscuamperfecto
(Bello : Antepretérito)

me hubiera levantado
te hubieras levantado
se hubiera levantado
nos hubiéramos levantado
os hubierais levantado
se hubieran levantado

me hubiese levantado
te hubieses levantado
se hubiese levantado
nos hubiésemos levantado
os hubieseis levantado
se hubiesen levantado

Pretérito perfecto simple
(Bello : Pretérito)

me **levant** é
te **levant** aste
se **levant** ó
nos **levant** amos
os **levant** asteis
se **levant** a ron

Pretérito anterior
(Bello : Antepretérito)

me hube levantado
te hubiste levantado
se hubo levantado
nos hubimos levantado
os hubisteis levantado
se hubieron levantado

Futuro
(Bello : Futuro)

me **levant** a re
te **levant** a res
se **levant** a re
nos **levant** á remos
os **levant** a reis
se **levant** a ren

Futuro perfecto
(Bello : Antefuturo)

me hubiere levantado
te hubieres levantado
se hubiere levantado
nos hubiéremos levantado
os hubiereis levantado
se hubieren levantado

Futuro
(Bello : Futuro)

me **levantar** é
te **levantar** ás
se **levantar** á
nos **levantar** emos
os **levantar** éis
se **levantar** án

Futuro perfecto
(Bello : Antefuturo)

me habré levantado
te habrás levantado
se habrá levantado
nos habremos levantado
os habréis levantado
se habrán levantado

MODO IMPERATIVO

Presente
levántate (tú)
levántese (él, usted)

levantémonos (nosotros)
levantaos (vosotros)
levántense (ellos, ustedes)

Condicional
(Bello : Pospretérito)

me **levantar** ía
te **levantar** ías
se **levantar** ía
nos **levantar** íamos
os **levantar** íais
se **levantar** ían

Condicional perfecto
(Bello : Antepospretérito)

me habría levantado
te habrías levantado
se habría levantado
nos habríamos levantado
os habríais levantado
se habrían levantado

FORMAS NO PERSONALES

Tiempos simples	Tiempos compuestos
Infinitivo: **levantarse**	Infinitivo compuesto haberse levantado
Gerundio: levantándose	Gerundio compuesto habiéndose levantado
Participio: —	

1 ser verbos auxiliares

MODO INDICATIVO

Tiempos simples	Tiempos compuestos

Presente
(Bello : Presente)

Pretérito perfecto compuesto
(Bello : Antepresente)

soy	he sido
eres	has sido
es	ha sido
somos	hemos sido
sois	habéis sido
son	han sido

Pretérito imperfecto
(Bello : Copretérito)

Pretérito pluscuamperfecto
(Bello : Antecopretérito)

era	había sido
eras	habías sido
era	había sido
éramos	habíamos sido
erais	habíais sido
eran	habían sido

Pretérito perfecto simple
(Bello : Pretérito)

Pretérito anterior
(Bello : Antepretérito)

fui	hube sido
fuiste	hubiste sido
fue	hubo sido
fuimos	hubimos sido
fuisteis	hubisteis sido
fueron	hubieron sido

Futuro
(Bello : Futuro)

Futuro perfecto
(Bello : Antefuturo)

ser é	habré sido
ser ás	habrás sido
ser á	habrá sido
ser emos	habremos sido
ser éis	habréis sido
ser án	habrán sido

Condicional
(Bello : Pospretérito)

Condicional perfecto
(Bello : Antepospretérito)

ser ía	habría sido
ser ías	habrías sido
ser ía	habría sido
ser íamos	habríamos sido
ser íais	habríais sido
ser ían	habrían sido

MODO SUBJUNTIVO

Tiempos simples	Tiempos compuestos

Presente
(Bello : Presente)

Pretérito perfecto
(Bello : Antepresente)

sea	haya sido
seas	hayas sido
sea	haya sido
seamos	hayamos sido
seáis	hayáis sido
sean	hayan sido

Pretérito imperfecto
(Bello : Pretérito)

Pretérito pluscuamperfecto
(Bello : Antepretérito)

fuera	hubiera sido
fueras	hubieras sido
fuera	hubiera sido
fuéramos	hubiéramos sido
fuerais	hubierais sido
fueran	hubieran sido

fuese	hubiese sido
fueses	hubieses sido
fuese	hubiese sido
fuésemos	hubiésemos sido
fueseis	hubieseis sido
fuesen	hubiesen sido

Futuro
(Bello : Futuro)

Futuro perfecto
(Bello : Antefuturo)

fuere	hubiere sido
fueres	hubieres sido
fuere	hubiere sido
fuéremos	hubiéremos sido
fuereis	hubiereis sido
fueren	hubieren sido

MODO IMPERATIVO

Presente	
sé (tú)	**seamos** (nosotros)
sea (él, usted)	**s** ed (vosotros)
	sean (ellos, ustedes)

FORMAS NO PERSONALES

Tiempos simples	Tiempos compuestos
Infinitivo: **ser**	Infinitivo compuesto haber sido
Gerundio: **siendo**	
	Gerundio compuesto habiendo sido
Participio: **sido**	

2 estar verbos auxiliares

FORMAS PERSONALES

MODO INDICATIVO

Tiempos simples	Tiempos compuestos	
Presente (Bello : Presente)	**Pretérito perfecto compuesto** (Bello : Antepresente)	
estoy	he	estado
est ás	has	estado
est á	ha	estado
est amos	hemos	estado
est áis	habéis	estado
est án	han	estado
Pretérito imperfecto (Bello : Copretérito)	**Pretérito pluscuamperfecto** (Bello : Antecopretérito)	
est aba	había	estado
est abas	habías	estado
est aba	había	estado
est ábamos	habíamos	estado
est abais	habíais	estado
est aban	habían	estado
Pretérito perfecto simple (Bello : Pretérito)	**Pretérito anterior** (Bello : Antepretérito)	
estuve	hube	estado
estuviste	hubiste	estado
estuvo	hubo	estado
estuvimos	hubimos	estado
estuvisteis	hubisteis	estado
estuvieron	hubieron	estado
Futuro (Bello : Futuro)	**Futuro perfecto** (Bello : Antefuturo)	
estar é	habré	estado
estar ás	habrás	estado
estar á	habrá	estado
estar emos	habremos	estado
estar éis	habréis	estado
estar án	habrán	estado
Condicional (Bello : Pospretérito)	**Condicional perfecto** (Bello : Antepospretérito)	
estar ía	habría	estado
estar ías	habrías	estado
estar ía	había	estado
estar íamos	habríamos	estado
estar íais	habríais	estado
estar ían	habrían	estado

MODO SUBJUNTIVO

Tiempos simples	Tiempos compuestos	
Presente (Bello : Presente)	**Pretérito perfecto** (Bello : Antepresente)	
est é	haya	estado
est és	hayas	estado
est é	haya	estado
est emos	hayamos	estado
est éis	hayáis	estado
est én	hayan	estado
Pretérito imperfecto (Bello : Pretérito)	**Pretérito pluscuamperfecto** (Bello : Antepretérito)	
estuviera	hubiera	estado
estuvieras	hubieras	estado
estuviera	hubiera	estado
estuviéramos	hubiéramos	estado
estuvierais	hubierais	estado
estuvieran	hubieran	estado
estuviese	hubiese	estado
estuvieses	hubieses	estado
estuviese	hubiese	estado
estuviésemos	hubiésemos	estado
estuvieseis	hubieseis	estado
estuviesen	hubiesen	estado
Futuro (Bello : Futuro)	**Futuro perfecto** (Bello : Antefuturo)	
estuviere	hubiere	estado
estuvieres	hubieres	estado
estuviere	hubiere	estado
estuviéremos	hubiéremos	estado
estuviereis	hubiereis	estado
estuvieren	hubieren	estado

MODO IMPERATIVO

Presente	
est á (tú)	est emos (nosotros)
est é (él, usted)	est ad (vosotros)
	est én (ellos, ustedes)

FORMAS NO PERSONALES

Tiempos simples	Tiempos compuestos
Infinitivo: **estar**	Infinitivo compuesto haber estado
Gerundio: **est** ando	
Participio: **est** ado	Gerundio compuesto habiendo estado

3 haber verbos auxiliares

FORMAS PERSONALES

MODO INDICATIVO

Tiempos simples	Tiempos compuestos	
Presente (Bello : Presente)	**Pretérito perfecto compuesto** (Bello : Antepresente)	
he	he	habido
has	has	habido
ha*	ha	habido
hemos	hemos	habido
hab éis	habéis	habido
han	han	habido
Pretérito imperfecto (Bello : Copretérito)	**Pretérito pluscuamperfecto** (Bello : Antecopretérito)	
hab ía	había	habido
hab ías	habías	habido
hab ía	había	habido
hab íamos	habíamos	habido
hab íais	habíais	habido
hab ían	habían	habido
Pretérito perfecto simple (Bello : Pretérito)	**Pretérito anterior** (Bello : Antepretérito)	
hube	hube	habido
hubiste	hubiste	habido
hubo	hubo	habido
hubimos	hubimos	habido
hubisteis	hubisteis	habido
hubieron	hubieron	habido
Futuro (Bello : Futuro)	**Futuro perfecto** (Bello : Antefuturo)	
habré	habré	habido
habrás	habrás	habido
habrá	habrá	habido
habremos	habremos	habido
habréis	habréis	habido
habrán	habrán	habido
Condicional (Bello : Pospretérito)	**Condicional perfecto** (Bello : Antepospretérito)	
habría	habría	habido
habrías	habrías	habido
habría	habría	habido
habríamos	habríamos	habido
habríais	habríais	habido
habrían	habrían	habido

MODO SUBJUNTIVO

Tiempos simples	Tiempos compuestos	
Presente (Bello : Presente)	**Pretérito perfecto** (Bello : Antepresente)	
haya	haya	habido
hayas	hayas	habido
haya	haya	habido
hayamos	hayamos	habido
hayáis	hayáis	habido
hayan	hayan	habido
Pretérito imperfecto (Bello : Pretérito)	**Pretérito pluscuamperfecto** (Bello : Antepretérito)	
hubiera	hubiera	habido
hubieras	hubieras	habido
hubiera	hubiera	habido
hubiéramos	hubiéramos	habido
hubierais	hubierais	habido
hubieran	hubieran	habido
hubiese	hubiese	habido
hubieses	hubieses	habido
hubiese	hubiese	habido
hubiésemos	hubiésemos	habido
hubieseis	hubieseis	habido
hubiesen	hubiesen	habido
Futuro (Bello : Futuro)	**Futuro perfecto** (Bello : Antefuturo)	
hubiere	hubiere	habido
hubieres	hubieres	habido
hubiere	hubiere	habido
hubiéremos	hubiéremos	habido
hubiereis	hubiereis	habido
hubieren	hubieren	habido

MODO IMPERATIVO

Presente	
	hayamos (nosotros)
he (tú)	**hab** ed (vosotros)
haya (él, usted)	**hayan** (ellos, ustedes)

FORMAS NO PERSONALES

Tiempos simples	Tiempos compuestos
Infinitivo: **haber**	Infinitivo compuesto haber habido
Gerundio: **hab** iendo	Gerundio compuesto habiendo habido
Participio: **hab** ido	

*Si se usa como impersonal, la 3ª persona del singular es **hay**

39

4 tener verbos auxiliares

MODO INDICATIVO

Tiempos simples	Tiempos compuestos
Presente (Bello : Presente)	**Pretérito perfecto compuesto** (Bello : Antepresente)
tengo	he tenido
tienes	has tenido
tiene	ha tenido
ten emos	hemos tenido
ten éis	habéis tenido
tienen	han tenido
Pretérito imperfecto (Bello : Copretérito)	**Pretérito pluscuamperfecto** (Bello : Antecopretérito)
ten ía	había tenido
ten ías	habías tenido
ten ía	había tenido
ten íamos	habíamos tenido
ten íais	habíais tenido
ten ían	habían tenido
Pretérito perfecto simple (Bello : Pretérito)	**Pretérito anterior** (Bello : Antepretérito)
tuve	hube tenido
tuviste	hubiste tenido
tuvo	hubo tenido
tuvimos	hubimos tenido
tuvisteis	hubisteis tenido
tuvieron	hubieron tenido
Futuro (Bello : Futuro)	**Futuro perfecto** (Bello : Antefuturo)
tendré	habré tenido
tendrás	habrás tenido
tendrá	habrá tenido
tendremos	habremos tenido
tendréis	habréis tenido
tendrán	habrán tenido
Condicional (Bello : Pospretérito)	**Condicional perfecto** (Bello : Antepospretérito)
tendría	habría tenido
tendrías	habrías tenido
tendría	habría tenido
tendríamos	habríamos tenido
tendríais	habríais tenido
tendrían	habrían tenido

MODO SUBJUNTIVO

Tiempos simples	Tiempos compuestos
Presente (Bello : Presente)	**Pretérito perfecto** (Bello : Antepresente)
tenga	haya tenido
tengas	hayas tenido
tenga	haya tenido
tengamos	hayamos tenido
tengáis	hayáis tenido
tengan	hayan tenido
Pretérito imperfecto (Bello : Pretérito)	**Pretérito pluscuamperfecto** (Bello : Antepretérito)
tuviera	hubiera tenido
tuvieras	hubieras tenido
tuviera	hubiera tenido
tuviéramos	hubiéramos tenido
tuvierais	hubierais tenido
tuvieran	hubieran tenido
tuviese	hubiese tenido
tuvieses	hubieses tenido
tuviese	hubiese tenido
tuviésemos	hubiésemos tenido
tuvieseis	hubieseis tenido
tuviesen	hubiesen tenido
Futuro (Bello : Futuro)	**Futuro perfecto** (Bello : Antefuturo)
tuviere	hubiere tenido
tuvieres	hubieres tenido
tuviere	hubiere tenido
tuviéremos	hubiéremos tenido
tuviereis	hubiereis tenido
tuvieren	hubieren tenido

MODO IMPERATIVO

Presente	
ten (tú)	**tengamos** (nosotros)
	ten ed (vosotros)
tenga (él, usted)	**tengan** (ellos, ustedes)

FORMAS NO PERSONALES

Tiempos simples	Tiempos compuestos
Infinitivo: **tener**	Infinitivo compuesto haber tenido
Gerundio: **ten** iendo	Gerundio compuesto habiendo tenido
Participio: **ten** ido	

5 cortar verbos regulares

FORMAS PERSONALES

MODO INDICATIVO

Tiempos simples	Tiempos compuestos

Presente
(Bello : Presente)

Pretérito perfecto compuesto
(Bello : Antepresente)

cort o	he	cortado
cort as	has	cortado
cort a	ha	cortado
cort amos	hemos	cortado
cort áis	habéis	cortado
cort an	han	cortado

Pretérito imperfecto
(Bello : Copretérito)

Pretérito pluscuamperfecto
(Bello : Antecopretérito)

cort aba	había	cortado
cort abas	habías	cortado
cort aba	había	cortado
cort ábamos	habíamos	cortado
cort abais	habíais	cortado
cort aban	habían	cortado

Pretérito perfecto simple
(Bello : Pretérito)

Pretérito anterior
(Bello : Antepretérito)

cort é	hube	cortado
cort aste	hubiste	cortado
cort ó	hubo	cortado
cort amos	hubimos	cortado
cort asteis	hubisteis	cortado
cort a *ron*	hubieron	cortado

Futuro
(Bello : Futuro)

Futuro perfecto
(Bello : Antefuturo)

cortar é	habré	cortado
cortar ás	habrás	cortado
cortar á	habrá	cortado
cortar emos	habremos	cortado
cortar éis	habréis	cortado
cortar án	habrán	cortado

Condicional
(Bello : Pospretérito)

Condicional perfecto
(Bello : Antepospretérito)

cortar ía	habría	cortado
cortar ías	habrías	cortado
cortar ía	habría	cortado
cortar íamos	habríamos	cortado
cortar íais	habríais	cortado
cortar ían	habrían	cortado

MODO SUBJUNTIVO

Tiempos simples	Tiempos compuestos

Presente
(Bello : Presente)

Pretérito perfecto
(Bello : Antepresente)

cort e	haya	cortado
cort es	hayas	cortado
cort e	haya	cortado
cort emos	hayamos	cortado
cort éis	hayáis	cortado
cort en	hayan	cortado

Pretérito imperfecto
(Bello : Pretérito)

Pretérito pluscuamperfecto
(Bello : Antepretérito)

cort a *ra*	hubiera	cortado
cort a *ras*	hubieras	cortado
cort a *ra*	hubiera	cortado
cort á *ramos*	hubiéramos	cortado
cort a *rais*	hubierais	cortado
cort a *ran*	hubieran	cortado
cort a *se*	hubiese	cortado
cort a *ses*	hubieses	cortado
cort a *se*	hubiese	cortado
cort á *semos*	hubiésemos	cortado
cort a *seis*	hubieseis	cortado
cort a *sen*	hubiesen	cortado

Futuro
(Bello : Futuro)

Futuro perfecto
(Bello : Antefuturo)

cort a *re*	hubiere	cortado
cort a *res*	hubieres	cortado
cort a *re*	hubiere	cortado
cort á *remos*	hubiéremos	cortado
cort a *reis*	hubiereis	cortado
cort a *ren*	hubieren	cortado

MODO IMPERATIVO

Presente

cort a (tú)	**cort** emos (nosotros)
cort e (él, usted)	**cort** ad (vosotros)
	cort en (ellos, ustedes)

FORMAS NO PERSONALES

Tiempos simples	Tiempos compuestos
Infinitivo: **cortar**	Infinitivo compuesto
	haber cortado
Gerundio: **cort** ando	
	Gerundio compuesto
Participio: **cort** ado	habiendo cortado

FORMAS PERSONALES

MODO INDICATIVO		MODO SUBJUNTIVO	
Tiempos simples	Tiempos compuestos	Tiempos simples	Tiempos compuestos

Presente (Bello : Presente)	Pretérito perfecto compuesto (Bello : Antepresente)	Presente (Bello : Presente)	Pretérito perfecto (Bello : Antepresente)
deb o	he debido	**deb** a	haya debido
deb es	has debido	**deb** as	hayas debido
deb e	ha debido	**deb** a	haya debido
deb emos	hemos debido	**deb** amos	hayamos debido
deb éis	habéis debido	**deb** áis	hayáis debido
deb en	han debido	**deb** an	hayan debido

Pretérito imperfecto (Bello : Copretérito)	Pretérito pluscuamperfecto (Bello : Antecopretérito)	Pretérito imperfecto (Bello : Pretérito)	Pretérito pluscuamperfecto (Bello : Antepretérito)
deb ía	había debido	**deb** ie *ra*	hubiera debido
deb ías	habías debido	**deb** ie *ras*	hubieras debido
deb ía	había debido	**deb** ie *ra*	hubiera debido
deb íamos	habíamos debido	**deb** ié *ramos*	hubiéramos debido
deb íais	habíais debido	**deb** ie *rais*	hubierais debido
deb ían	habían debido	**deb** ie *ran*	hubieran debido
		deb ie *se*	hubiese debido
		deb ie *ses*	hubieses debido
Pretérito perfecto simple (Bello : Pretérito)	Pretérito anterior (Bello : Antepretérito)	**deb** ie *se*	hubiese debido
deb í	hube debido	**deb** ié *semos*	hubiésemos debido
deb iste	hubiste debido	**deb** ie *seis*	hubieseis debido
deb ió	hubo debido	**deb** ie *sen*	hubiesen debido
deb imos	hubimos debido		
deb isteis	hubisteis debido	Futuro (Bello : Futuro)	Futuro perfecto (Bello : Antefuturo)
deb ie *ron*	hubieron debido	**deb** ie *re*	hubiere debido
		deb ie *res*	hubieres debido
Futuro (Bello : Futuro)	Futuro perfecto (Bello : Antefuturo)	**deb** ie *re*	hubiere debido
deber é	habré debido	**deb** ié *remos*	hubiéremos debido
deber ás	habrás debido	**deb** ie *reis*	hubiereis debido
deber á	habrá debido	**deb** ie *ren*	hubieren debido
deber emos	habremos debido		
deber éis	habréis debido		
deber án	habrán debido		

MODO IMPERATIVO

Presente	**deb** amos (nosotros)
deb e (tú)	**deb** ed (vosotros)
deb a (él, usted)	**deb** an (ellos, ustedes)

Condicional (Bello : Pospretérito)	Condicional perfecto (Bello : Antepospretérito)
deber ía	habría debido
deber ías	habrías debido
deber ía	habría debido
deber íamos	habríamos debido
deber íais	habríais debido
deber ían	habrían debido

FORMAS NO PERSONALES

Tiempos simples	Tiempos compuestos
Infinitivo: **deber**	Infinitivo compuesto haber debido
Gerundio: **deb** iendo	Gerundio compuesto habiendo debido
Participio: **deb** ido	

FORMAS PERSONALES

MODO INDICATIVO

Tiempos simples	Tiempos compuestos

Presente
(Bello : Presente)

Pretérito perfecto compuesto
(Bello : Antepresente)

viv o	he	vivido
viv es	has	vivido
viv e	ha	vivido
viv imos	hemos	vivido
viv ís	habéis	vivido
viv en	han	vivido

Pretérito imperfecto
(Bello : Copretérito)

Pretérito pluscuamperfecto
(Bello : Antecopretérito)

viv ía	había	vivido
viv ías	habías	vivido
viv ía	había	vivido
viv íamos	habíamos	vivido
viv íais	habíais	vivido
viv ían	habían	vivido

Pretérito perfecto simple
(Bello : Pretérito)

Pretérito anterior
(Bello : Antepretérito)

viv í	hube	vivido
viv iste	hubiste	vivido
viv ió	hubo	vivido
viv imos	hubimos	vivido
viv isteis	hubisteis	vivido
viv ie ron	hubieron	vivido

Futuro
(Bello : Futuro)

Futuro perfecto
(Bello : Antefuturo)

vivir é	habré	vivido
vivir ás	habrás	vivido
vivir á	habrá	vivido
vivir emos	habremos	vivido
vivir éis	habréis	vivido
vivir án	habrán	vivido

Condicional
(Bello : Pospretérito)

Condicional perfecto
(Bello : Antepospretérito)

vivir ía	habría	vivido
vivir ías	habrías	vivido
vivir ía	habría	vivido
vivir íamos	habríamos	vivido
vivir íais	habríais	vivido
vivir ían	habrían	vivido

MODO SUBJUNTIVO

Tiempos simples	Tiempos compuestos

Presente
(Bello : Presente)

Pretérito perfecto
(Bello : Antepresente)

viv a	haya	vivido
viv as	hayas	vivido
viv a	haya	vivido
viv amos	hayamos	vivido
viv áis	hayáis	vivido
viv an	hayan	vivido

Pretérito imperfecto
(Bello : Pretérito)

Pretérito pluscuamperfecto
(Bello : Antepretérito)

viv ie ra	hubiera	vivido
viv ie ras	hubieras	vivido
viv ie ra	hubiera	vivido
viv ié ramos	hubiéramos	vivido
viv ie rais	hubierais	vivido
viv ie ran	hubieran	vivido

viv ie se	hubiese	vivido
viv ie ses	hubieses	vivido
viv ie se	hubiese	vivido
viv ié semos	hubiésemos	vivido
viv ie seis	hubieseis	vivido
viv ie sen	hubiesen	vivido

Futuro
(Bello : Futuro)

Futuro perfecto
(Bello : Antefuturo)

viv ie re	hubiere	vivido
viv ie res	hubieres	vivido
viv ie re	hubiere	vivido
viv ié remos	hubiéremos	vivido
viv ie reís	hubiereis	vivido
viv ie ren	hubieren	vivido

MODO IMPERATIVO

Presente

viv e (tú)	viv amos (nosotros)
viv a (él, usted)	viv id (vosotros)
	viv an (ellos, ustedes)

FORMAS NO PERSONALES

Tiempos simples	Tiempos compuestos
Infinitivo: **vivir**	Infinitivo compuesto haber vivido
Gerundio: **viv** iendo	
Participio: **viv** ido	Gerundio compuesto habiendo vivido

8 abolir verbos irregulares

FORMAS PERSONALES

MODO INDICATIVO

Tiempos simples	Tiempos compuestos

Presente
(Bello : Presente)

Pretérito perfecto compuesto
(Bello : Antepresente)

—	he	abolido
—	has	abolido
—	ha	abolido
abol imos	hemos	abolido
abol ís	habéis	abolido
—	han	abolido

Pretérito imperfecto
(Bello : Copretérito)

Pretérito pluscuamperfecto
(Bello : Antecopretérito)

abol ía	había	abolido
abol ías	habías	abolido
abol ía	había	abolido
abol íamos	habíamos	abolido
abol íais	habíais	abolido
abol ían	habían	abolido

Pretérito perfecto simple
(Bello : Pretérito)

Pretérito anterior
(Bello : Antepretérito)

abol í	hube	abolido
abol iste	hubiste	abolido
abol ió	hubo	abolido
abol imos	hubimos	abolido
abol isteis	hubisteis	abolido
abol ie *ron*	hubieron	abolido

Futuro
(Bello : Futuro)

Futuro perfecto
(Bello : Antefuturo)

abolir é	habré	abolido
abolir ás	habrás	abolido
abolir á	habrá	abolido
abolir emos	habremos	abolido
abolir éis	habréis	abolido
abolir án	habrán	abolido

Condicional
(Bello : Pospretérito)

Condicional perfecto
(Bello : Antepospretérito)

abolir ía	habría	abolido
abolir ías	habrías	abolido
abolir ía	habría	abolido
abolir íamos	habríamos	abolido
abolir íais	habríais	abolido
abolir ían	habrían	abolido

MODO SUBJUNTIVO

Tiempos simples	Tiempos compuestos

Presente
(Bello : Presente)

Pretérito perfecto
(Bello : Antepresente)

—	haya	abolido
—	hayas	abolido
—	haya	abolido
—	hayamos	abolido
—	hayáis	abolido
—	hayan	abolido

Pretérito imperfecto
(Bello : Pretérito)

Pretérito pluscuamperfecto
(Bello : Antepretérito)

abol ie *ra*	hubiera	abolido
abol ie *ras*	hubieras	abolido
abol ie *ra*	hubiera	abolido
abol ié *ramos*	hubiéramos	abolido
abol ie *rais*	hubierais	abolido
abol ie *ran*	hubieran	abolido
abol ie *se*	hubiese	abolido
avol ie *ses*	hubieses	abolido
abol ie *se*	hubiese	abolido
abol ié *semos*	hubiésemos	abolido
abol ie *seis*	hubieseis	abolido
abol ie *sen*	hubiesen	abolido

Futuro
(Bello : Futuro)

Futuro perfecto
(Bello : Antefuturo)

abol ie *re*	hubiere	abolido
abol ie *res*	hubieres	abolido
abol ie *re*	hubiere	abolido
abol ié *remos*	hubiéremos	abolido
abol ie *reis*	hubiereis	abolido
abol ie *ren*	hubieren	abolido

MODO IMPERATIVO

Presente		—	(nosotros)
—	(tú)	**abol** id	(vosotros)
—	(él, usted)	—	(ellos, ustedes)

FORMAS NO PERSONALES

Tiempos simples	Tiempos compuestos
Infinitivo: **abolir**	Infinitivo compuesto haber abolido
Gerundio: **abol** iendo	Gerundio compuesto habiendo abolido
Participio: **abol** ido	

9 **adquirir** verbos irregulares

MODO INDICATIVO

Tiempos simples	Tiempos compuestos
Presente (Bello : Presente)	**Pretérito perfecto compuesto** (Bello : Antepresente)
adquiero	he adquirido
adquieres	has adquirido
adquiere	ha adquirido
adquir imos	hemos adquirido
adquir ís	habéis adquirido
adquieren	han adquirido
Pretérito imperfecto (Bello : Copretérito)	**Pretérito pluscuamperfecto** (Bello : Antecopretérito)
adquir ía	había adquirido
adquir ías	habías adquirido
adquir ía	había adquirido
adquir íamos	habíamos adquirido
adquir íais	habíais adquirido
adquir ían	habían adquirido
Pretérito perfecto simple (Bello : Pretérito)	**Pretérito anterior** (Bello : Antepretérito)
adquir í	hube adquirido
adquir iste	hubiste adquirido
adquir ió	hubo adquirido
adquir imos	hubimos adquirido
adquir isteis	hubisteis adquirido
adquir ie ron	hubieron adquirido
Futuro (Bello : Futuro)	**Futuro perfecto** (Bello : Antefuturo)
adquirir é	habré adquirido
adquirir ás	habrás adquirido
adquirir á	habrá adquirido
adquirir emos	habremos adquirido
adquirir éis	habréis adquirido
adquirir án	habrán adquirido
Condicional (Bello : Pospretérito)	**Condicional perfecto** (Bello : Antepospretérito)
adquirir ía	habría adquirido
adquirir ías	habrías adquirido
adquirir ía	habría adquirido
adquirir íamos	habríamos adquirido
adquirir íais	habríais adquirido
adquirir ían	habrían adquirido

MODO SUBJUNTIVO

Tiempos simples	Tiempos compuestos
Presente (Bello : Presente)	**Pretérito perfecto** (Bello : Antepresente)
adquiera	haya adquirido
adquieras	hayas adquirido
adquiera	haya adquirido
adquir amos	hayamos adquirido
adquir áis	hayáis adquirido
adquieran	hayan adquirido
Pretérito imperfecto (Bello : Pretérito)	**Pretérito pluscuamperfecto** (Bello : Antepretérito)
adquir ie ra	hubiera adquirido
adquir ie ras	hubieras adquirido
adquir ie ra	hubiera adquirido
adquir ié ramos	hubiéramos adquirido
adquir ie rais	hubierais adquirido
adquir ie ran	hubieran adquirido
adquir ie se	hubiese adquirido
adquir ie ses	hubieses adquirido
adquir ie se	hubiese adquirido
adquir ié semos	hubiésemos adquirido
adquir ie seis	hubieseis adquirido
adquir ie sen	hubiesen adquirido
Futuro (Bello : Futuro)	**Futuro perfecto** (Bello : Antefuturo)
adquir ie re	hubiere adquirido
adquir ie res	hubieres adquirido
adquir ie re	hubiere adquirido
adquir ié remos	hubiéremos adquirido
adquir ie reis	hubiereis adquirido
adquir ie ren	hubieren adquirido

MODO IMPERATIVO

Presente	
	adquir amos (nosotros)
adquiere (tú)	adquir id (vosotros)
adquiera (él, usted)	adquieran (ellos, ustedes)

FORMAS NO PERSONALES

Tiempos simples	Tiempos compuestos
Infinitivo: **adquirir**	Infinitivo compuesto haber adquirido
Gerundio: **adquir** iendo	
Participio: **adquir** ido	Gerundio compuesto habiendo adquirido

10 agorar verbos irregulares

FORMAS PERSONALES

MODO INDICATIVO		MODO SUBJUNTIVO	
Tiempos simples	Tiempos compuestos	Tiempos simples	Tiempos compuestos

MODO INDICATIVO

Presente (Bello : Presente)	Pretérito perfecto compuesto (Bello : Antepresente)
agüero	he agorado
agüeras	has agorado
agüera	ha agorado
agor amos	hemos agorado
agor áis	habéis agorado
agüeran	han agorado

Pretérito imperfecto (Bello : Copretérito)	Pretérito pluscuamperfecto (Bello : Antecopretérito)
agor aba	había agorado
agor abas	habías agorado
agor aba	había agorado
agor ábamos	habíamos agorado
agor abais	habíais agorado
agor aban	habían agorado

Pretérito perfecto simple (Bello : Pretérito)	Pretérito anterior (Bello : Antepretérito)
agor é	hube agorado
agor aste	hubiste agorado
agor ó	hubo agorado
agor amos	hubimos agorado
agor asteis	hubisteis agorado
agor a ron	hubieron agorado

Futuro (Bello : Futuro)	Futuro perfecto (Bello : Antefuturo)
agorar é	habré agorado
agorar ás	habrás agorado
agorar á	habrá agorado
agorar emos	habremos agorado
agorar éis	habréis agorado
agorar án	habrán agorado

Condicional (Bello : Pospretérito)	Condicional perfecto (Bello : Antepospretérito)
agorar ía	habría agorado
agorar ías	habrías agorado
agorar ía	habría agorado
agorar íamos	habríamos agorado
agorar íais	habríais agorado
agorar ían	habrían agorado

MODO SUBJUNTIVO

Presente (Bello : Presente)	Pretérito perfecto (Bello : Antepresente)
agüere	haya agorado
agüeres	hayas agorado
agüere	haya agorado
agor emos	hayamos agorado
agor éis	hayáis agorado
agüeren	hayan agorado

Pretérito imperfecto (Bello : Pretérito)	Pretérito pluscuamperfecto (Bello : Antepretérito)
agor a ra	hubiera agorado
agor a ras	hubieras agorado
agor a ra	hubiera agorado
agor á ramos	hubiéramos agorado
agor a rais	hubierais agorado
agor a ran	hubieran agorado
agor a se	hubiese agorado
agor a ses	hubieses agorado
agor a se	hubiese agorado
agor á semos	hubiésemos agorado
agor a seis	hubieseis agorado
agor a sen	hubiesen agorado

Futuro (Bello : Futuro)	Futuro perfecto (Bello : Antefuturo)
agor a re	hubiere agorado
agor a res	hubieres agorado
agor a re	hubiere agorado
agor á remos	hubiéremos agorado
agor a reis	hubiereis agorado
agor a ren	hubieren agorado

MODO IMPERATIVO

Presente	
	agor emos (nosotros)
agüera (tú)	agor ad (vosotros)
agüere (él, usted)	agüeren (ellos, ustedes)

FORMAS NO PERSONALES

Tiempos simples	Tiempos compuestos
Infinitivo: **agorar**	Infinitivo compuesto haber agorado
Gerundio: **agor** ando	Gerundio compuesto habiendo agorado
Participio: **agor** ado	

11 **andar** verbos irregulares

MODO INDICATIVO

Tiempos simples	Tiempos compuestos

Presente
(Bello : Presente)

Pretérito perfecto compuesto
(Bello : Antepresente)

and o	he	andado
and as	has	andado
and a	ha	andado
and amos	hemos	andado
and áis	habéis	andado
and an	han	andado

Pretérito imperfecto
(Bello : Copretérito)

Pretérito pluscuamperfecto
(Bello : Antecopretérito)

and aba	había	andado
and abas	habías	andado
and aba	había	andado
and ábamos	habíamos	andado
and abais	habíais	andado
and aban	habían	andado

Pretérito perfecto simple
(Bello : Pretérito)

Pretérito anterior
(Bello : Antepretérito)

anduve	hube	andado
anduviste	hubiste	andado
anduvo	hubo	andado
anduvimos	hubimos	andado
anduvisteis	hubisteis	andado
anduvieron	hubieron	andado

Futuro
(Bello : Futuro)

Futuro perfecto
(Bello : Antefuturo)

andar é	habré	andado
andar ás	habrás	andado
andar á	habrá	andado
andar emos	habremos	andado
andar éis	habréis	andado
andar án	habrán	andado

Condicional
(Bello : Pospretérito)

Condicional perfecto
(Bello : Antepospretérito)

andar ía	habría	andado
andar ías	habrías	andado
andar ía	habría	andado
andar íamos	habríamos	andado
andar íais	habríais	andado
andar ían	habrían	andado

MODO SUBJUNTIVO

Tiempos simples	Tiempos compuestos

Presente
(Bello : Presente)

Pretérito perfecto
(Bello : Antepresente)

and e	haya	andado
and es	hayas	andado
and e	haya	andado
and emos	hayamos	andado
and éis	hayáis	andado
and en	hayan	andado

Pretérito imperfecto
(Bello : Pretérito)

Pretérito pluscuamperfecto
(Bello : Antepretérito)

anduviera	hubiera	andado
anduvieras	hubieras	andado
anduviera	hubiera	andado
anduviéramos	hubiéramos	andado
anduvierais	hubierais	andado
anduvieran	hubieran	andado
anduviese	hubiese	andado
anduvieses	hubieses	andado
anduviese	hubiese	andado
anduviésemos	hubiésemos	andado
anduvieseis	hubieseis	andado
anduviesen	hubiesen	andado

Futuro
(Bello : Futuro)

Futuro perfecto
(Bello : Antefuturo)

anduviere	hubiere	andado
anduvieres	hubieres	andado
anduviere	hubiere	andado
anduviéremos	hubiéremos	andado
anduviereis	hubiereis	andado
anduvieren	hubieren	andado

MODO IMPERATIVO

Presente

and a (tú)	**and** emos (nosotros)
and e (él, usted)	**and** ad (vosotros)
	and en (ellos, ustedes)

FORMAS NO PERSONALES

Tiempos simples	Tiempos compuestos
Infinitivo: **andar**	Infinitivo compuesto haber andado
Gerundio: **and** ando	Gerundio compuesto habiendo andado
Participio: **and** ado	

47

12 asir verbos irregulares

FORMAS PERSONALES

MODO INDICATIVO		MODO SUBJUNTIVO	
Tiempos simples	Tiempos compuestos	Tiempos simples	Tiempos compuestos

Presente (Bello : Presente)	Pretérito perfecto compuesto (Bello : Antepresente)	Presente (Bello : Presente)	Pretérito perfecto (Bello : Antepresente)
asgo	he asido	asga	haya asido
as es	has asido	asgas	hayas asido
as e	ha asido	asga	haya asido
as imos	hemos asido	asgamos	hayamos asido
as ís	habéis asido	asgáis	hayáis asido
as en	han asido	asgan	hayan asido

Pretérito imperfecto (Bello : Copretérito)	Pretérito pluscuamperfecto (Bello : Antecopretérito)	Pretérito imperfecto (Bello : Pretérito)	Pretérito pluscuamperfecto (Bello : Antepretérito)
as ía	había asido	as ie ra	hubiera asido
as ías	habías asido	as ie ras	hubieras asido
as ía	había asido	as ie ra	hubiera asido
as íamos	habíamos asido	as ié ramos	hubiéramos asido
as íais	habíais asido	as ie rais	hubierais asido
as ían	habían asido	as ie ran	hubieran asido
		as ie se	hubiese asido
		as ie ses	hubieses asido
		as ie se	hubiese asido
		as ié semos	hubiésemos asido
		as ie seis	hubieseis asido
		as ie sen	hubiesen asido

Pretérito perfecto simple (Bello : Pretérito)	Pretérito anterior (Bello : Antepretérito)		
as í	hube asido		
as iste	hubiste asido		
as ió	hubo asido		
as imos	hubimos asido		
as isteis	hubisteis asido		
as ie ron	hubieron asido		

		Futuro (Bello : Futuro)	Futuro perfecto (Bello : Antefuturo)
		as ie re	hubiere asido
		as ie res	hubieres asido
		as ie re	hubiere asido
		as ié remos	hubiéremos asido
		as ie reis	hubiereis asido
		as ie ren	hubieren asido

Futuro (Bello : Futuro)	Futuro perfecto (Bello : Antefuturo)
asir é	habré asido
asir ás	habrás asido
asir á	habrá asido
asir emos	habremos asido
asir éis	habréis asido
asir án	habrán asido

MODO IMPERATIVO

Presente	
as e (tú)	asgamos (nosotros)
asga (él, usted)	as id (vosotros)
	asgan (ellos, ustedes)

Condicional (Bello : Pospretérito)	Condicional perfecto (Bello : Antepospretérito)
asir ía	habría asido
asir ías	habrías asido
asir ía	habría asido
asir íamos	habríamos asido
asir íais	habríais asido
asir ían	habrían asido

FORMAS NO PERSONALES

Tiempos simples	Tiempos compuestos
Infinitivo: asir	Infinitivo compuesto haber asido
Gerundio: as iendo	Gerundio compuesto habiendo asido
Participio: as ido	

13 avergonzar verbos irregulares

MODO INDICATIVO

Tiempos simples

Presente
(Bello : Presente)

avergüenzo
avergüenzas
avergüenza
avergonz amos
avergonz áis
avergüenzan

Pretérito imperfecto
(Bello : Copretérito)

avergonz aba
avergonz abas
avergonz aba
avergonz ábamos
avergonz abais
avergonz aban

Pretérito perfecto simple
(Bello : Pretérito)

avergoncé
avergonz aste
avergonz ó
avergonz amos
avergonz asteis
avergonz a ron

Futuro
(Bello : Futuro)

avergonzar é
avergonzar ás
avergonzar á
avergonzar emos
avergonzar éis
avergonzar án

Condicional
(Bello : Pospretérito)

avergonzar ía
avergonzar ías
avergonzar ía
avergonzar íamos
avergonzar íais
avergonzar ían

Tiempos compuestos

Pretérito perfecto compuesto
(Bello : Antepresente)

he avergonzado
has avergonzado
ha avergonzado
hemos avergonzado
habéis avergonzado
han avergonzado

Pretérito pluscuamperfecto
(Bello : Antecopretérito)

había avergonzado
habías avergonzado
había avergonzado
habíamos avergonzado
habíais avergonzado
habían avergonzado

Pretérito anterior
(Bello : Antepretérito)

hube avergonzado
hubiste avergonzado
hubo avergonzado
hubimos avergonzado
hubisteis avergonzado
hubieron avergonzado

Futuro perfecto
(Bello : Antefuturo)

habré avergonzado
habrás avergonzado
habrá avergonzado
habremos avergonzado
habréis avergonzado
habrán avergonzado

Condicional perfecto
(Bello : Antepospretérito)

habría avergonzado
habrías avergonzado
habría avergonzado
habríamos avergonzado
habríais avergonzado
habrían avergonzado

MODO SUBJUNTIVO

Tiempos simples

Presente
(Bello : Presente)

avergüence
avergüences
avergüence
avergoncemos
avergoncéis
avergüencen

Pretérito imperfecto
(Bello : Pretérito)

avergonz a ra
avergonz a ras
avergonz a ra
avergonz á ramos
avergonz a rais
avergonz a ran

avergonz a se
avergonz a ses
avergonz a se
avergonz á semos
avergonz a seis
avergonz a sen

Futuro
(Bello : Futuro)

avergonz a re
avergonz a res
avergonz a re
avergonz á remos
avergonz a reis
avergonz a ren

Tiempos compuestos

Pretérito perfecto
(Bello : Antepresente)

haya avergonzado
hayas avergonzado
haya avergonzado
hayamos avergonzado
hayáis avergonzado
hayan avergonzado

Pretérito pluscuamperfecto
(Bello : Antepretérito)

hubiera avergonzado
hubieras avergonzado
hubiera avergonzado
hubiéramos avergonzado
hubierais avergonzado
hubieran avergonzado

hubiese avergonzado
hubieses avergonzado
hubiese avergonzado
hubiésemos avergonzado
hubieseis avergonzado
hubiesen avergonzado

Futuro perfecto
(Bello : Antefuturo)

hubiere avergonzado
hubieres avergonzado
hubiere avergonzado
hubiéremos avergonzado
hubiereis avergonzado
hubieren avergonzado

MODO IMPERATIVO

Presente

avergüenza (tú)
avergüence (él, usted)

avergoncemos (nosotros)
avergonz ad (vosotros)
avergüencen (ellos, ustedes)

FORMAS NO PERSONALES

Tiempos simples

Infinitivo: **avergonzar**

Gerundio: **avergonz ando**

Participio: **avergonz ado**

Tiempos compuestos

Infinitivo compuesto
haber avergonzado

Gerundio compuesto
habiendo avergonzado

49

FORMAS PERSONALES

MODO INDICATIVO		MODO SUBJUNTIVO	
Tiempos simples	Tiempos compuestos	Tiempos simples	Tiempos compuestos

Presente (Bello : Presente)	Pretérito perfecto compuesto (Bello : Antepresente)	Presente (Bello : Presente)	Pretérito perfecto (Bello : Antepresente)
bruñ o	he bruñido	bruñ a	haya bruñido
bruñ es	has bruñido	bruñ as	hayas bruñido
bruñ e	ha bruñido	bruñ a	haya bruñido
bruñ imos	hemos bruñido	bruñ amos	hayamos bruñido
bruñ is	habéis bruñido	bruñ áis	hayáis bruñido
bruñ en	han bruñido	bruñ an	hayan bruñido

Pretérito imperfecto (Bello : Copretérito)	Pretérito pluscuamperfecto (Bello : Antecopretérito)	Pretérito imperfecto (Bello : Pretérito)	Pretérito pluscuamperfecto (Bello : Antepretérito)
bruñ ía	había bruñido	bruñera	hubiera bruñido
bruñ ías	habías bruñido	bruñeras	hubieras bruñido
bruñ ía	había bruñido	bruñera	hubiera bruñido
bruñ íamos	habíamos bruñido	bruñéramos	hubiéramos bruñido
bruñ íais	habíais bruñido	bruñerais	hubierais bruñido
bruñ ían	habían bruñido	bruñeran	hubieran bruñido
		bruñese	hubiese bruñido
		bruñeses	hubieses bruñido
		bruñese	hubiese bruñido
		bruñésemos	hubiésemos bruñido
		bruñeseis	hubieseis bruñido
		bruñesen	hubiesen bruñido

Pretérito perfecto simple (Bello : Pretérito)	Pretérito anterior (Bello : Antepretérito)		
bruñ í	hube bruñido		
bruñ iste	hubiste bruñido		
bruñó	hubo bruñido		
bruñ imos	hubimos bruñido		
bruñ isteis	hubisteis bruñido		
bruñeron	hubieron bruñido		

		Futuro (Bello : Futuro)	Futuro perfecto (Bello : Antefuturo)
		bruñere	hubiere bruñido
		bruñeres	hubieres bruñido
		bruñere	hubiere bruñido
		bruñéremos	hubiéremos bruñido
		bruñereis	hubiereis bruñido
		bruñeren	hubieren bruñido

Futuro (Bello : Futuro)	Futuro perfecto (Bello : Antefuturo)
bruñir é	habré bruñido
bruñir ás	habrás bruñido
bruñir á	habrá bruñido
bruñir emos	habremos bruñido
bruñir éis	habréis bruñido
bruñir án	habrán bruñido

MODO IMPERATIVO

Presente	
bruñ e (tú)	bruñ amos (nosotros)
bruñ a (él, usted)	bruñ id (vosotros)
	bruñ an (ellos, ustedes)

Condicional (Bello : Pospretérito)	Condicional perfecto (Bello : Antepospretérito)
bruñir ía	habría bruñido
bruñir ías	habrías bruñido
bruñir ía	habría bruñido
bruñir íamos	habríamos bruñido
bruñir íais	habríais bruñido
bruñir ían	habrían bruñido

FORMAS NO PERSONALES

Tiempos simples	Tiempos compuestos
Infinitivo: bruñir	Infinitivo compuesto haber bruñido
Gerundio: bruñendo	Gerundio compuesto habiendo bruñido
Participio: bruñ ido	

15 caber verbos irregulares

FORMAS PERSONALES

MODO INDICATIVO

Tiempos simples	Tiempos compuestos

Presente
(Bello : Presente)

quepo	
cab es	
cab e	
cab emos	
cab éis	
cab en	

Pretérito perfecto compuesto
(Bello : Antepresente)

he	cabido
has	cabido
ha	cabido
hemos	cabido
habéis	cabido
han	cabido

Pretérito imperfecto
(Bello : Copretérito)

cab ía	
cab ías	
cab ía	
cab íamos	
cab íais	
cab ían	

Pretérito pluscuamperfecto
(Bello : Antecopretérito)

había	cabido
habías	cabido
había	cabido
habíamos	cabido
habíais	cabido
habían	cabido

Pretérito perfecto simple
(Bello : Pretérito)

cupe	
cupiste	
cupo	
cupimos	
cupisteis	
cupieron	

Pretérito anterior
(Bello : Antepretérito)

hube	cabido
hubiste	cabido
hubo	cabido
hubimos	cabido
hubisteis	cabido
hubieron	cabido

Futuro
(Bello : Futuro)

cabré	
cabrás	
cabrá	
cabremos	
cabréis	
cabrán	

Futuro perfecto
(Bello : Antefuturo)

habré	cabido
habrás	cabido
habrá	cabido
habremos	cabido
habréis	cabido
habrán	cabido

Condicional
(Bello : Pospretérito)

cabría	
cabrías	
cabría	
cabríamos	
cabríais	
cabrían	

Condicional perfecto
(Bello : Antepospretérito)

habría	cabido
habrías	cabido
habría	cabido
habríamos	cabido
habríais	cabido
habrían	cabido

MODO SUBJUNTIVO

Tiempos simples	Tiempos compuestos

Presente
(Bello : Presente)

quepa	
quepas	
quepa	
quepamos	
quepáis	
quepan	

Pretérito perfecto
(Bello : Antepresente)

haya	cabido
hayas	cabido
haya	cabido
hayamos	cabido
hayáis	cabido
hayan	cabido

Pretérito imperfecto
(Bello : Pretérito)

cupiera	
cupieras	
cupiera	
cupiéramos	
cupierais	
cupieran	
cupiese	
cupieses	
cupiese	
cupiésemos	
cupieseis	
cupiesen	

Pretérito pluscuamperfecto
(Bello : Antepretérito)

hubiera	cabido
hubieras	cabido
hubiera	oabido
hubiéramos	cabido
hubierais	cabido
hubieran	cabido
hubiese	cabido
hubieses	cabido
hubiese	cabido
hubiésemos	cabido
hubieseis	cabido
hubiesen	cabido

Futuro
(Bello : Futuro)

cupiere	
cupieres	
cupiere	
cupieremos	
cupiereis	
cupieren	

Futuro perfecto
(Bello : Antefuturo)

hubiere	cabido
hubieres	cabido
hubiere	cabido
hubiéremos	cabido
hubiereis	cabido
hubieren	cabido

MODO IMPERATIVO

Presente	
cab e (tú)	quepamos (nosotros)
quepa (él, usted)	cab ed (vosotros)
	quepan (ellos, ustedes)

FORMAS NO PERSONALES

Tiempos simples	Tiempos compuestos
Infinitivo: **caber**	Infinitivo compuesto
	haber cabido
Gerundio: **cab** iendo	
	Gerundio compuesto
Participio: **cab** ido	habiendo cabido

51

16 caer verbos irregulares

FORMAS PERSONALES

MODO INDICATIVO		MODO SUBJUNTIVO	
Tiempos simples	Tiempos compuestos	Tiempos simples	Tiempos compuestos

Presente (Bello : Presente)		Pretérito perfecto compuesto (Bello : Antepresente)		Presente (Bello : Presente)		Pretérito perfecto (Bello : Antepresente)	
caigo		he	caído	caiga		haya	caído
ca es		has	caído	caigas		hayas	caído
ca e		ha	caído	caiga		haya	caído
ca emos		hemos	caído	caigamos		hayamos	caído
ca éis		habéis	caído	caigáis		hayáis	caído
ca en		han	caído	caigan		hayan	caído

Pretérito imperfecto (Bello : Copretérito)		Pretérito pluscuamperfecto (Bello : Antecopretérito)		Pretérito imperfecto (Bello : Pretérito)		Pretérito pluscuamperfecto (Bello : Antepretérito)	
ca ía		había	caído	cayera		hubiera	caído
ca ías		habías	caído	cayeras		hubieras	caído
ca ía		había	caído	cayera		hubiera	caído
ca íamos		habíamos	caído	cayéramos		hubiéramos	caído
ca íais		habíais	caído	cayerais		hubierais	caído
ca ían		habían	caído	cayeran		hubieran	caído
				cayese		hubiese	caído
				cayeses		hubieses	caído
				cayese		hubiese	caído
				cayésemos		hubiésemos	caído
				cayeseis		hubieseis	caído
				cayesen		hubiesen	caído

Pretérito perfecto simple (Bello : Pretérito)		Pretérito anterior (Bello : Antepretérito)		Futuro (Bello : Futuro)		Futuro perfecto (Bello : Antefuturo)	
ca í		hube	caído	cayere		hubiere	caído
caíste		hubiste	caído	cayeres		hubieres	caído
cayó		hubo	caído	cayere		hubiere	caído
caimos		hubimos	caído	cayéremos		hubiéremos	caído
caísteis		hubisteis	caído	cayereis		hubiereis	caído
cayeron		hubieron	caído	cayeren		hubieren	caído

Futuro (Bello : Futuro)		Futuro perfecto (Bello : Antefuturo)	
caer é		habré	caído
caer ás		habrás	caído
caer á		habrá	caído
caer emos		habremos	caído
caer éis		habréis	caído
caer án		habrán	caído

MODO IMPERATIVO

Presente	
ca e (tú)	caigamos (nosotros)
caiga (él, usted)	ca ed (vosotros)
	caigan (ellos, ustedes)

Condicional (Bello : Pospretérito)		Condicional perfecto (Bello : Antepospretérito)	
caer ía		habría	caído
caer ías		habrías	caído
caer ía		habría	caído
caer íamos		habríamos	caído
caer íais		habríais	caído
caer ían		habrían	caído

FORMAS NO PERSONALES

Tiempos simples	Tiempos compuestos
Infinitivo: caer	Infinitivo compuesto haber caído
Gerundio: cayendo	Gerundio compuesto habiendo caído
Participio: caído	

17 cocer verbos irregulares

MODO INDICATIVO

Tiempos simples	Tiempos compuestos

Presente
(Bello : Presente)

cuezo	
cueces	
cuece	
coc emos	
coc éis	
cuecen	

Pretérito perfecto compuesto
(Bello : Antepresente)

he	cocido
has	cocido
ha	cocido
hemos	cocido
habéis	cocido
han	cocido

Pretérito imperfecto
(Bello : Copretérito)

coc ía	
coc ías	
coc ía	
coc íamos	
coc íais	
coc ían	

Pretérito pluscuamperfecto
(Bello : Antecopretérito)

había	cocido
habías	cocido
había	cocido
habíamos	cocido
habíais	cocido
habían	cocido

Pretérito perfecto simple
(Bello : Pretérito)

coc í	
coc iste	
coc ió	
coc imos	
coc isteis	
coc ie ron	

Pretérito anterior
(Bello : Antepretérito)

hube	cocido
hubiste	cocido
hubo	cocido
hubimos	cocido
hubisteis	cocido
hubieron	cocido

Futuro
(Bello : Futuro)

cocer é	
cocer ás	
cocer á	
cocer emos	
cocer éis	
cocer án	

Futuro perfecto
(Bello : Antefuturo)

habré	cocido
habrás	cocido
habrá	cocido
habremos	cocido
habréis	cocido
habrán	cocido

Condicional
(Bello : Pospretérito)

cocer ía	
cocer ías	
cocer ía	
cocer íamos	
cocer íais	
cocer ían	

Condicional perfecto
(Bello : Antepospretérito)

habría	cocido
habrías	cocido
habría	cocido
habríamos	cocido
habríais	cocido
habrían	cocido

MODO SUBJUNTIVO

Tiempos simples	Tiempos compuestos

Presente
(Bello : Presente)

cueza	
cuezas	
cueza	
cozamos	
cozáis	
cuezan	

Pretérito perfecto
(Bello : Antepresente)

haya	cocido
hayas	cocido
haya	cocido
hayamos	cocido
hayáis	cocido
hayan	cocido

Pretérito imperfecto
(Bello : Pretérito)

coc ie ra	
coc ie ras	
coc ie ra	
coc ié ramos	
coc ie rais	
coc ie ran	

Pretérito pluscuamperfecto
(Bello : Antepretérito)

hubiera	cocido
hubieras	cocido
hubiera	cocido
hubiéramos	cocido
hubierais	cocido
hubieran	cocido

coc ie se	
coc ie ses	
coc ie se	
coc ie semos	
coc ie seis	
coc ie sen	

hubiese	cocido
hubieses	cocido
hubiese	cocido
hubiésemos	cocido
hubieseis	cocido
hubiesen	cocido

Futuro
(Bello : Futuro)

coc ie re	
coc ie res	
coc ie re	
coc ié remos	
coc ie reis	
coc ie ren	

Futuro perfecto
(Bello : Antefuturo)

hubiere	cocido
hubieres	cocido
hubiere	cocido
hubiéremos	cocido
hubiereis	cocido
hubieren	cocido

MODO IMPERATIVO

Presente

	cozamos (nosotros)
cuece (tú)	
cueza (él, usted)	coc ed (vosotros)
	cuezan (ellos, ustedes)

FORMAS NO PERSONALES

Tiempos simples	Tiempos compuestos
Infinitivo: **cocer**	Infinitivo compuesto haber cocido
Gerundio: **coc** iendo	Gerundio compuesto habiendo cocido
Participio: **coc** ido	

18 colgar verbos irregulares

MODO INDICATIVO

Tiempos simples	Tiempos compuestos

Presente
(Bello : Presente)

Pretérito perfecto compuesto
(Bello : Antepresente)

cuelgo	he	colgado
cuelgas	has	colgado
cuelga	ha	colgado
colg amos	hemos	colgado
colg áis	habéis	colgado
cuelgan	han	colgado

Pretérito imperfecto
(Bello : Copretérito)

Pretérito pluscuamperfecto
(Bello : Antecopretérito)

colg aba	había	colgado
colg abas	habías	colgado
colg aba	había	colgado
colg ábamos	habíamos	colgado
colg abais	habíais	colgado
colg aban	habían	colgado

Pretérito perfecto simple
(Bello : Pretérito)

Pretérito anterior
(Bello : Antepretérito)

colgué	hube	colgado
colg aste	hubiste	colgado
colg ó	hubo	colgado
colg amos	hubimos	colgado
colg asteis	hubisteis	colgado
colg a ron	hubieron	colgado

Futuro
(Bello : Futuro)

Futuro perfecto
(Bello : Antefuturo)

colgar é	habré	colgado
colgar ás	habrás	colgado
colgar á	habrá	colgado
colgar emos	habremos	colgado
colgar éis	habréis	colgado
colgar án	habrán	colgado

Condicional
(Bello : Pospretérito)

Condicional perfecto
(Bello : Antepospretérito)

colgar ía	habría	colgado
colgar ías	habrías	colgado
colgar ía	habría	colgado
colgar íamos	habríamos	colgado
colgar íais	habríais	colgado
colgar ían	habrían	colgado

MODO SUBJUNTIVO

Tiempos simples	Tiempos compuestos

Presente
(Bello : Presente)

Pretérito perfecto
(Bello : Antepresente)

cuelgue	haya	colgado
cuelgues	hayas	colgado
cuelgue	haya	colgado
colguemos	hayamos	colgado
colguéis	hayáis	colgado
cuelguen	hayan	colgado

Pretérito imperfecto
(Bello : Pretérito)

Pretérito pluscuamperfecto
(Bello : Antepretérito)

colg a ra	hubiera	colgado
colg a ras	hubieras	colgado
colg a ra	hubiera	colgado
colg á ramos	hubiéramos	colgado
colg a rais	hubierais	colgado
colg a ran	hubieran	colgado
colg a se	hubiese	colgado
colg a ses	hubieses	colgado
colg a se	hubiese	colgado
colg á semos	hubiésemos	colgado
colg a seis	hubieseis	colgado
colg a sen	hubiesen	colgado

Futuro
(Bello : Futuro)

Futuro perfecto
(Bello : Antefuturo)

colg a re	hubiere	colgado
colg a res	hubieres	colgado
colg a re	hubiere	colgado
colg á remos	hubiéremos	colgado
colg a reis	hubiereis	colgado
colg a ren	hubieren	colgado

MODO IMPERATIVO

Presente

cuelga (tú)	colguemos (nosotros)
cuelgue (él, usted)	colg ad (vosotros)
	cuelguen (ellos, ustedes)

FORMAS NO PERSONALES

Tiempos simples	Tiempos compuestos
Infinitivo: **colgar**	Infinitivo compuesto haber colgado
Gerundio: **colg** ando	Gerundio compuesto habiendo colgado
Participio: **colg** ado	

FORMAS PERSONALES

MODO INDICATIVO		MODO SUBJUNTIVO	
Tiempos simples	Tiempos compuestos	Tiempos simples	Tiempos compuestos

Presente
(Bello : Presente)

Pretérito perfecto compuesto
(Bello : Antepresente)

Presente
(Bello : Presente)

Pretérito perfecto
(Bello : Antepresente)

conozco	he	conocido	conozca	haya	conocido
conoc es	has	conocido	conozcas	hayas	conocido
conoc e	ha	conocido	conozca	haya	conocido
conoc emos	hemos	conocido	conozcamos	hayamos	conocido
conoc éis	habéis	conocido	conozcáis	hayáis	conocido
conoc en	han	conocido	conozcan	hayan	conocido

Pretérito imperfecto
(Bello : Copretérito)

Pretérito pluscuamperfecto
(Bello : Antecopretérito)

Pretérito imperfecto
(Bello : Pretérito)

Pretérito pluscuamperfecto
(Bello : Antepretérito)

conoc ía	había	conocido	conoc ie ra	hubiera	conocido
conoc ías	habías	conocido	conoc ie ras	hubieras	conocido
conoc ía	había	conocido	conoc ie ra	hubiera	conocido
conoc íamos	habíamos	conocido	conoc ié ramos	hubiéramos	conocido
conoc íais	habíais	conocido	conoc ie rais	hubierais	conocido
conoc ían	habían	conocido	conoc ie ran	hubieran	conocido
			conoc ie se	hubiese	conocido
			conoc ie ses	hubieses	conocido

Pretérito perfecto simple
(Bello : Pretérito)

Pretérito anterior
(Bello : Antepretérito)

			conoc ie se	hubiese	conocido
conoc í	hube	conocido	conoc ié semos	hubiésemos	conocido
conoc iste	hubiste	conocido	conoc ie seis	hubieseis	conocido
conoc ió	hubo	conocido	conoc ie sen	hubiesen	conocido
conoc imos	hubimos	conocido			
conoc isteis	hubisteis	conocido			
conoc ie ron	hubieron	conocido			

Futuro
(Bello : Futuro)

Futuro perfecto
(Bello : Antefuturo)

			conoc ie re	hubiere	conocido
			conoc ie res	hubieres	conocido
			conoc ie re	hubiere	conocido
			conoc ié remos	hubiéremos	conocido
			conoc ie reis	hubiereis	conocido
			conoc ie ren	hubieren	conocido

Futuro
(Bello : Futuro)

Futuro perfecto
(Bello : Antefuturo)

conocer é	habré	conocido
conocer ás	habrás	conocido
conocer á	habrá	conocido
conocer emos	habremos	conocido
conocer éis	habréis	conocido
conocer án	habrán	conocido

MODO IMPERATIVO

Presente

conoc e (tú)	conozcamos (nosotros)
conozca (él, usted)	conoc ed (vosotros)
	conozcan (ellos, ustedes)

Condicional
(Bello : Pospretérito)

Condicional perfecto
(Bello : Antepospretérito)

conocer ía	habría	conocido
conocer ías	habrías	conocido
conocer ía	habría	conocido
conocer íamos	habríamos	conocido
conocer íais	habríais	conocido
conocer ían	habrían	conocido

FORMAS NO PERSONALES

Tiempos simples	Tiempos compuestos
Infinitivo: **conocer**	Infinitivo compuesto
	haber conocido
Gerundio: **conoc** iendo	Gerundio compuesto
Participio: **conoc** ido	habiendo conocido

FORMAS PERSONALES

MODO INDICATIVO		MODO SUBJUNTIVO	
Tiempos simples	Tiempos compuestos	Tiempos simples	Tiempos compuestos

Presente (Bello : Presente)	Pretérito perfecto compuesto (Bello : Antepresente)	Presente (Bello : Presente)	Pretérito perfecto (Bello : Antepresente)
cre o	he creído	cre a	haya creído
cre es	has creído	cre as	hayas creído
cre e	ha creído	cre a	haya creído
cre emos	hemos creído	cre amos	hayamos creído
cre éis	habéis creído	cre áis	hayáis creído
cre en	han creído	cre an	hayan creído

Pretérito imperfecto (Bello : Copretérito)	Pretérito pluscuamperfecto (Bello : Antecopretérito)	Pretérito imperfecto (Bello : Pretérito)	Pretérito pluscuamperfecto (Bello : Antepretérito)
cre ía	había creído	creyera	hubiera creído
cre ías	habías creído	creyeras	hubieras creído
cre ía	había creído	creyera	hubiera creído
cre íamos	habíamos creído	creyéramos	hubiéramos creído
cre íais	habíais creído	creyerais	hubierais creído
cre ían	habían creído	creyeran	hubieran creído
		creyese	hubiese creído
		creyeses	hubieses creído
		creyese	hubiese creído
Pretérito perfecto simple (Bello : Pretérito)	Pretérito anterior (Bello : Antepretérito)	creyésemos	hubiésemos creído
		creyeseis	hubieseis creído
cre í	hube creído	creyesen	hubiesen creído
creíste	hubiste creído		
creyó	hubo creído	Futuro (Bello : Futuro)	Futuro perfecto (Bello : Antefuturo)
creímos	hubimos creído		
creísteis	hubisteis creído	creyere	hubiere creído
creyeron	hubieron creído	creyeres	hubieres creído
		creyere	hubiere creído
		creyéremos	hubiéremos creído
Futuro (Bello : Futuro)	Futuro perfecto (Bello : Antefuturo)	creyereis	hubiereis creído
		creyeren	hubieren creído
creer é	habré creído		
creer ás	habrás creído		
creer á	habrá creído		
creer emos	habremos creído	**MODO IMPERATIVO**	
creer éis	habréis creído		
creer án	habrán creído	Presente	cre amos (nosotros)
		cre e (tú)	cre ed (vosotros)
		cre a (él, usted)	cre an (ellos, ustedes)

Condicional (Bello : Pospretérito)	Condicional perfecto (Bello : Antepospretérito)	FORMAS NO PERSONALES	
		Tiempos simples	Tiempos compuestos
creer ía	habría creído	Infinitivo: **creer**	Infinitivo compuesto
creer ías	habrías creído		haber creído
creer ía	habría creído	Gerundio: **creyendo**	
creer íamos	habríamos creído		Gerundio compuesto
creer íais	habríais creído	Participio: **creído**	habiendo creído
creer ían	habrían creído		

21 dar verbos irregulares

MODO INDICATIVO

Tiempos simples	Tiempos compuestos	
Presente (Bello : Presente)	**Pretérito perfecto compuesto** (Bello : Antepresente)	
doy	he	dado
d as	has	dado
d a	ha	dado
d amos	hemos	dado
d ais	habéis	dado
d an	han	dado
Pretérito imperfecto (Bello : Copretérito)	**Pretérito pluscuamperfecto** (Bello : Antecopretérito)	
d aba	había	dado
d abas	habías	dado
d aba	había	dado
d ábamos	habíamos	dado
d abais	habíais	dado
d aban	habían	dado
Pretérito perfecto simple (Bello : Pretérito)	**Pretérito anterior** (Bello : Antepretérito)	
di	hube	dado
diste	hubiste	dado
dio	hubo	dado
dimos	hubimos	dado
disteis	hubisteis	dado
dieron	hubieron	dado
Futuro (Bello : Futuro)	**Futuro perfecto** (Bello : Antefuturo)	
dar é	habré	dado
dar ás	habrás	dado
dar á	habrá	dado
dar emos	habremos	dado
dar éis	habréis	dado
dar án	habrán	dado
Condicional (Bello : Pospretérito)	**Condicional perfecto** (Bello : Antepospretérito)	
dar ía	habría	dado
dar ías	habrías	dado
dar ía	habría	dado
dar íamos	habríamos	dado
dar íais	habríais	dado
dar ían	habrían	dado

MODO SUBJUNTIVO

Tiempos simples	Tiempos compuestos	
Presente (Bello : Presente)	**Pretérito perfecto** (Bello : Antepresente)	
dé	haya	dado
d es	hayas	dado
dé	haya	dado
d emos	hayamos	dado
d eis	hayáis	dado
d en	hayan	dado
Pretérito imperfecto (Bello : Pretérito)	**Pretérito pluscuamperfecto** (Bello : Antepretérito)	
diera	hubiera	dado
dieras	hubieras	dado
diera	hubiera	dado
diéramos	hubiéramos	dado
dierais	hubierais	dado
dieran	hubieran	dado
diese	hubiese	dado
dieses	hubieses	dado
diese	hubiese	dado
diésemos	hubiésemos	dado
dieseis	hubieseis	dado
diesen	hubiesen	dado
Futuro (Bello : Futuro)	**Futuro perfecto** (Bello : Antefuturo)	
diere	hubiere	dado
dieres	hubieres	dado
diere	hubiere	dado
diéremos	hubiéremos	dado
diereis	hubiereis	dado
dieren	hubieren	dado

MODO IMPERATIVO

Presente	
d a (tú)	**d** emos (nosotros)
dé (él, usted)	**d** ad (vosotros)
	d en (ellos, ustedes)

FORMAS NO PERSONALES

Tiempos simples	Tiempos compuestos
Infinitivo: **dar**	Infinitivo compuesto haber dado
Gerundio: **d** ando	Gerundio compuesto habiendo dado
Participio: **d** ado	

FORMAS PERSONALES

MODO INDICATIVO		MODO SUBJUNTIVO	
Tiempos simples	Tiempos compuestos	Tiempos simples	Tiempos compuestos

Presente (Bello : Presente)	Pretérito perfecto compuesto (Bello : Antepresente)	Presente (Bello : Presente)	Pretérito perfecto (Bello : Antepresente)
digo	he dicho	diga	haya dicho
dices	has dicho	digas	hayas dicho
dice	ha dicho	diga	haya dicho
dec imos	hemos dicho	digamos	hayamos dicho
dec ís	habéis dicho	digáis	hayáis dicho
dicen	han dicho	digan	hayan dicho

Pretérito imperfecto (Bello : Copretérito)	Pretérito pluscuamperfecto (Bello : Antecopretérito)	Pretérito imperfecto (Bello : Pretérito)	Pretérito pluscuamperfecto (Bello : Antepretérito)
dec ía	había dicho	dijera	hubiera dicho
dec ías	habías dicho	dijeras	hubieras dicho
dec ía	había dicho	dijera	hubiera dicho
dec íamos	habíamos dicho	dijéramos	hubiéramos dicho
dec íais	habíais dicho	dijerais	hubierais dicho
dec ían	habían dicho	dijeran	hubieran dicho
		dijese	hubiese dicho
		dijeses	hubieses dicho
		dijese	hubiese dicho
		dijésemos	hubiésemos dicho
		dijeseis	hubieseis dicho
		dijesen	hubiesen dicho

Pretérito perfecto simple (Bello : Pretérito)	Pretérito anterior (Bello : Antepretérito)		
dije	hube dicho		
dijiste	hubiste dicho		
dijo	hubo dicho		
dijimos	hubimos dicho		
dijisteis	hubisteis dicho		
dijeron	hubieron dicho		

		Futuro (Bello : Futuro)	Futuro perfecto (Bello : Antefuturo)
		dijere	hubiere dicho
		dijeres	hubieres dicho
		dijere	hubiere dicho
		dijéremos	hubiéremos dicho
		dijereis	hubiereis dicho
		dijeren	hubieren dicho

Futuro (Bello : Futuro)	Futuro perfecto (Bello : Antefuturo)
diré	habré dicho
dirás	habrás dicho
dirá	habrá dicho
diremos	habremos dicho
diréis	habréis dicho
dirán	habrán dicho

MODO IMPERATIVO

Presente	
	digamos (nosotros)
di (tú)	**dec** id (vosotros)
diga (él, usted)	**digan** (ellos, ustedes)

Condicional (Bello : Pospretérito)	Condicional perfecto (Bello : Antepospretérito)
diría	habría dicho
dirías	habrías dicho
diría	habría dicho
diríamos	habríamos dicho
diríais	habríais dicho
dirían	habrían dicho

FORMAS NO PERSONALES

Tiempos simples	Tiempos compuestos
Infinitivo: **decir**	Infinitivo compuesto haber dicho
Gerundio: **diciendo**	Gerundio compuesto habiendo dicho
Participio: **dicho**	

23 defender verbos irregulares

FORMAS PERSONALES

MODO INDICATIVO

Tiempos simples	Tiempos compuestos	
Presente (Bello : Presente)	**Pretérito perfecto compuesto** (Bello : Antepresente)	
defiendo	he	defendido
defiendes	has	defendido
defiende	ha	defendido
defend emos	hemos	defendido
defend éis	habéis	defendido
defienden	han	defendido
Pretérito imperfecto (Bello : Copretérito)	**Pretérito pluscuamperfecto** (Bello : Antecopretérito)	
defend ía	había	defendido
defend ías	habías	defendido
defend ía	había	defendido
defend íamos	habíamos	defendido
defend íais	habíais	defendido
defend ían	habían	defendido
Pretérito perfecto simple (Bello : Pretérito)	**Pretérito anterior** (Bello : Antepretérito)	
defend í	hube	defendido
defend iste	hubiste	defendido
defend ió	hubo	defendido
defend imos	hubimos	defendido
defend isteis	hubisteis	defendido
defend ie *ron*	hubieron	defendido
Futuro (Bello : Futuro)	**Futuro perfecto** (Bello : Antefuturo)	
defender é	habré	defendido
defender ás	habrás	defendido
defender á	habrá	defendido
defender emos	habremos	defendido
defender éis	habréis	defendido
defender án	habrán	defendido
Condicional (Bello : Pospretérito)	**Condicional perfecto** (Bello : Antepospretérito)	
defender ía	habría	defendido
defender ías	habrías	defendido
defender ía	habría	defendido
defender íamos	habríamos	defendido
defender íais	habríais	defendido
defender ían	habrían	defendido

MODO SUBJUNTIVO

Tiempos simples	Tiempos compuestos	
Presente (Bello : Presente)	**Pretérito perfecto** (Bello : Antepresente)	
defienda	haya	defendido
defiendas	hayas	defendido
defienda	haya	defendido
defend amos	hayamos	defendido
defend áis	hayáis	defendido
defiendan	hayan	defendido
Pretérito imperfecto (Bello : Pretérito)	**Pretérito pluscuamperfecto** (Bello : Antepretérito)	
defend ie *ra*	hubiera	defendido
defend ie *ras*	hubieras	defendido
defend ie *ra*	hubiera	defendido
defend ié *ramos*	hubiéramos	defendido
defend ie *rais*	hubierais	defendido
defend ie *ran*	hubieran	defendido
defend ie *se*	hubiese	defendido
defend ie *ses*	hubieses	defendido
defend ie *se*	hubiese	defendido
defend ié *semos*	hubiésemos	defendido
defend ie *seis*	hubieseis	defendido
defend ie *sen*	hubiesen	defendido
Futuro (Bello : Futuro)	**Futuro perfecto** (Bello : Antefuturo)	
defend ie *re*	hubiere	defendido
defend ie *res*	hubieres	defendido
defend ie *re*	hubiere	defendido
defend ié *remos*	hubiéremos	defendido
defend ie *reis*	hubiereis	defendido
defend ie *ren*	hubieren	defendido

MODO IMPERATIVO

Presente	
defiende (tú)	**defend** amos (nosotros)
defienda (él, usted)	**defend** ed (vosotros)
	defiendan (ellos, ustedes)

FORMAS NO PERSONALES

Tiempos simples	Tiempos compuestos
Infinitivo: **defender**	Infinitivo compuesto haber defendido
Gerundio: **defend** iendo	Gerundio compuesto habiendo defendido
Participio: **defend** ido	

59

24 desosar verbos irregulares

FORMAS PERSONALES

MODO INDICATIVO

Tiempos simples	Tiempos compuestos	
Presente (Bello : Presente)	Pretérito perfecto compuesto (Bello : Antepresente)	
deshueso	he	desosado
deshuesas	has	desosado
deshuesa	ha	desosado
desos amos	hemos	desosado
desos áis	habéis	desosado
deshuesan	han	desosado
Pretérito imperfecto (Bello : Copretérito)	Pretérito pluscuamperfecto (Bello : Antecopretérito)	
desos aba	había	desosado
desos abas	habías	desosado
desos aba	había	desosado
desos ábamos	habíamos	desosado
desos abais	habíais	desosado
desos aban	habían	desosado
Pretérito perfecto simple (Bello : Pretérito)	Pretérito anterior (Bello : Antepretérito)	
desos é	hube	desosado
desos aste	hubiste	desosado
desos ó	hubo	desosado
desos amos	hubimos	desosado
desos asteis	hubisteis	desosado
desos a*ron*	hubieron	desosado
Futuro (Bello : Futuro)	Futuro perfecto (Bello : Antefuturo)	
desosar é	habré	desosado
desosar ás	habrás	desosado
desosar á	habrá	desosado
desosar emos	habremos	desosado
desosar éis	habréis	desosado
desosar án	habrán	desosado
Condicional (Bello : Pospretérito)	Condicional perfecto (Bello : Antepospretérito)	
desosar ía	habría	desosado
desosar ías	habrías	desosado
desosar ía	habría	desosado
desosar íamos	habríamos	desosado
desosar íais	habríais	desosado
desosar ían	habrían	desosado

MODO SUBJUNTIVO

Tiempos simples	Tiempos compuestos	
Presente (Bello : Presente)	Pretérito perfecto (Bello : Antepresente)	
deshuese	haya	desosado
deshueses	hayas	desosado
deshuese	haya	desosado
desos emos	hayamos	desosado
desos éis	hayáis	desosado
deshuesen	hayan	desosado
Pretérito imperfecto (Bello : Pretérito)	Pretérito pluscuamperfecto (Bello : Antepretérito)	
desos a*ra*	hubiera	desosado
desos a*ras*	hubieras	desosado
desos a*ra*	hubiera	desosado
desos á*ramos*	hubiéramos	desosado
desos a*rais*	hubierais	desosado
desos a*ran*	hubieran	desosado
desos a*se*	hubiese	desosado
desos a*ses*	hubieses	desosado
desos a*se*	hubiese	desosado
desos á*semos*	hubiésemos	desosado
desos a*seis*	hubieseis	desosado
desos a*sen*	hubiesen	desosado
Futuro (Bello : Futuro)	Futuro perfecto (Bello : Antefuturo)	
desos a*re*	hubiere	desosado
desos a*res*	hubieres	desosado
desos a*re*	hubiere	desosado
desos á*remos*	hubiéremos	desosado
desos a*reis*	hubiereis	desosado
desos a*ren*	hubieren	desosado

MODO IMPERATIVO

Presente

deshuesa (tú)
deshuese (él, usted)
desos emos (nosotros)
desos sad (vosotros)
deshuesen (ellos, ustedes)

FORMAS NO PERSONALES

Tiempos simples	Tiempos compuestos
Infinitivo: **desosar**	Infinitivo compuesto haber desosado
Gerundio: **desos** ando	Gerundio compuesto habiendo desosado
Participio: **desos** ado	

FORMAS PERSONALES

MODO INDICATIVO		MODO SUBJUNTIVO	
Tiempos simples	Tiempos compuestos	Tiempos simples	Tiempos compuestos

MODO INDICATIVO

Presente
(Bello : Presente)

discierno	
disciernes	
discierne	
discern imos	
discern ís	
disciernen	

Pretérito perfecto compuesto
(Bello : Antepresente)

he	discernido
has	discernido
ha	discernido
hemos	discernido
habéis	discernido
han	discernido

Pretérito imperfecto
(Bello : Copretérito)

| discern ía |
| discern ías |
| discern ía |
| discern íamos |
| discern íais |
| discern ían |

Pretérito pluscuamperfecto
(Bello : Antecopretérito)

había	discernido
habías	discernido
había	discernido
habíamos	discernido
habíais	discernido
habían	discernido

Pretérito perfecto simple
(Bello : Pretérito)

| discern í |
| discern iste |
| discern ió |
| discern imos |
| discern isteis |
| discern ie ron |

Pretérito anterior
(Bello : Antepretérito)

hube	discernido
hubiste	discernido
hubo	discernido
hubimos	discernido
hubisteis	discernido
hubieron	discernido

Futuro
(Bello : Futuro)

| discernir é |
| discernir ás |
| discernir á |
| discernir emos |
| discernir éis |
| discernir án |

Futuro perfecto
(Bello : Antefuturo)

habré	discernido
habrás	discernido
habrá	discernido
habremos	discernido
habréis	discernido
habrán	discernido

Condicional
(Bello : Pospretérito)

| discernir ía |
| discernir ías |
| discernir ía |
| discernir íamos |
| discernir íais |
| discernir ían |

Condicional perfecto
(Bello : Antepospretérito)

habría	discernido
habrías	discernido
habría	discernido
habríamos	discernido
habríais	discernido
habrían	discernido

MODO SUBJUNTIVO

Presente
(Bello : Presente)

| discierna |
| disciernas |
| discierna |
| discern amos |
| discern áis |
| disciernan |

Pretérito perfecto
(Bello : Antepresente)

haya	discernido
hayas	discernido
haya	discernido
hayamos	discernido
hayáis	discernido
hayan	discernido

Pretérito imperfecto
(Bello : Pretérito)

| discern ie ra |
| discern ie ras |
| discern ie ra |
| discern ié ramos |
| discern ie rais |
| discern ie ran |

| discern ie se |
| discern ie ses |
| discern ie se |
| discern ié semos |
| discern ie seis |
| discern ie sen |

Pretérito pluscuamperfecto
(Bello : Antepretérito)

hubiera	discernido
hubieras	discernido
hubiera	discernido
hubiéramos	discernido
hubierais	discernido
hubieran	discernido

hubiese	discernido
hubieses	discernido
hubiese	discernido
hubiésemos	discernido
hubieseis	discernido
hubiesen	discernido

Futuro
(Bello : Futuro)

| discern ie re |
| discern ie res |
| discern ie re |
| discern ié remos |
| discern ie reis |
| discern ie ren |

Futuro perfecto
(Bello : Antefuturo)

hubiere	discernido
hubieres	discernido
hubiere	discernido
hubiéremos	discernido
hubiereis	discernido
hubieren	discernido

MODO IMPERATIVO

Presente	discern amos (nosotros)
discierne (tú)	discern id (vosotros)
discierna (él, usted)	disciernan (ellos, ustedes)

FORMAS NO PERSONALES

Tiempos simples	Tiempos compuestos
Infinitivo: **discernir**	Infinitivo compuesto
	haber discernido
Gerundio: **discern** iendo	
	Gerundio compuesto
Participio: **discern** ido	habiendo discernido

26 **dormir** verbos irregulares

FORMAS PERSONALES

MODO INDICATIVO		MODO SUBJUNTIVO	
Tiempos simples	Tiempos compuestos	Tiempos simples	Tiempos compuestos

Presente (Bello : Presente)	Pretérito perfecto compuesto (Bello : Antepresente)	Presente (Bello : Presente)	Pretérito perfecto (Bello : Antepresente)
duermo	he dormido	duerma	haya dormido
duermes	has dormido	duermas	hayas dormido
duerme	ha dormido	duerma	haya dormido
dorm imos	hemos dormido	durmamos	hayamos dormido
dorm ís	habéis dormido	durmáis	hayáis dormido
duermen	han dormido	duerman	hayan dormido

Pretérito imperfecto (Bello : Copretérito)	Pretérito pluscuamperfecto (Bello : Antecopretérito)	Pretérito imperfecto (Bello : Pretérito)	Pretérito pluscuamperfecto (Bello : Antepretérito)
dorm ía	había dormido	durmiera	hubiera dormido
dorm ías	habías dormido	durmieras	hubieras dormido
dorm ía	había dormido	durmiera	hubiera dormido
dorm íamos	habíamos dormido	durmiéramos	hubiéramos dormido
dorm íais	habíais dormido	durmierais	hubierais dormido
dorm ían	habían dormido	durmieran	hubieran dormido
		durmiese	hubiese dormido
		durmieses	hubieses dormido
		durmiese	hubiese dormido
		durmiésemos	hubiésemos dormido
		durmieseis	hubieseis dormido
		durmiesen	hubiesen dormido

Pretérito perfecto simple (Bello : Pretérito)	Pretérito anterior (Bello : Antepretérito)		
dorm í	hube dormido		
dorm iste	hubiste dormido		
durmió	hubo dormido		
dorm imos	hubimos dormido	Futuro (Bello : Futuro)	Futuro perfecto (Bello : Antefuturo)
dorm isteis	hubisteis dormido		
durmieron	hubieron dormido	durmiere	hubiere dormido

Futuro (Bello : Futuro)	Futuro perfecto (Bello : Antefuturo)	durmiere	hubieres dormido
		durmiere	hubiere dormido
dormir é	habré dormido	durmiéremos	hubiéremos dormido
dormir ás	habrás dormido	durmiereis	hubiereis dormido
dormir á	habrá dormido	durmieren	hubieren dormido
dormir emos	habremos dormido		
dormir éis	habréis dormido		
dormir án	habrán dormido		

MODO IMPERATIVO

Presente	
duerme (tú)	durmamos (nosotros)
duerma (él, usted)	dorm id (vosotros)
	duerman (ellos, ustedes)

Condicional (Bello : Pospretérito)	Condicional perfecto (Bello : Antepospretérito)
dormir ía	habría dormido
dormir ías	habrías dormido
dormir ía	habría dormido
dormir íamos	habríamos dormido
dormir íais	habríais dormido
dormir ían	habrían dormido

FORMAS NO PERSONALES

Tiempos simples	Tiempos compuestos
Infinitivo: **dormir**	Infinitivo compuesto haber dormido
Gerundio: **durmiendo**	Gerundio compuesto
Participio: **dorm** ido	habiendo dormido

FORMAS PERSONALES

MODO INDICATIVO		MODO SUBJUNTIVO	
Tiempos simples	Tiempos compuestos	Tiempos simples	Tiempos compuestos

Presente (Bello : Presente)	Pretérito perfecto compuesto (Bello : Antepresente)	Presente (Bello : Presente)	Pretérito perfecto (Bello : Antepresente)
elijo	he elegido	elija	haya elegido
eliges	has elegido	elijas	hayas elegido
elige	ha elegido	elija	haya elegido
eleg imos	hemos elegido	elijamos	hayamos elegido
eleg ís	habéis elegido	elijáis	hayáis elegido
eligen	han elegido	elijan	hayan elegido

Pretérito imperfecto (Bello : Copretérito)	Pretérito pluscuamperfecto (Bello : Antecopretérito)	Pretérito imperfecto (Bello : Pretérito)	Pretérito pluscuamperfecto (Bello : Antepretérito)
eleg ía	había elegido	eligiera	hubiera elegido
eleg ías	habías elegido	eligieras	hubieras elegido
eleg ía	había elegido	eligiera	hubiera elegido
eleg íamos	habíamos elegido	eligiéramos	hubiéramos elegido
eleg íais	habíais elegido	eligierais	hubierais elegido
eleg ían	habían elegido	eligieran	hubieran elegido
		eligiese	hubiese elegido
		eligieses	hubieses elegido
		eligiese	hubiese elegido
		eligiésemos	hubiésemos elegido
		eligieseis	hubieseis elegido
		eligiesen	hubiesen elegido

Pretérito perfecto simple (Bello : Pretérito)	Pretérito anterior (Bello : Antepretérito)		
eleg í	hube elegido		
eleg iste	hubiste elegido		
eligió	hubo elegido	Futuro (Bello : Futuro)	Futuro perfecto (Bello : Antefuturo)
eleg imos	hubimos elegido	eligiere	hubiere elegido
eleg isteis	hubisteis elegido	eligieres	hubieres elegido
eligieron	hubieron elegido	eligiere	hubiere elegido
		eligiéremos	hubiéremos elegido
Futuro (Bello : Futuro)	Futuro perfecto (Bello : Antefuturo)	eligiereis	hubiereis elegido
elegir é	habré elegido	eligieren	hubieren elegido
elegir ás	habrás elegido		
elegir á	habrá elegido		
elegir emos	habremos elegido	**MODO IMPERATIVO**	
elegir éis	habréis elegido	Presente	elijamos (nosotros)
elegir án	habrán elegido	elige (tú)	eleg id (vosotros)
		elija (él, usted)	elijan (ellos, ustedes)

Condicional (Bello : Pospretérito)	Condicional perfecto (Bello : Antepospretérito)	FORMAS NO PERSONALES	
		Tiempos simples	Tiempos compuestos
elegir ía	habría elegido	Infinitivo: **elegir**	Infinitivo compuesto
elegir ías	habrías elegido		haber elegido
elegir ía	habría elegido	Gerundio: **eligiendo**	
elegir íamos	habríamos elegido		Gerundio compuesto
elegir íais	habríais elegido	Participio: **eleg** ido	habiendo elegido
elegir ían	habrían elegido		

FORMAS PERSONALES

MODO INDICATIVO

Tiempos simples	Tiempos compuestos

Presente
(Bello : Presente)

Pretérito perfecto compuesto
(Bello : Antepresente)

—	he embaído
—	has embaído
—	ha embaído
embaímos	hemos embaído
emba ís	habéis embaído
—	han embaído

Pretérito imperfecto
(Bello : Copretérito)

Pretérito pluscuamperfecto
(Bello : Antecopretérito)

emba ía	había embaído
emba ías	habías embaído
emba ía	había embaído
emba íamos	habíamos embaído
emba íais	habíais embaído
emba ían	habían embaído

Pretérito perfecto simple
(Bello : Pretérito)

Pretérito anterior
(Bello : Antepretérito)

emba í	hube embaído
embaíste	hubiste embaído
embayó	hubo embaído
embaímos	hubimos embaído
embaísteis	hubisteis embaído
embayeron	hubieron embaído

Futuro
(Bello : Futuro)

Futuro perfecto
(Bello : Antefuturo)

embair é	habré embaído
embair ás	habrás embaído
embair á	habrá embaído
embair emos	habremos embaído
embair éis	habréis embaído
embair án	habrán embaído

Condicional
(Bello : Pospretérito)

Condicional perfecto
(Bello : Antepospretérito)

embair ía	habría embaído
embair ías	habrías embaído
embair ía	habría embaído
embair íamos	habríamos embaído
embair íais	habríais embaído
embair ían	habrían embaído

MODO SUBJUNTIVO

Tiempos simples	Tiempos compuestos

Presente
(Bello : Presente)

Pretérito perfecto
(Bello : Antepresente)

—	haya embaído
—	hayas embaído
—	haya embaído
—	hayamos embaído
—	hayáis embaído
—	hayan embaído

Pretérito imperfecto
(Bello : Pretérito)

Pretérito pluscuamperfecto
(Bello : Antepretérito)

embayera	hubiera embaído
embayeras	hubieras embaído
embayera	hubiera embaído
embayéramos	hubiéramos embaído
embayerais	hubierais embaído
embayeran	hubieran embaído
embayese	hubiese embaído
embayeses	hubieses embaído
embayese	hubiese embaído
embayésemos	hubiésemos embaído
embayeseis	hubieseis embaído
embayesen	hubiesen embaído

Futuro
(Bello : Futuro)

Futuro perfecto
(Bello : Antefuturo)

embayere	hubiere embaído
embayeres	hubieres embaído
embayere	hubiere embaído
embayéremos	hubiéremos embaído
embayereis	hubiereis embaído
embayeren	hubieren embaído

MODO IMPERATIVO

Presente

— (tú)	— (nosotros)
— (él, usted)	embaíd (vosotros)
	— (ellos, ustedes)

FORMAS NO PERSONALES

Tiempos simples	Tiempos compuestos
Infinitivo: **embair**	Infinitivo compuesto haber embaído
Gerundio: **embayendo**	Gerundio compuesto habiendo embaído
Participio: **embaído**	

FORMAS PERSONALES

MODO INDICATIVO

Tiempos simples	Tiempos compuestos

Presente
(Bello : Presente)

Pretérito perfecto compuesto
(Bello : Antepresente)

empiezo	he	empezado
empiezas	has	empezado
empieza	ha	empezado
empez amos	hemos	empezado
empez áis	habéis	empezado
empiezan	han	empezado

Pretérito imperfecto
(Bello : Copretérito)

Pretérito pluscuamperfecto
(Bello : Antecopretérito)

empez aba	había	empezado
empez abas	habías	empezado
empez aba	había	empezado
empez ábamos	habíamos	empezado
empez abais	habíais	empezado
empez aban	habían	empezado

Pretérito perfecto simple
(Bello : Pretérito)

Pretérito anterior
(Bello : Antepretérito)

empecé	hube	empezado
empez aste	hubiste	empezado
empez ó	hubo	empezado
empez amos	hubimos	empezado
empez asteis	hubisteis	empezado
empez a ron	hubieron	empezado

Futuro
(Bello : Futuro)

Futuro perfecto
(Bello : Antefuturo)

empezar é	habré	empezado
empezar ás	habrás	empezado
empezar á	habrá	empezado
empezar emos	habremos	empezado
empezar éis	habréis	empezado
empezar án	habrán	empezado

Condicional
(Bello : Pospretérito)

Condicional perfecto
(Bello : Antepospretérito)

empezar ía	habría	empezado
empezar ías	habrías	empezado
empezar ía	habría	empezado
empezar íamos	habríamos	empezado
empezar íais	habríais	empezado
empezar ían	habrían	empezado

MODO SUBJUNTIVO

Tiempos simples	Tiempos compuestos

Presente
(Bello : Presente)

Pretérito perfecto
(Bello : Antepresente)

empiece	haya	empezado
empieces	hayas	empezado
empiece	haya	empezado
empecemos	hayamos	empezado
empecéis	hayáis	empezado
empiecen	hayan	empezado

Pretérito imperfecto
(Bello : Pretérito)

Pretérito pluscuamperfecto
(Bello : Antepretérito)

empez a ra	hubiera	empezado
empez a ras	hubieras	empezado
empez a ra	hubiera	empezado
empez á ramos	hubiéramos	empezado
empez a rais	hubierais	empezado
empez a ran	hubieran	empezado
empez a se	hubiese	empezado
empez a ses	hubieses	empezado
empez a se	hubiese	empezado
empez á semos	hubiésemos	empezado
empez a seis	hubieseis	empezado
empez a sen	hubiesen	empezado

Futuro
(Bello : Futuro)

Futuro perfecto
(Bello : Antefuturo)

empez a re	hubiere	empezado
empez a res	hubieres	empezado
empez a re	hubiere	empezado
empez á remos	hubiéremos	empezado
empez a reis	hubiereis	empezado
empez a ren	hubieren	empezado

MODO IMPERATIVO

Presente

empieza (tú)
empiece (él, usted)

empecemos (nosotros)
empez ad (vosotros)
empiecen (ellos, ustedes)

FORMAS NO PERSONALES

Tiempos simples	Tiempos compuestos

Infinitivo: **empezar**	Infinitivo compuesto haber empezado
Gerundio: **empez** ando	Gerundio compuesto habiendo empezado
Participio: **empez** ado	

O →ue

FORMAS PERSONALES

MODO INDICATIVO		**MODO SUBJUNTIVO**	
Tiempos simples	Tiempos compuestos	Tiempos simples	Tiempos compuestos

Presente (Bello : Presente)	Pretérito perfecto compuesto (Bello : Antepresente)	Presente (Bello : Presente)	Pretérito perfecto (Bello : Antepresente)
encuentro	he encontrado	encuentre	haya encontrad
encuentras	has encontrado	encuentres	hayas encontrad
encuentra	ha encontrado	encuentre	haya encontrad
encontr amos	hemos encontrado	encontr emos	hayamos encontrad
encontr áis	habéis encontrado	encontr éis	hayáis encontrad
encuentran	han encontrado	encuentren	hayan encontrad

Pretérito imperfecto (Bello : Copretérito)	Pretérito pluscuamperfecto (Bello : Antecopretérito)	Pretérito imperfecto (Bello : Pretérito)	Pretérito pluscuamperfecto (Bello : Antepretérito)
encontr aba	había encontrado	encontr a ra	hubiera encontrad
encontr abas	habías encontrado	encontr a ras	hubieras encontrad
encontr aba	había encontrado	encontr a ra	hubiera encontrad
encontr ábamos	habíamos encontrado	encontr á ramos	hubiéramos encontrad
encontr abais	habíais encontrado	encontr a rais	hubierais encontrad
encontr aban	habían encontrado	encontr a ran	hubieran encontrad
		encontr a se	hubiese encontrad
		encontr a ses	hubieses encontrad
		encontr a se	hubiese encontrad
		encontr á semos	hubiésemos encontrad
		encontr a seis	hubieseis encontrad
		encontr a sen	hubiesen encontrad

Pretérito perfecto simple (Bello : Pretérito)	Pretérito anterior (Bello : Antepretérito)	Futuro (Bello : Futuro)	Futuro perfecto (Bello : Antefuturo)
encontr é	hube encontrado	encontr a re	hubiere encontrad
encontr aste	hubiste encontrado	encontr a res	hubieres encontrad
encontr ó	hubo encontrado	encontr a re	hubiere encontrad
encontr amos	hubimos encontrado	encontr á remos	hubiéremos encontrad
encontr asteis	hubisteis encontrado	encontr a reis	hubiereis encontrad
encontr a ron	hubieron encontrado	encontr a ren	hubieren encontrad

Futuro (Bello : Futuro)	Futuro perfecto (Bello : Antefuturo)
encontrar é	habré encontrado
encontrar ás	habrás encontrado
encontrar á	habrá encontrado
encontrar emos	habremos encontrado
encontrar éis	habréis encontrado
encontrar án	habrán encontrado

MODO IMPERATIVO

Presente	
	encontr emos (nosotros)
encuentra (tú)	encontr ad (vosotros)
encuentre (él, usted)	encuentren (ellos, ustedes

Condicional (Bello : Pospretérito)	Condicional perfecto (Bello : Antepospretérito)
encontrar ía	habría encontrado
encontrar ías	habrías encontrado
encontrar ía	habría encontrado
encontrar íamos	habríamos encontrado
encontrar íais	habríais encontrado
encontrar ían	habrían encontrado

FORMAS NO PERSONALES

Tiempos simples	Tiempos compuestos
Infinitivo: **encontrar**	Infinitivo compuesto haber encontrado
Gerundio: **encontr** ando	
	Gerundio compuesto habiendo encontrad
Participio: **encontr** ado	

FORMAS PERSONALES

MODO INDICATIVO		MODO SUBJUNTIVO	
Tiempos simples	Tiempos compuestos	Tiempos simples	Tiempos compuestos

Presente (Bello : Presente)	**Pretérito perfecto compuesto** (Bello : Antepresente)	**Presente** (Bello : Presente)	**Pretérito perfecto** (Bello : Antepresente)
ir**go**; yergo	he erguido	ir**ga**; yerga	haya erguido
ir**gues**; yergues	has erguido	ir**gas**; yergas	hayas erguido
ir**gue**; yergue	ha erguido	ir**ga**; yerga	haya erguido
rgu imos	hemos erguido	ir**gamos**	hayamos erguido
rgu ís	habéis erguido	ir**gáis**	hayáis erguido
ir**guen**; yerguen	han erguido	ir**gan**; yergan	hayan erguido

Pretérito imperfecto (Bello : Copretérito)	**Pretérito pluscuamperfecto** (Bello : Antecopretérito)	**Pretérito imperfecto** (Bello : Pretérito)	**Pretérito pluscuamperfecto** (Bello : Antepretérito)
rgu ía	había erguido	irguiera	hubiera erguido
rgu ías	habías erguido	irguieras	hubieras erguido
rgu ía	había erguido	irguiera	hubiera erguido
rgu íamos	habíamos erguido	irguiéramos	hubiéramos erguido
rgu íais	habíais erguido	irguierais	hubierais erguido
rgu ían	habían erguido	irguieran	hubieran erguido
		irguiese	hubiese erguido
		irguieses	hubieses erguido
		irguiese	hubiese erguido
		irguiésemos	hubiésemos erguido
		irguieseis	hubieseis erguido
		irguiesen	hubiesen erguido

Pretérito perfecto simple (Bello : Pretérito)	**Pretérito anterior** (Bello : Antepretérito)		
rgu í	hube erguido		
rgu iste	hubiste erguido		
ir**guió**	hubo erguido		
rgu imos	hubimos erguido		
rgu isteis	hubisteis erguido		
ir**guieron**	hubieron erguido		

		Futuro (Bello : Futuro)	**Futuro perfecto** (Bello : Antefuturo)
		irguiere	hubiere erguido
		irguieres	hubieres erguido
		irguiere	hubiere erguido
		irguiéremos	hubiéremos erguido
		irguiereis	hubiereis erguido
		irguieren	hubieren erguido

Futuro (Bello : Futuro)	**Futuro perfecto** (Bello : Antefuturo)	
er**guir** é	habré erguido	
er**guir** ás	habrás erguido	
er**guir** á	habrá erguido	
er**guir** emos	habremos erguido	
er**guir** éis	habréis erguido	
er**guir** án	habrán erguido	

MODO IMPERATIVO

Presente	ir**gamos**; (nosotros)
ir**gue**; yergue (tú)	er**gu** id (vosotros)
ir**ga**; yerga (él, usted)	ir**gan**; yergan (ellos, ustedes)

Condicional (Bello : Pospretérito)	**Condicional perfecto** (Bello : Antepospretérito)	
er**guir** ía	habría erguido	
er**guir** ías	habrías erguido	
er**guir** ía	habría erguido	
er**guir** íamos	habríamos erguido	
er**guir** íais	habríais erguido	
er**guir** ían	habrían erguido	

FORMAS NO PERSONALES

Tiempos simples	Tiempos compuestos
Infinitivo: **erguir**	Infinitivo compuesto haber erguido
Gerundio: **irguiendo**	
Participio: **ergu** ido	Gerundio compuesto habiendo erguido

67

32 **errar** verbos irregulares

FORMAS PERSONALES

MODO INDICATIVO

Tiempos simples	Tiempos compuestos

Presente
(Bello : Presente)

Pretérito perfecto compuesto
(Bello : Antepresente)

yerro	he errado
yerras	has errado
yerra	ha errado
err amos	hemos errado
err áis	habéis errado
yerran	han errado

Pretérito imperfecto
(Bello : Copretérito)

Pretérito pluscuamperfecto
(Bello : Antecopretérito)

err aba	había errado
err abas	habías errado
err aba	había errado
err ábamos	habíamos errado
err abais	habíais errado
err aban	habían errado

Pretérito perfecto simple
(Bello : Pretérito)

Pretérito anterior
(Bello : Antepretérito)

err é	hube errado
err aste	hubiste errado
err ó	hubo errado
err amos	hubimos errado
err asteis	hubisteis errado
err a ron	hubieron errado

Futuro
(Bello : Futuro)

Futuro perfecto
(Bello : Antefuturo)

errar é	habré errado
errar ás	habrás errado
errar á	habrá errado
errar emos	habremos errado
errar éis	habréis errado
errar án	habrán errado

Condicional
(Bello : Pospretérito)

Condicional perfecto
(Bello : Antepospretérito)

errar ía	habría errado
errar ías	habrías errado
errar ía	habría errado
errar íamos	habríamos errado
errar íais	habríais errado
errar ían	habrían errado

MODO SUBJUNTIVO

Tiempos simples	Tiempos compuestos

Presente
(Bello : Presente)

Pretérito perfecto
(Bello : Antepresente)

yerre	haya errado
yerres	hayas errado
yerre	haya errado
err emos	hayamos errado
err éis	hayáis errado
yerren	hayan errado

Pretérito imperfecto
(Bello : Pretérito)

Pretérito pluscuamperfecto
(Bello : Antepretérito)

err a ra	hubiera errado
err a ras	hubieras errado
err a ra	hubiera errado
err á ramos	hubiéramos errado
err a rais	hubierais errado
err a ran	hubieran errado
err a se	hubiese errado
err a ses	hubieses errado
err a se	hubiese errado
err á semos	hubiésemos errado
err a seis	hubieseis errado
err a sen	hubiesen errado

Futuro
(Bello : Futuro)

Futuro perfecto
(Bello : Antefuturo)

err a re	hubiere errado
err a res	hubieres errado
err a re	hubiere errado
err á remos	hubiéremos errado
err a reis	hubiereis errado
err a ren	hubieren errado

MODO IMPERATIVO

Presente

	err emos (nosotros)
yerra (tú)	err ad (vosotros)
yerre (él, usted)	yerren (ellos, ustedes)

FORMAS NO PERSONALES

Tiempos simples	Tiempos compuestos
Infinitivo: **errar**	Infinitivo compuesto haber errado
Gerundio: **err** ando	Gerundio compuesto habiendo errado
Participio: **err** ado	

(handwritten annotations:) z → c dut e / o → ue / 1-2-3+3

FORMAS PERSONALES

ODO INDICATIVO		MODO SUBJUNTIVO	
empos simples	Tiempos compuestos	Tiempos simples	Tiempos compuestos

esente (ello : Presente)	Pretérito perfecto compuesto (Bello : Antepresente)	Presente (Bello : Presente)	Pretérito perfecto (Bello : Antepresente)
erzo	he forzado	fuerce	haya forzado
erzas	has forzado	fuerces	hayas forzado
erza	ha forzado	fuerce	haya forzado
rz amos	hemos forzado	forcemos	hayamos forzado
rz áis	habéis forzado	forcéis	hayáis forzado
erzan	han forzado	fuercen	hayan forzado

etérito imperfecto (ello : Copretérito)	Pretérito pluscuamperfecto (Bello : Antecopretérito)	Pretérito imperfecto (Bello : Pretérito)	Pretérito pluscuamperfecto (Bello : Antepretérito)
rz aba	había forzado	forz a ra	hubiera forzado
rz abas	habías forzado	forz a ras	hubieras forzado
rz aba	había forzado	forz a ra	hubiera forzado
rz ábamos	habíamos forzado	forz á ramos	hubiéramos forzado
rz abais	habíais forzado	forz a rais	hubierais forzado
rz aban	habían forzado	forz a ran	hubieran forzado
		forz a se	hubiese forzado
		forz a ses	hubieses forzado
		forz a se	hubiese forzado
		forz á semos	hubiésemos forzado
		forz a seis	hubieseis forzado

etérito perfecto simple (ello : Pretérito)	Pretérito anterior (Bello : Antepretérito)		forz a sen	hubiesen forzado
rcé	hube forzado
rz aste	hubiste forzado
rz ó	hubo forzado
rz amos	hubimos forzado
rz asteis	hubisteis forzado
rz a ron	hubieron forzado

Futuro (Bello : Futuro)	Futuro perfecto (Bello : Antefuturo)
forz a re	hubiere forzado
forz a res	hubieres forzado
forz a re	hubiere forzado
forz á remos	hubiéremos forzado
forz a reis	hubiereis forzado
forz a ren	hubieren forzado

turo (ello : Futuro)	Futuro perfecto (Bello : Antefuturo)
rzar é	habré forzado
rzar ás	habrás forzado
rzar á	habrá forzado
rzar emos	habremos forzado
rzar éis	habréis forzado
rzar án	habrán forzado

MODO IMPERATIVO

Presente	
	forcemos (nosotros)
fuerza (tú)	forz ad (vosotros)
fuerce (él, usted)	fuercen (ellos, ustedes)

ndicional (ello : Pospretérito)	Condicional perfecto (Bello : Antepospretérito)
rzar ía	habría forzado
rzar ías	habrías forzado
rzar ía	habría forzado
rzar íamos	habríamos forzado
rzar íais	habríais forzado
rzar ían	habrían forzado

FORMAS NO PERSONALES

Tiempos simples	Tiempos compuestos
Infinitivo: **forzar**	Infinitivo compuesto
	haber forzado
Gerundio: **forz** ando	
	Gerundio compuesto
Participio: **forz** ado	habiendo forzado

FORMAS PERSONALES

MODO INDICATIVO		**MODO SUBJUNTIVO**	
Tiempos simples	Tiempos compuestos	Tiempos simples	Tiempos compuestos

Presente (Bello : Presente)	Pretérito perfecto compuesto (Bello : Antepresente)	Presente (Bello : Presente)	Pretérito perfecto (Bello : Antepresente)
hago	he hecho	haga	haya hecho
hac es	has hecho	hagas	hayas hecho
hac e	ha hecho	haga	haya hecho
hac emos	hemos hecho	hagamos	hayamos hecho
hac éis	habéis hecho	hagáis	hayáis hecho
hac en	han hecho	hagan	hayan hecho

Pretérito imperfecto (Bello : Copretérito)	Pretérito pluscuamperfecto (Bello : Antecopretérito)	Pretérito imperfecto (Bello : Pretérito)	Pretérito pluscuamperfect (Bello : Antepretérito)
hac ía	había hecho	hiciera	hubiera hecho
hac ías	habías hecho	hicieras	hubieras hecho
hac ía	había hecho	hiciera	hubiera hecho
hac íamos	habíamos hecho	hiciéramos	hubiéramos hecho
hac íais	habíais hecho	hicierais	hubierais hecho
hac ían	habían hecho	hicieran	hubieran hecho
		hiciese	hubiese hecho
		hicieses	hubieses hecho
Pretérito perfecto simple (Bello : Pretérito)	Pretérito anterior (Bello : Antepretérito)	hiciese	hubiese hecho
hice	hube hecho	hiciésemos	hubiésemos hecho
hiciste	hubiste hecho	hicieseis	hubieseis hecho
hizo	hubo hecho	hiciesen	hubiesen hecho
hicimos	hubimos hecho		
hicisteis	hubisteis hecho	Futuro (Bello : Futuro)	Futuro perfecto (Bello : Antefuturo)
hicieron	hubieron hecho	hiciere	hubiere hecho
		hicieres	hubieres hecho
		hiciere	hubiere hecho
Futuro (Bello : Futuro)	Futuro perfecto (Bello : Antefuturo)	hicierémos	hubiéremos hecho
haré	habré hecho	hiciereis	hubiereis hecho
harás	habrás hecho	hicieren	hubieren hecho
hará	habrá hecho		
haremos	habremos hecho	**MODO IMPERATIVO**	
haréis	habréis hecho	Presente	hagamos (nosotros)
harán	habrán hecho	haz (tú)	hac ed (vosotros)
		haga (él, usted)	hagan (ellos, ustedes)

Condicional (Bello : Pospretérito)	Condicional perfecto (Bello : Antepospretérito)
haría	habría hecho
harías	habrías hecho
haría	habría hecho
haríamos	habríamos hecho
haríais	habríais hecho
harían	habrían hecho

FORMAS NO PERSONALES

Tiempos simples	Tiempos compuestos
Infinitivo: **hacer**	Infinitivo compuesto haber hecho
Gerundio: **hac** iendo	Gerundio compuesto habiendo hecho
Participio: **hecho**	

35 influir verbos irregulares

FORMAS PERSONALES

MODO INDICATIVO

Tiempos simples	Tiempos compuestos

Presente
(Bello : Presente)

Pretérito perfecto compuesto
(Bello : Antepresente)

influyo	he	influido
influyes	has	influido
influye	ha	influido
influ imos	hemos	influido
influ ís	habéis	influido
influyen	han	influido

Pretérito imperfecto
(Bello : Copretérito)

Pretérito pluscuamperfecto
(Bello : Antecopretérito)

influ ía	había	influido
influ ías	habías	influido
influ ía	había	influido
influ íamos	habíamos	influido
influ íais	habíais	influido
influ ían	habían	influido

Pretérito perfecto simple
(Bello : Pretérito)

Pretérito anterior
(Bello : Antepretérito)

influ í	hube	influido
influ iste	hubiste	influido
influyó	hubo	influido
influ imos	hubimos	influido
influ isteis	hubisteis	influido
influyeron	hubieron	influido

Futuro
(Bello : Futuro)

Futuro perfecto
(Bello : Antefuturo)

influir é	habré	influido
influir ás	habrás	influido
influir á	habrá	influido
influir emos	habremos	influido
influir éis	habréis	influido
influir án	habrán	influido

Condicional
(Bello : Pospretérito)

Condicional perfecto
(Bello : Antepospretérito)

influir ía	habría	influido
influir ías	habrías	influido
influir ía	habría	influido
influir íamos	habríamos	influido
influir íais	habríais	influido
influir ían	habrían	influido

MODO SUBJUNTIVO

Tiempos simples	

Presente
(Bello : Presente)

influya		influido
influyas	hayas	influido
influya	haya	influido
influyamos	hayamos	influido
influyáis	hayáis	influido
influyan	hayan	influido

Pretérito imperfecto
(Bello : Pretérito)

Pretérito pluscuamperfecto
(Bello : Antepretérito)

influyera	hubiera	influido
influyeras	hubieras	influido
influyera	hubiera	influido
influyéramos	hubiéramos	influido
influyerais	hubierais	influido
influyeran	hubieran	influido
influyese	hubiese	influido
influyeses	hubieses	influido
influyese	hubiese	influido
influyésemos	hubiésemos	influido
influyeseis	hubieseis	influido
influyesen	hubiesen	influido

Futuro
(Bello : Futuro)

Futuro perfecto
(Bello : Antefuturo)

influyere	hubiere	influido
influyeres	hubieres	influido
influyere	hubiere	influido
influyéremos	hubiéremos	influido
influyereis	hubiereis	influido
influyeren	hubieren	influido

MODO IMPERATIVO

Presente	
	influyamos (nosotros)
influye (tú)	influ id (vosotros)
influya (él, usted)	influyan (ellos, ustedes)

FORMAS NO PERSONALES

Tiempos simples	Tiempos compuestos
Infinitivo: **influir**	Infinitivo compuesto haber influido
Gerundio: **influyendo**	Gerundio compuesto
Participio: **influ ido**	habiendo influido

FORMAS PERSONALES

MODO INDICATIVO		MODO SUBJUNTIVO	
mpos simples	Tiempos compuestos	Tiempos simples	Tiempos compuestos

Presente (Bello : Presente)	Pretérito perfecto compuesto (Bello : Antepresente)	Presente (Bello : Presente)	Pretérito perfecto (Bello : Antepresente)
voy	he ido	vaya	haya ido
vas	has ido	vayas	hayas ido
va	ha ido	vaya	haya ido
vamos	hemos ido	vayamos	hayamos ido
vais	habéis ido	vayáis	hayáis ido
van	han ido	vayan	hayan ido

Pretérito imperfecto (Bello : Copretérito)	Pretérito pluscuamperfecto (Bello : Antecopretérito)	Pretérito imperfecto (Bello : Pretérito)	Pretérito pluscuamperfecto (Bello : Antepretérito)
iba	había ido	fuera	hubiera ido
ibas	habías ido	fueras	hubieras ido
iba	había ido	fuera	hubiera ido
íbamos	habíamos ido	fuéramos	hubiéramos ido
ibais	habíais ido	fuerais	hubierais ido
iban	habían ido	fueran	hubieran ido
		fuese	hubiese ido
		fueses	hubieses ido
		fuese	hubiese ido
		fuésemos	hubiésemos ido
		fueseis	hubieseis ido
		fuesen	hubiesen ido

Pretérito perfecto simple (Bello : Pretérito)	Pretérito anterior (Bello : Antepretérito)		
fui	hube ido		
fuiste	hubiste ido		
fue	hubo ido		
fuimos	hubimos ido		
fuisteis	hubisteis ido		
fueron	hubieron ido		

		Futuro (Bello : Futuro)	Futuro perfecto (Bello : Antefuturo)
		fuere	hubiere ido
		fueres	hubieres ido
		fuere	hubiere ido
		fuéremos	hubiéremos ido
		fuereis	hubiereis ido
		fueren	hubieren ido

Futuro (Bello : Futuro)	Futuro perfecto (Bello : Antefuturo)
ir é	habré ido
ir ás	habrás ido
ir á	habrá ido
ir emos	habremos ido
ir éis	habréis ido
ir án	habrán ido

MODO IMPERATIVO

Presente	* vayamos (nosotros)
ve (tú)	id (vosotros)
vaya (él, usted)	vayan (ellos, ustedes)

FORMAS NO PERSONALES

Condicional (Bello : Pospretérito)	Condicional perfecto (Bello : Antepospretérito)
ir ía	habría ido
ir ías	habrías ido
ir ía	habría ido
ir íamos	habríamos ido
ir íais	habríais ido
ir ían	habrían ido

Tiempos simples	Tiempos compuestos
Infinitivo: ir	Infinitivo compuesto haber ido
Gerundio: yendo	
	Gerundio compuesto
Participio: ido	habiendo ido

* El uso de la primera persona del plural del presente de indicativo (**vamos**) es hoy más frecuente que el del impera
(**vayamos**). Se usa por lo general en frases exhortativas y forma con calquier verbo expresiones imperativas (
¡ vamos ! ¡ vámonos ! ¡ vamos a la cama !), mientras que el imperativo (**vayamos**) se usa más como forma
subordinación (ex : **No quieren que nos vayamos solos**).

FORMAS PERSONALES

MODO INDICATIVO

Tiempos simples	Tiempos compuestos
Presente (Bello : Presente)	**Pretérito perfecto compuesto** (Bello : Antepresente)
juego	he jugado
juegas	has jugado
juega	ha jugado
jug amos	hemos jugado
jug áis	habéis jugado
juegan	han jugado
Pretérito imperfecto (Bello : Copretérito)	**Pretérito pluscuamperfecto** (Bello : Antecopretérito)
jug aba	había jugado
jug abas	habías jugado
jug aba	había jugado
jug ábamos	habíamos jugado
jug abais	habíais jugado
jug aban	habían jugado
Pretérito perfecto simple (Bello : Pretérito)	**Pretérito anterior** (Bello : Antepretérito)
jugué	hube jugado
jug aste	hubiste jugado
jug ó	hubo jugado
jug amos	hubimos jugado
jug asteis	hubisteis jugado
jug a *ron*	hubieron jugado
Futuro (Bello : Futuro)	**Futuro perfecto** (Bello : Antefuturo)
jugar é	habré jugado
jugar ás	habrás jugado
jugar á	habrá jugado
jugar emos	habremos jugado
jugar éis	habréis jugado
jugar án	habrán jugado
Condicional (Bello : Pospretérito)	**Condicional perfecto** (Bello : Antepospretérito)
jugar ía	habría jugado
jugar ías	habrías jugado
jugar ía	habría jugado
jugar íamos	habríamos jugado
jugar íais	habríais jugado
jugar ían	habrían jugado

MODO SUBJUNTIVO

Tiempos simples	Tiempos compuestos
Presente (Bello : Presente)	**Pretérito perfecto** (Bello : Antepresente)
juegue	haya jugado
juegues	hayas jugado
juegue	haya jugado
juguemos	hayamos jugado
juguéis	hayáis jugado
jueguen	hayan jugado
Pretérito imperfecto (Bello : Pretérito)	**Pretérito pluscuamperfecto** (Bello : Antepretérito)
jug a *ra*	hubiera jugado
jug a *ras*	hubieras jugado
jug a *ra*	hubiera jugado
jug á *ramos*	hubiéramos jugado
jug a *rais*	hubierais jugado
jug a *ran*	hubieran jugado
jug a *se*	hubiese jugado
jug a *ses*	hubieses jugado
jug a *se*	hubiese jugado
jug á *semos*	hubiésemos jugado
jug a *seis*	hubieseis jugado
jug a *sen*	hubiesen jugado
Futuro (Bello : Futuro)	**Futuro perfecto** (Bello : Antefuturo)
jug a *re*	hubiere jugado
jug a *res*	hubieres jugado
jug a *re*	hubiere jugado
jug á *remos*	hubiéremos jugado
jug a *reis*	hubiereis jugado
jug a *ren*	hubieren jugado

MODO IMPERATIVO

Presente	
juega (tú)	**juguemos** (nosotros)
juegue (él, usted)	**jug** ad (vosotros)
	jueguen (ellos, ustedes)

FORMAS NO PERSONALES

Tiempos simples	Tiempos compuestos
Infinitivo: **jugar**	Infinitivo compuesto haber jugado
Gerundio: **jug** ando	
	Gerundio compuesto habiendo jugado
Participio: **jug** ado	

FORMAS PERSONALES

MODO INDICATIVO		MODO SUBJUNTIVO	
Tiempos simples	Tiempos compuestos	Tiempos simples	Tiempos compuestos

Presente (Bello : Presente)	Pretérito perfecto compuesto (Bello : Antepresente)		Presente (Bello : Presente)	Pretérito perfecto (Bello : Antepresente)	
luzco	he	lucido	luzca	haya	lucido
luc es	has	lucido	luzcas	hayas	lucido
luc e	ha	lucido	luzca	haya	lucido
luc imos	hemos	lucido	luzcamos	hayamos	lucido
luc ís	habéis	lucido	luzcáis	hayáis	lucido
luc en	han	lucido	luzcan	hayan	lucido

Pretérito imperfecto (Bello : Copretérito)	Pretérito pluscuamperfecto (Bello : Antecopretérito)		Pretérito imperfecto (Bello : Pretérito)	Pretérito pluscuamperfect (Bello : Antepretérito)	
luc ía	había	lucido	luc ie ra	hubiera	lucido
luc ías	habías	lucido	luc ie ras	hubieras	lucido
luc ía	había	lucido	luc ie ra	hubiera	lucido
luc íamos	habíamos	lucido	luc ié ramos	hubiéramos	lucido
luc íais	habíais	lucido	luc ie rais	hubierais	lucido
luc ían	habían	lucido	luc ie ran	hubieran	lucido
			luc ie se	hubiese	lucido
			luc ie ses	hubieses	lucido
			luc ie se	hubiese	lucido
			luc ié semos	hubiésemos	lucido
			luc ie seis	hubieseis	lucido
			luc ie sen	hubiesen	lucido

Pretérito perfecto simple (Bello : Pretérito)	Pretérito anterior (Bello : Antepretérito)	
luc í	hube	lucido
luc iste	hubiste	lucido
luc ió	hubo	lucido
luc imos	hubimos	lucido
luc isteis	hubisteis	lucido
luc ie ron	hubieron	lucido

Futuro (Bello : Futuro)	Futuro perfecto (Bello : Antefuturo)	
luc ie re	hubiere	lucido
luc ie res	hubieres	lucido
luc ie re	hubiere	lucido
luc ié remos	hubiéremos	lucido
luc ie reís	hubiereis	lucido
luc ie ren	hubieren	lucido

Futuro (Bello : Futuro)	Futuro perfecto (Bello : Antefuturo)	
lucir é	habré	lucido
lucir ás	habrás	lucido
lucir á	habrá	lucido
lucir emos	habremos	lucido
lucir éis	habréis	lucido
lucir án	habrán	lucido

MODO IMPERATIVO

Presente	
luc e (tú)	luzcamos (nosotros)
luzca (él, usted)	luc id (vosotros)
	luzcan (ellos, ustedes)

Condicional (Bello : Pospretérito)	Condicional perfecto (Bello : Antepospretérito)	
lucir ía	habría	lucido
lucir ías	habrías	lucido
lucir ía	habría	lucido
lucir íamos	habríamos	lucido
lucir íais	habríais	lucido
lucir ían	habrían	lucido

FORMAS NO PERSONALES

Tiempos simples	Tiempos compuestos
Infinitivo: **lucir**	Infinitivo compuesto haber lucido
Gerundio: **luc** iendo	Gerundio compuesto habiendo lucido
Participio: **luc** ido	

FORMAS PERSONALES

MODO INDICATIVO

Tiempos simples	Tiempos compuestos

Presente
(Bello : Presente)

Pretérito perfecto compuesto
(Bello : Antepresente)

muevo	he	movido
mueves	has	movido
mueve	ha	movido
nov emos	hemos	movido
nov éis	habéis	movido
mueven	han	movido

Pretérito imperfecto
(Bello : Copretérito)

Pretérito pluscuamperfecto
(Bello : Antecopretérito)

nov ía	había	movido
nov ías	habías	movido
nov ía	había	movido
nov íamos	habíamos	movido
nov íais	habíais	movido
nov ían	habían	movido

Pretérito perfecto simple
(Bello : Pretérito)

Pretérito anterior
(Bello : Antepretérito)

nov í	hube	movido
nov iste	hubiste	movido
nov ió	hubo	movido
nov imos	hubimos	movido
nov isteis	hubisteis	movido
nov ie *ron*	hubieron	movido

Futuro
(Bello : Futuro)

Futuro perfecto
(Bello : Antefuturo)

mover é	habré	movido
mover ás	habrás	movido
mover á	habrá	movido
mover emos	habremos	movido
mover éis	habréis	movido
mover án	habrán	movido

Condicional
(Bello : Pospretérito)

Condicional perfecto
(Bello : Antepospretérito)

mover ía	habría	movido
mover ías	habrías	movido
mover ía	habría	movido
mover íamos	habríamos	movido
mover íais	habríais	movido
mover ían	habrían	movido

MODO SUBJUNTIVO

Tiempos simples	Tiempos compuestos

Presente
(Bello : Presente)

Pretérito perfecto
(Bello : Antepresente)

mueva	haya	movido
muevas	hayas	movido
mueva	haya	movido
mov amos	hayamos	movido
mov áis	hayáis	movido
muevan	hayan	movido

Pretérito imperfecto
(Bello : Pretérito)

Pretérito pluscuamperfecto
(Bello : Antepretérito)

mov ie *ra*	hubiera	movido
mov ie *ras*	hubieras	movido
mov ie *ra*	hubiera	movido
mov ié *ramos*	hubiéramos	movido
mov ie *rais*	hubierais	movido
mov ie *ran*	hubieran	movido

mov ie *se*	hubiese	movido
mov ie *ses*	hubieses	movido
mov ie *se*	hubiese	movido
mov ié *semos*	hubiésemos	movido
mov ie *seis*	hubieseis	movido
mov ie *sen*	hubiesen	movido

Futuro
(Bello : Futuro)

Futuro perfecto
(Bello : Antefuturo)

mov ie *re*	hubiere	movido
mov ie *res*	hubieres	movido
mov ie *re*	hubiere	movido
mov ié *remos*	hubiéremos	movido
mov ie *reis*	hubiereis	movido
mov ie *ren*	hubieren	movido

MODO IMPERATIVO

Presente	
	movamos (nosotros)
mueve (tú)	**mov** ed (vosotros)
mueva (él, usted)	**muevan** (ellos, ustedes)

FORMAS NO PERSONALES

Tiempos simples	Tiempos compuestos
Infinitivo: **mover**	Infinitivo compuesto
	haber movido
Gerundio: **mov** iendo	
	Gerundio compuesto
Participio: **mov** ido	habiendo movido

FORMAS PERSONALES

MODO INDICATIVO		MODO SUBJUNTIVO	
Tiempos simples	Tiempos compuestos	Tiempos simples	Tiempos compuestos

Presente (Bello : Presente)	**Pretérito perfecto compuesto** (Bello : Antepresente)	**Presente** (Bello : Presente)	**Pretérito perfecto** (Bello : Antepresente)
nazco	he nacido	**nazca**	haya nacido
nac es	has nacido	**nazcas**	hayas nacid
nac e	ha nacido	**nazca**	haya nacid
nac emos	hemos nacido	**nazcamos**	hayamos nacid
nac éis	habéis nacido	**nazcáis**	hayáis nacid
nac en	han nacido	**nazcan**	hayan nacid

Pretérito imperfecto (Bello : Copretérito)	**Pretérito pluscuamperfecto** (Bello : Antecopretérito)	**Pretérito imperfecto** (Bello : Pretérito)	**Pretérito pluscuamperfec** (Bello : Antepretérito)
nac ía	había nacido	**nac** ie *ra*	hubiera nacid
nac ías	habías nacido	**nac** ie *ras*	hubieras nacid
nac ía	había nacido	**nac** ie *ra*	hubiera nacid
nac íamos	habíamos nacido	**nac** ié *ramos*	hubiéramos nacid
nac íais	habíais nacido	**nac** ie *rais*	hubierais nacid
nac ían	habían nacido	**nac** ie *ran*	hubieran nacid
		nac ie *se*	hubiese nacid
		nac ie *ses*	hubieses nacid
Pretérito perfecto simple (Bello : Pretérito)	**Pretérito anterior** (Bello : Antepretérito)	**nac** ie *se*	hubiese nacid
		nac ié *semos*	hubiésemos nacid
nac í	hube nacido	**nac** ie *seis*	hubieseis nacid
nac iste	hubiste nacido	**nac** ie *sen*	hubiesen nacid
nac ió	hubo nacido		
nac imos	hubimos nacido	**Futuro** (Bello : Futuro)	**Futuro perfecto** (Bello : Antefuturo)
nac isteis	hubisteis nacido		
nac ie *ron*	hubieron nacido	**nac** ie *re*	hubiere nacid
		nac ie *res*	hubieres nacid
		nac ie *re*	hubiere nacid
Futuro (Bello : Futuro)	**Futuro perfecto** (Bello : Antefuturo)	**nac** ié *remos*	hubiéremos nacid
		nac ie *reis*	hubiereis nacid
nacer é	habré nacido	**nac** ie *ren*	hubieren nacid
nacer ás	habrás nacido		
nacer á	habrá nacido		
nacer emos	habremos nacido	**MODO IMPERATIVO**	
nacer éis	habréis nacido		
nacer án	habrán nacido	Presente	**nazcamos** (nosotros)
		nac e (tú)	**nac** ed (vosotros)
		nazca (él, usted)	**nazcan** (ellos, ustedes)
Condicional (Bello : Pospretérito)	**Condicional perfecto** (Bello : Antepospretérito)		

FORMAS NO PERSONALES

Tiempos simples	Tiempos compuestos
nacer ía	habría nacido
nacer ías	habrías nacido
nacer ía	habría nacido
nacer íamos	habríamos nacido
nacer íais	habríais nacido
nacer ían	habrían nacido

Infinitivo: **nacer**	Infinitivo compuesto haber nacido
Gerundio: **nac** iendo	
Participio: **nac** ido	Gerundio compuesto habiendo nacido

41 **oír** verbos irregulares

FORMAS PERSONALES

MODO INDICATIVO

Tiempos simples	Tiempos compuestos

Presente
(Bello : Presente)

oigo	
oyes	
oye	
oímos	
o ís	
oyen	

Pretérito perfecto compuesto
(Bello : Antepresente)

he	oído
has	oído
ha	oído
hemos	oído
habéis	oído
han	oído

Pretérito imperfecto
(Bello : Copretérito)

o ía	
o ías	
o ía	
o íamos	
o íais	
o ían	

Pretérito pluscuamperfecto
(Bello : Antecopretérito)

había	oído
habías	oído
había	oído
habíamos	oído
habíais	oído
habían	oído

Pretérito perfecto simple
(Bello : Pretérito)

o í	
oíste	
oyó	
oímos	
oísteis	
oyeron	

Pretérito anterior
(Bello : Antepretérito)

hube	oído
hubiste	oído
hubo	oído
hubimos	oído
hubisteis	oído
hubieron	oído

Futuro
(Bello : Futuro)

oir é	
oir ás	
oir á	
oir emos	
oir éis	
oir án	

Futuro perfecto
(Bello : Antefuturo)

habré	oído
habrás	oído
habrá	oído
habremos	oído
habréis	oído
habrán	oído

Condicional
(Bello : Pospretérito)

oir ía	
oir ías	
oir ía	
oir íamos	
oir íais	
oir ían	

Condicional perfecto
(Bello : Antepospretérito)

habría	oído
habrías	oído
habría	oído
habríamos	oído
habríais	oído
habrían	oído

MODO SUBJUNTIVO

Tiempos simples	Tiempos compuestos

Presente
(Bello : Presente)

oiga	
oigas	
oiga	
oigamos	
oigáis	
oigan	

Pretérito perfecto
(Bello : Antepresente)

haya	oído
hayas	oído
haya	oído
hayamos	oído
hayáis	oído
hayan	oído

Pretérito imperfecto
(Bello : Pretérito)

oyera	
oyeras	
oyera	
oyéramos	
oyerais	
oyeran	
oyese	
oyeses	
oyese	
oyésemos	
oyeseis	
oyesen	

Pretérito pluscuamperfecto
(Bello : Antepretérito)

hubiera	oído
hubieras	oído
hubiera	oído
hubiéramos	oído
hubierais	oído
hubieran	oído
hubiese	oído
hubieses	oído
hubiese	oído
hubiésemos	oído
hubieseis	oído
hubiesen	oído

Futuro
(Bello : Futuro)

oyere	
oyeres	
oyere	
oyéremos	
oyereis	
oyeren	

Futuro perfecto
(Bello : Antefuturo)

hubiere	oído
hubieres	oído
hubiere	oído
hubiéremos	oído
hubiereis	oído
hubieren	oído

MODO IMPERATIVO

Presente

oye (tú)	**oigamos** (nosotros)
oiga (él, usted)	**oíd** (vosotros)
	oigan (ellos, ustedes)

FORMAS NO PERSONALES

Tiempos simples	Tiempos compuestos
Infinitivo: **oír**	Infinitivo compuesto haber oído
Gerundio: **oyendo**	Gerundio compuesto habiendo oído
Participio: **oído**	

42 oler verbos irregulares

FORMAS PERSONALES

MODO INDICATIVO

Tiempos simples	Tiempos compuestos
Presente (Bello : Presente)	**Pretérito perfecto compuesto** (Bello : Antepresente)
huelo	he olido
hueles	has olido
huele	ha olido
ol emos	hemos olido
ol éis	habéis olido
huelen	han olido
Pretérito imperfecto (Bello : Copretérito)	**Pretérito pluscuamperfecto** (Bello : Antecopretérito)
ol ía	había olido
ol ías	habías olido
ol ía	había olido
ol íamos	habíamos olido
ol íais	habíais olido
ol ían	habían olido
Pretérito perfecto simple (Bello : Pretérito)	**Pretérito anterior** (Bello : Antepretérito)
ol í	hube olido
ol iste	hubiste olido
ol ió	hubo olido
ol imos	hubimos olido
ol isteis	hubisteis olido
ol ie *ron*	hubieron olido
Futuro (Bello : Futuro)	**Futuro perfecto** (Bello : Antefuturo)
oler é	habré olido
oler ás	habrás olido
oler á	habrá olido
oler emos	habremos olido
oler éis	habréis olido
oler án	habrán olido
Condicional (Bello : Pospretérito)	**Condicional perfecto** (Bello : Antepospretérito)
oler ía	habría olido
oler ías	habrías olido
oler ía	habría olido
oler íamos	habríamos olido
oler íais	habríais olido
oler ían	habrían olido

MODO SUBJUNTIVO

Tiempos simples	Tiempos compuestos
Presente (Bello : Presente)	**Pretérito perfecto** (Bello : Antepresente)
huela	haya olido
huelas	hayas olido
huela	haya olido
ol amos	hayamos olido
ol áis	hayáis olido
huelan	hayan olido
Pretérito imperfecto (Bello : Pretérito)	**Pretérito pluscuamperfecto** (Bello : Antepretérito)
ol ie *ra*	hubiera olido
ol ie *ras*	hubieras olido
ol ie *ra*	hubiera olido
ol ié *ramos*	hubiéramos olido
ol ie *rais*	hubierais olido
ol ie *ran*	hubieran olido
ol ie *se*	hubiese olido
ol ie *ses*	hubieses olido
ol ie *se*	hubiese olido
ol ié *semos*	hubiésemos olido
ol ie *seis*	hubieseis olido
ol ie *sen*	hubiesen olido
Futuro (Bello : Futuro)	**Futuro perfecto** (Bello : Antefuturo)
ol ie *re*	hubiere olido
ol ie *res*	hubieres olido
ol ie *re*	hubiere olido
ol ié *remos*	hubiéremos olido
ol ie *reis*	hubiereis olido
ol ie *ren*	hubieren olido

MODO IMPERATIVO

Presente	
	ol amos (nosotros)
huele (tú)	ol ed (vosotros)
huela (él, usted)	huelan (ellos, ustedes)

FORMAS NO PERSONALES

Tiempos simples	Tiempos compuestos
Infinitivo: **oler**	Infinitivo compuesto haber olido
Gerundio: **ol** iendo	Gerundio compuesto habiendo olido
Participio: **ol** ido	

FORMAS PERSONALES

MODO INDICATIVO

Tiempos simples	Tiempos compuestos

Presente
(Bello : Presente)

Pretérito perfecto compuesto
(Bello : Antepresente)

parezco	he	parecido
parec es	has	parecido
parec e	ha	parecido
parec emos	hemos	parecido
parec éis	habéis	parecido
parec en	han	parecido

Pretérito imperfecto
(Bello : Copretérito)

Pretérito pluscuamperfecto
(Bello : Antecopretérito)

parec ía	había	parecido
parec ías	habías	parecido
parec ía	había	parecido
parec íamos	habíamos	parecido
parec íais	habíais	parecido
parec ían	habían	parecido

Pretérito perfecto simple
(Bello : Pretérito)

Pretérito anterior
(Bello : Antepretérito)

parec í	hube	parecido
parec iste	hubiste	parecido
parec ió	hubo	parecido
parec imos	hubimos	parecido
parec isteis	hubisteis	parecido
parec ie ron	hubieron	parecido

Futuro
(Bello : Futuro)

Futuro perfecto
(Bello : Antefuturo)

parecer é	habré	parecido
parecer ás	habrás	parecido
parecer á	habrá	parecido
parecer emos	habremos	parecido
parecer éis	habréis	parecido
parecer án	habrán	parecido

Condicional
(Bello : Pospretérito)

Condicional perfecto
(Bello : Antepospretérito)

parecer ía	habría	parecido
parecer ías	habrías	parecido
parecer ía	habría	parecido
parecer íamos	habríamos	parecido
parecer íais	habríais	parecido
parecer ían	habrían	parecido

MODO SUBJUNTIVO

Tiempos simples	Tiempos compuestos

Presente
(Bello : Presente)

Pretérito perfecto
(Bello : Antepresente)

parezca	haya	parecido
parezcas	hayas	parecido
parezca	haya	parecido
parezcamos	hayamos	parecido
parezcáis	hayáis	parecido
parezcan	hayan	parecido

Pretérito imperfecto
(Bello : Pretérito)

Pretérito pluscuamperfecto
(Bello : Antepretérito)

parec ie ra	hubiera	parecido
parec ie ras	hubieras	parecido
parec ie ra	hubiera	parecido
parec ié ramos	hubiéramos	parecido
parec ie rais	hubierais	parecido
parec ie ran	hubieran	parecido
parec ie se	hubiese	parecido
parec ie ses	hubieses	parecido
parec ie se	hubiese	parecido
parec ié semos	hubiésemos	parecido
parec ie seis	hubieseis	parecido
parec ie sen	hubiesen	parecido

Futuro
(Bello : Futuro)

Futuro perfecto
(Bello : Antefuturo)

parec ie re	hubiere	parecido
parec ie res	hubieres	parecido
parec ie re	hubiere	parecido
parec ié remos	hubiéremos	parecido
parec ie reis	hubiereis	parecido
parec ie ren	hubieren	parecido

MODO IMPERATIVO

Presente

parec e (tú)	parezcamos (nosotros)
parezca (él, usted)	parec ed (vosotros)
	parezcan (ellos, ustedes)

FORMAS NO PERSONALES

Tiempos simples	Tiempos compuestos
Infinitivo: **parecer**	Infinitivo compuesto haber parecido
Gerundio: **parec** iendo	Gerundio compuesto habiendo parecido
Participio: **parec** ido	

79

_e —)1_

44 pedir verbos irregulares

FORMAS PERSONALES

MODO INDICATIVO

Tiempos simples	Tiempos compuestos
Presente (Bello : Presente)	**Pretérito perfecto compuesto** (Bello : Antepresente)
pido	he pedido
pides	has pedido
pide	ha pedido
ped imos	hemos pedido
ped ís	habéis pedido
piden	han pedido
Pretérito imperfecto (Bello : Copretérito)	**Pretérito pluscuamperfecto** (Bello : Antecopretérito)
ped ía	había pedido
ped ías	habías pedido
ped ía	había pedido
ped íamos	habíamos pedido
ped íais	habíais pedido
ped ían	habían pedido
Pretérito perfecto simple (Bello : Pretérito)	**Pretérito anterior** (Bello : Antepretérito)
ped í	hube pedido
ped iste	hubiste pedido
pidió	hubo pedido
ped imos	hubimos pedido
ped isteis	hubisteis pedido
pidieron	hubieron pedido
Futuro (Bello : Futuro)	**Futuro perfecto** (Bello : Antefuturo)
pedir é	habré pedido
pedir ás	habrás pedido
pedir á	habrá pedido
pedir emos	habremos pedido
pedir éis	habréis pedido
pedir án	habrán pedido
Condicional (Bello : Pospretérito)	**Condicional perfecto** (Bello : Antepospretérito)
pedir ía	habría pedido
pedir ías	habrías pedido
pedir ía	habría pedido
pedir íamos	habríamos pedido
pedir íais	habríais pedido
pedir ían	habrían pedido

MODO SUBJUNTIVO

Tiempos simples	Tiempos compuestos
Presente (Bello : Presente)	**Pretérito perfecto** (Bello : Antepresente)
pida	haya pedido
pidas	hayas pedido
pida	haya pedido
pidamos	hayamos pedido
pidáis	hayáis pedido
pidan	hayan pedido
Pretérito imperfecto (Bello : Pretérito)	**Pretérito pluscuamperfecto** (Bello : Antepretérito)
pidiera	hubiera pedido
pidieras ·	hubieras pedido
pidiera	hubiera pedido
pidiéramos	hubiéramos pedido
pidierais	hubierais pedido
pidieran	hubieran pedido
pidiese	hubiese pedido
pidieses	hubieses pedido
pidiese	hubiese pedido
pidiésemos	hubiésemos pedido
pidieseis	hubieseis pedido
pidiesen	hubiesen pedido
Futuro (Bello : Futuro)	**Futuro perfecto** (Bello : Antefuturo)
pidiere	hubiere pedido
pidieres	hubieres pedido
pidiere	hubiere pedido
pidiéremos	hubiéremos pedido
pidiereis	hubiereis pedido
pidieren	hubieren pedido

MODO IMPERATIVO

Presente	
pide (tú)	**pidamos** (nosotros)
pida (él, usted)	**ped** id (vosotros)
	pidan (ellos, ustedes)

FORMAS NO PERSONALES

Tiempos simples	Tiempos compuestos
Infinitivo: **pedir**	Infinitivo compuesto haber pedido
Gerundio: **pidiendo**	
Participio: **ped** ido	Gerundio compuesto habiendo pedido

FORMAS PERSONALES	
MODO INDICATIVO	**MODO SUBJUNTIVO**

MODO INDICATIVO		**MODO SUBJUNTIVO**	
Tiempos simples	Tiempos compuestos	Tiempos simples	Tiempos compuestos

Presente (Bello : Presente)	Pretérito perfecto compuesto (Bello : Antepresente)	Presente (Bello : Presente)	Pretérito perfecto (Bello : Antepresente)
pienso	he pensado	piense	haya pensado
piensas	has pensado	pienses	hayas pensado
piensa	ha pensado	piense	haya pensado
pens amos	hemos pensado	pens emos	hayamos pensado
pens áis	habéis pensado	pens éis	hayáis pensado
piensan	han pensado	piensen	hayan pensado

Pretérito imperfecto (Bello : Copretérito)	Pretérito pluscuamperfecto (Bello : Antecopretérito)	Pretérito imperfecto (Bello : Pretérito)	Pretérito pluscuamperfecto (Bello : Antepretérito)
pens aba	había pensado	pens a ra	hubiera pensado
pens abas	habías pensado	pens a ras	hubieras pensado
pens aba	había pensado	pens a ra	hubiera pensado
pens ábamos	habíamos pensado	pens á ramos	hubiéramos pensado
pens abais	habíais pensado	pens a rais	hubierais pensado
pens aban	habían pensado	pens a ran	hubieran pensado
		pens a se	hubiese pensado
		pens a ses	hubieses pensado
		pens a se	hubiese pensado
		pens á semos	hubiésemos pensado
		pens a seis	hubieseis pensado
		pens a sen	hubiesen pensado

Pretérito perfecto simple (Bello : Pretérito)	Pretérito anterior (Bello : Antepretérito)		
pens é	hube pensado		
pens aste	hubiste pensado		
pens ó	hubo pensado		
pens amos	hubimos pensado	Futuro (Bello : Futuro)	Futuro perfecto (Bello : Antefuturo)
pens asteis	hubisteis pensado	pens a re	hubiere pensado
pens a ron	hubieron pensado	pens a res	hubieres pensado
		pens a re	hubiere pensado
		pens á remos	hubiéremos pensado
Futuro (Bello : Futuro)	Futuro perfecto (Bello : Antefuturo)	pens a reis	hubiereis pensado
		pens a ren	hubieren pensado
pensar é	habré pensado		
pensar ás	habrás pensado		
pensar á	habrá pensado	**MODO IMPERATIVO**	
pensar emos	habremos pensado		
pensar éis	habréis pensado	Presente	pens emos (nosotros)
pensar án	habrán pensado	piensa (tú)	pens ad (vosotros)
		piense (él, usted)	piensen (ellos, ustedes)

Condicional (Bello : Pospretérito)	Condicional perfecto (Bello : Antepospretérito)	FORMAS NO PERSONALES	
		Tiempos simples	Tiempos compuestos
pensar ía	habría pensado	Infinitivo: **pensar**	Infinitivo compuesto
pensar ías	habrías pensado		haber pensado
pensar ía	habría pensado	Gerundio: **pens** ando	
pensar íamos	habríamos pensado		Gerundio compuesto
pensar íais	habríais pensado	Participio: **pens** ado	habiendo pensado
pensar ían	habrían pensado		

81

FORMAS PERSONALES

MODO INDICATIVO		MODO SUBJUNTIVO	
Tiempos simples	Tiempos compuestos	Tiempos simples	Tiempos compuestos

Presente (Bello : Presente)	Pretérito perfecto compuesto (Bello : Antepresente)	Presente (Bello : Presente)	Pretérito perfecto (Bello : Antepresente)
plazco	he placido	plazca	haya placido
plac es	has placido	plazcas	hayas placido
plac e	ha placido	plazca; plegue	haya placido
plac emos	hemos placido	plazcamos	hayamos placido
plac éis	habéis placido	plazcáis	hayáis placido
plac en	han placido	plazcan	hayan placido

Pretérito imperfecto (Bello : Copretérito)	Pretérito pluscuamperfecto (Bello : Antecopretérito)	Pretérito imperfecto (Bello : Pretérito)	Pretérito pluscuamperfecto (Bello : Antepretérito)
plac ía	había placido	plac ie ra	hubiera placido
plac ías	habías placido	plac ie ras	hubieras placido
plac ía	había placido	plac ie ra; pluguiera	hubiera placido
plac íamos	habíamos placido	plac ié ramos	hubiéramos placido
plac íais	habíais placido	plac ie rais	hubierais placido
plac ían	habían placido	plac ie ran	hubieran placido
		plac ie se	hubiese placido
		plac ie ses	hubieses placido
		plac ie se; pluguiese	hubiese placido
		plac ié semos	hubiésemos placido
		plac ie seis	hubieseis placido
Pretérito perfecto simple (Bello : Pretérito)	Pretérito anterior (Bello : Antepretérito)	plac ie sen	hubiesen placido
plac í	hube placido		
plac iste	hubiste placido	Futuro (Bello : Futuro)	Futuro perfecto (Bello : Antefuturo)
plac ió; plugo	hubo placido		
plac imos	hubimos placido	plac ie re	hubiere placido
plac isteis	hubisteis placido	plac ie res	hubieres placido
plac ie ron; pluguieron	hubieron placido	plac ie re; pluguiere	hubiere placido
		plac ié remos	hubiéremos placido
		plac ie reis	hubiereis placido
Futuro (Bello : Futuro)	Futuro perfecto (Bello : Antefuturo)	plac ie ren	hubieren placido

Futuro (Bello : Futuro)	Futuro perfecto (Bello : Antefuturo)
placer é	habré placido
placer ás	habrás placido
placer á	habrá placido
placer emos	habremos placido
placer éis	habréis placido
placer án	habrán placido

MODO IMPERATIVO

Presente	
plac e (tú)	plazcamos (nosotros)
plazca (él, usted)	plac ed (vosotros)
	plazcan (ellos, ustedes)

Condicional (Bello : Pospretérito)	Condicional perfecto (Bello : Antepospretérito)
placer ía	habría placido
placer ías	habrías placido
placer ía	habría placido
placer íamos	habríamos placido
placer íais	habríais placido
placer ían	habrían placido

FORMAS NO PERSONALES

Tiempos simples	Tiempos compuestos
Infinitivo: **placer**	Infinitivo compuesto haber placido
Gerundio: **plac** iendo	Gerundio compuesto habiendo placido
Participio: **plac** ido	

FORMAS PERSONALES

MODO	INDICATIVO	MODO SUBJUNTIVO	
Tiempos simples	Tiempos compuestos	Tiempos simples	Tiempos compuestos

Presente (Bello : Presente)	**Pretérito perfecto compuesto** (Bello : Antepresente)	**Presente** (Bello : Presente)	**Pretérito perfecto** (Bello : Antepresente)
puedo	he podido	pueda	haya podido
puedes	has podido	puedas	hayas podido
puede	ha podido	pueda	haya podido
pod emos	hemos podido	**pod** amos	hayamos podido
pod éis	habéis podido	**pod** áis	hayáis podido
pueden	han podido	puedan	hayan podido

Pretérito imperfecto (Bello : Copretérito)	**Pretérito pluscuamperfecto** (Bello : Antecopretérito)	**Pretérito imperfecto** (Bello : Pretérito)	**Pretérito pluscuamperfecto** (Bello : Antepretérito)
pod ía	había podido	pudiera	hubiera podido
pod ías	habías podido	pudieras	hubieras podido
pod ía	había podido	pudiera	hubiera podido
pod íamos	habíamos podido	pudiéramos	hubiéramos podido
pod íais	habíais podido	pudierais	hubierais podido
pod ían	habían podido	pudieran	hubieran podido
		pudiese	hubiese podido
		pudieses	hubieses podido
		pudiese	hubiese podido
		pudiésemos	hubiésemos podido
		pudieseis	hubieseis podido
		pudiesen	hubiesen podido

Pretérito perfecto simple (Bello : Pretérito)	**Pretérito anterior** (Bello : Antepretérito)		
pude	hube podido		
pudiste	hubiste podido	**Futuro** (Bello : Futuro)	**Futuro perfecto** (Bello : Antefuturo)
pudo	hubo podido	pudiere	hubiere podido
pudimos	hubimos podido	pudieres	hubieres podido
pudisteis	hubisteis podido	pudiere	hubiere podido
pudieron	hubieron podido	pudiéremos	hubiéremos podido
		pudiereis	hubiereis podido
		pudieren	hubieren podido

Futuro (Bello : Futuro)	**Futuro perfecto** (Bello : Antefuturo)
podré	habré podido
podrás	habrás podido
podrá	habrá podido
podremos	habremos podido
podréis	habréis podido
podrán	habrán podido

MODO IMPERATIVO

Presente	
	pod amos (nosotros)
puede (tú)	**pod** ed (vosotros)
pueda (él, usted)	**puedan** (ellos, ustedes)

Condicional (Bello : Pospretérito)	**Condicional perfecto** (Bello : Antepospretérito)
podría	habría podido
podrías	habrías podido
podría	habría podido
podríamos	habríamos podido
podríais	habríais podido
podrían	habrían podido

FORMAS NO PERSONALES

Tiempos simples	Tiempos compuestos
Infinitivo: **poder**	Infinitivo compuesto haber podido
Gerundio: **pudiendo**	
	Gerundio compuesto habiendo podido
Participio: **pod** ido	

48 **podrir** o **pudrir** verbos irregulares

FORMAS PERSONALES

MODO INDICATIVO		MODO SUBJUNTIVO	
Tiempos simples	Tiempos compuestos	Tiempos simples	Tiempos compuestos

MODO INDICATIVO

Presente
(Bello : Presente)

pudr o	
pudr es	
pudr e	
pudr imos	
pudr ís	
pudr en	

Pretérito perfecto compuesto
(Bello : Antepresente)

he	podrido
has	podrido
ha	podrido
hemos	podrido
habéis	podrido
han	podrido

Pretérito imperfecto
(Bello : Copretérito)

pudr ía	
pudr ías	
pudr ía	
pudr íamos	
pudr íais	
pudr ían	

Pretérito pluscuamperfecto
(Bello : Antecopretérito)

había	podrido
habías	podrido
había	podrido
habíamos	podrido
habíais	podrido
habían	podrido

Pretérito perfecto simple
(Bello : Pretérito)

pudr í ; **podr** í	
pudr iste	
pudr ió	
pudr imos	
pudr isteis	
pudr ie *ron*	

Pretérito anterior
(Bello : Antepretérito)

hube	podrido
hubiste	podrido
hubo	podrido
hubimos	podrido
hubisteis	podrido
hubieron	podrido

Futuro
(Bello : Futuro)

pudrir é ; **podrir** é	
pudrir ás	
pudrir á	
pudrir emos	
pudrir éis	
pudrir án	

Futuro perfecto
(Bello : Antefuturo)

habré	podrido
habrás	podrido
habrá	podrido
habremos	podrido
habréis	podrido
habrán	podrido

Condicional
(Bello : Pospretérito)

pudrir ía ; **podrir** ía	
pudrir ías	
pudrir ía	
pudrir íamos	
pudrir íais	
pudrir ían	

Condicional perfecto
(Bello : Antepospretérito)

habría	podrido
habrías	podrido
habría	podrido
habríamos	podrido
habríais	podrido
habrían	podrido

MODO SUBJUNTIVO

Presente
(Bello : Presente)

pudr a	
pudr as	
pudr a	
pudr amos	
pudr áis	
pudr an	

Pretérito perfecto
(Bello : Antepresente)

haya	podrido
hayas	podrido
haya	podrido
hayamos	podrido
hayáis	podrido
hayan	podrido

Pretérito imperfecto
(Bello : Pretérito)

pudr ie *ra*	
pudr ie *ras*	
pudr ie *ra*	
pudr ié *ramos*	
pudr ie *rais*	
pudr ie *ran*	
pudr ie *se*	
pudr ie *ses*	
pudr ie *se*	
pudr ié *semos*	
pudr ie *seis*	
pudr ie *sen*	

Pretérito pluscuamperfecto
(Bello : Antepretérito)

hubiera	podrido
hubieras	podrido
hubiera	podrido
hubiéramos	podrido
hubierais	podrido
hubieran	podrido
hubiese	podrido
hubieses	podrido
hubiese	podrido
hubiésemos	podrido
hubieseis	podrido
hubiesen	podrido

Futuro
(Bello : Futuro)

pudr ie *re*	
pudr ie *res*	
pudr ie *re*	
pudr ié *remos*	
pudr ie *reis*	
pudr ie *ren*	

Futuro perfecto
(Bello : Antefuturo)

hubiere	podrido
hubieres	podrido
hubiere	podrido
hubiéremos	podrido
hubiereis	podrido
hubieren	podrido

MODO IMPERATIVO

Presente

pudr e (tú)	**pudr** amos (nosotros)
pudr a (él, usted)	**pudr** id (vosotros)
	pudr an (ellos, ustedes)

FORMAS NO PERSONALES

Tiempos simples	Tiempos compuestos
Infinitivo: **podrir** o **pudrir**	Infinitivo compuesto haber podrido
Gerundio: **pudr** iendo	Gerundio compuesto habiendo podrido
Participio: **podr** ido	

Este verbo puede ser indistintamente usado, podrir o pudrir en el infinitivo. La Academia a preferido fijar la *u* a la *o* en todos los modos, tiempos y personas, excepto en le infinitivo y el participio (podrido) que nunca será usado con *u*.

FORMAS PERSONALES

MODO INDICATIVO		MODO SUBJUNTIVO	
Tiempos simples	Tiempos compuestos	Tiempos simples	Tiempos compuestos

Presente (Bello : Presente)	Pretérito perfecto compuesto (Bello : Antepresente)	Presente (Bello : Presente)	Pretérito perfecto (Bello : Antepresente)
pongo	he puesto	ponga	haya puesto
pon es	has puesto	pongas	hayas puesto
pon e	ha puesto	ponga	haya puesto
pon emos	hemos puesto	pongamos	hayamos puesto
pon éis	habéis puesto	pongáis	hayáis puesto
pon en	han puesto	pongan	hayan puesto

Pretérito imperfecto (Bello : Copretérito)	Pretérito pluscuamperfecto (Bello : Antecopretérito)	Pretérito imperfecto (Bello : Pretérito)	Pretérito pluscuamperfecto (Bello : Antepretérito)
pon ía	había puesto	pusiera	hubiera puesto
pon ías	habías puesto	pusieras	hubieras puesto
pon ía	había puesto	pusiera	hubiera puesto
pon íamos	habíamos puesto	pusiéramos	hubiéramos puesto
pon íais	habíais puesto	pusierais	hubierais puesto
pon ían	habían puesto	pusieran	hubieran puesto
		pusiese	hubiese puesto
		pusieses	hubieses puesto
		pusiese	hubiese puesto
		pusiésemos	hubiésemos puesto
		pusieseis	hubieseis puesto
		pusiesen	hubiesen puesto

Pretérito perfecto simple (Bello : Pretérito)	Pretérito anterior (Bello : Antepretérito)		
puse	hube puesto		
pusiste	hubiste puesto		
puso	hubo puesto		
pusimos	hubimos puesto		
pusisteis	hubisteis puesto		
pusieron	hubieron puesto		

Futuro (Bello : Futuro)	Futuro perfecto (Bello : Antefuturo)	Futuro (Bello : Futuro)	Futuro perfecto (Bello : Antefuturo)
		pusiere	hubiere puesto
		pusieres	hubieres puesto
		pusiere	hubiere puesto
		pusiéremos	hubiéremos puesto
		pusiereis	hubiereis puesto
		pusieren	hubieren puesto

Futuro (Bello : Futuro)	Futuro perfecto (Bello : Antefuturo)
pondré	habré puesto
pondrás	habrás puesto
pondrá	habrá puesto
pondremos	habremos puesto
pondréis	habréis puesto
pondrán	habrán puesto

MODO IMPERATIVO

Presente	
pon (tú)	pongamos (nosotros)
ponga (él, usted)	pon ed (vosotros)
	pongan (ellos, ustedes)

Condicional (Bello : Pospretérito)	Condicional perfecto (Bello : Antepospretérito)
pondría	habría puesto
pondrías	habrías puesto
pondría	habría puesto
pondríamos	habríamos puesto
pondríais	habríais puesto
pondrían	habrían puesto

FORMAS NO PERSONALES

Tiempos simples	Tiempos compuestos
Infinitivo: **poner**	Infinitivo compuesto haber puesto
Gerundio: **pon** iendo	Gerundio compuesto habiendo puesto
Participio: **puesto**	

FORMAS PERSONALES

MODO INDICATIVO		MODO SUBJUNTIVO	
Tiempos simples	Tiempos compuestos	Tiempos simples	Tiempos compuestos

Presente
(Bello : Presente)

Pretérito perfecto compuesto
(Bello : Antepresente)

predigo	he predicho
predices	has predicho
predice	ha predicho
predec imos	hemos predicho
predec ís	habéis predicho
predicen	han predicho

Presente
(Bello : Presente)

Pretérito perfecto
(Bello : Antepresente)

prediga	haya predicho
predigas	hayas predicho
prediga	haya predicho
predigamos	hayamos predicho
predigáis	hayáis predicho
predigan	hayan predicho

Pretérito imperfecto
(Bello : Copretérito)

Pretérito pluscuamperfecto
(Bello : Antecopretérito)

predec ía	había predicho
predec ías	habías predicho
predec ía	había predicho
predec íamos	habíamos predicho
prédec íais	habíais predicho
predec ían	habían predicho

Pretérito imperfecto
(Bello : Pretérito)

Pretérito pluscuamperfecto
(Bello : Antepretérito)

predijera	hubiera predicho
predijeras	hubieras predicho
predijera	hubiera predicho
prédijéramos	hubiéramos predicho
predijerais	hubierais predicho
predijeran	hubieran predicho

predijese	hubiese predicho
predijeses	hubieses predicho
predijese	hubiese predicho
predijésemos	hubiésemos predicho
predijeseis	hubieseis predicho
predijesen	hubiesen predicho

Pretérito perfecto simple
(Bello : Pretérito)

Pretérito anterior
(Bello : Antepretérito)

predije	hube predicho
predijiste	hubiste predicho
predijo	hubo predicho
predijimos	hubimos predicho
predijisteis	hubisteis predicho
predijeron	hubieron predicho

Futuro
(Bello : Futuro)

Futuro perfecto
(Bello : Antefuturo)

predijere	hubiere predicho
predijeres	hubieres predicho
predijere	hubiere predicho
predijéremos	hubiéremos predicho
predijereis	hubiereis predicho
predijeren	hubieren predicho

Futuro
(Bello : Futuro)

Futuro perfecto
(Bello : Antefuturo)

predecir é	habré predicho
predecir ás	habrás predicho
predecir á	habrá predicho
predecir emos	habremos predicho
predecir éis	habréis predicho
predecir án	habrán predicho

MODO IMPERATIVO

Presente

predice (tú)	**predigamos** (nosotros)
prediga (él, usted)	**predec** id (vosotros)
	predigan (ellos, ustedes)

Condicional
(Bello : Pospretérito)

Condicional perfecto
(Bello : Antepospretérito)

predecir ía	habría predicho
predecir ías	habrías predicho
predecir ía	habría predicho
predecir íamos	habríamos predicho
predecir íais	habríais predicho
predecir ían	habrían predicho

FORMAS NO PERSONALES

Tiempos simples	Tiempos compuestos
Infinitivo: **predecir**	Infinitivo compuesto
Gerundio: **prediciendo**	haber predicho
Participio: **predicho** *	Gerundio compuesto
	habiendo predicho

* Los verbos **bendecir** y **maldecir** tienen dos participios, regular e irregular. (v. páginas 248-249).

51 producir verbos irregulares

FORMAS PERSONALES

MODO INDICATIVO		MODO SUBJUNTIVO.	
Tiempos simples	Tiempos compuestos	Tiempos simples	Tiempos compuestos

Presente (Bello : Presente)	Pretérito perfecto compuesto (Bello : Antepresente)	Presente (Bello : Presente)	Pretérito perfecto (Bello : Antepresente)
produzco	he producido	**produzca**	haya producido
produc es	has producido	**produzcas**	hayas producido
produc e	ha producido	**produzca**	haya producido
produc imos	hemos producido	**produzcamos**	hayamos producido
produc ís	habéis producido	**produzcáis**	hayáis producido
produc en	han producido	**produzcan**	hayan producido

Pretérito imperfecto (Bello : Copretérito)	Pretérito pluscuamperfecto (Bello : Antecopretérito)	Pretérito imperfecto (Bello : Pretérito)	Pretérito pluscuamperfecto (Bello : Antepretérito)
produc ía	había producido	**produjera**	hubiera producido
produc ías	habías producido	**produjeras**	hubieras producido
produc ía	había producido	**produjera**	hubiera producido
produc íamos	habíamos producido	**produjéramos**	hubiéramos producido
produc íais	habíais producido	**produjerais**	hubierais producido
produc ían	habían producido	**produjeran**	hubieran producido
		produjese	hubiese producido
		produjeses	hubieses producido
		produjese	hubiese producido
		produjésemos	hubiésemos producido
		produjeseis	hubieseis producido

Pretérito perfecto simple (Bello : Pretérito)	Pretérito anterior (Bello : Antepretérito)		
produje	hube producido	**produjesen**	hubiesen producido
produjiste	hubiste producido		
produjo	hubo producido	Futuro (Bello : Futuro)	Futuro perfecto (Bello : Antefuturo)
produjimos	hubimos producido		
produjisteis	hubisteis producido		
produjeron	hubieron producido	**produjere**	hubiere producido
		produjeres	hubieres producido
		produjere	hubiere producido
Futuro (Bello : Futuro)	Futuro perfecto (Bello : Antefuturo)	**produjéremos**	hubiéremos producido
		produjereis	hubiereis producido
		produjeren	hubieren producido
producir é	habré producido		
producir ás	habrás producido		
producir á	habrá producido		
producir emos	habremos producido	## MODO IMPERATIVO	
producir éis	habréis producido		
producir án	habrán producido	Presente	**produzcamos**(nosotros)

Condicional (Bello : Pospretérito)	Condicional perfecto (Bello : Antepospretérito)

Presente
produc e (tú)
produzca (él. usted)

produzcamos(nosotros)
produc id (vosotros)
produzcan(ellos, ustedes)

Condicional (Bello : Pospretérito)	Condicional perfecto (Bello : Antepospretérito)	FORMAS NO PERSONALES	
		Tiempos simples	Tiempos compuestos
producir ía	habría producido	Infinitivo: **producir**	Infinitivo compuesto haber producido
producir ías	habrías producido		
producir ía	habría producido	Gerundio: **produc** iendo	
producir íamos	habríamos producido		Gerundio compuesto
producir íais	habríais producido		habiendo producido
producir ían	habrían producido	Participio: **produc** ido	

FORMAS PERSONALES

MODO INDICATIVO		MODO SUBJUNTIVO	
Tiempos simples	Tiempos compuestos	Tiempos simples	Tiempos compuestos

Presente (Bello : Presente)	**Pretérito perfecto compuesto** (Bello : Antepresente)	**Presente** (Bello : Presente)	**Pretérito perfecto** (Bello : Antepresente)
quiero	he · querido	quiera	haya · querido
quieres	has · querido	quieras	hayas · querido
quiere	ha · querido	quiera	haya · querido
quer emos	hemos · querido	quer amos	hayamos · querido
quer éis	habéis · querido	quer áis	hayáis · querido
quieren	han · querido	quieran	hayan · querido

Pretérito imperfecto (Bello : Copretérito)	**Pretérito pluscuamperfecto** (Bello : Antecopretérito)	**Pretérito imperfecto** (Bello : Pretérito)	**Pretérito pluscuamperfecto** (Bello : Antepretérito)
quer ía	había · querido	quisiera	hubiera · querido
quer ías	habías · querido	quisieras	hubieras · querido
quer ía	había · querido	quisiera	hubiera · querido
quer íamos	habíamos · querido	quisiéramos	hubiéramos · querido
quer íais	habíais · querido	quisierais	hubierais · querido
quer ían	habían · querido	quisieran	hubieran · querido
		quisiese	hubiese · querido
		quisieses	hubieses · querido
		quisiese	hubiese · querido
Pretérito perfecto simple (Bello : Pretérito)	**Pretérito anterior** (Bello : Antepretérito)	quisiésemos	hubiésemos · querido
		quisieseis	hubieseis · querido
quise	hube · querido	quisiesen	hubiesen · querido
quisiste	hubiste · querido		
quiso	hubo · querido		
quisimos	hubimos · querido	**Futuro** (Bello : Futuro)	**Futuro perfecto** (Bello : Antefuturo)
quisisteis	hubisteis · querido		
quisieron	hubieron · querido	quisiere	hubiere · querido
		quisieres	hubieres · querido
		quisiere	hubiere · querido
Futuro (Bello : Futuro)	**Futuro perfecto** (Bello : Antefuturo)	quisiéremos	hubiéremos · querido
		quisiereis	hubiereis · querido
querré	habré · querido	quisieren	hubieren · querido
querrás	habrás · querido		
querrá	habrá · querido		
querremos	habremos · querido		
querréis	habréis · querido		
querrán	habrán · querido		

MODO IMPERATIVO

Presente	
	quer amos (nosotros)
quiere (tú)	**quer** ed (vosotros)
quiera (él, usted)	quieran (ellos, ustedes)

Condicional (Bello : Pospretérito)	**Condicional perfecto** (Bello : Antepospretérito)
querría	habría · querido
querrías	habrías · querido
querría	habría · querido
querríamos	habríamos · querido
querríais	habríais · querido
querrían	habrían · querido

FORMAS NO PERSONALES

Tiempos simples	Tiempos compuestos
Infinitivo: **querer**	Infinitivo compuesto haber querido
Gerundio: **quer** iendo	
	Gerundio compuesto
Participio: **quer** ido	habiendo querido

53 raer verbos irregulares

MODO INDICATIVO

Tiempos simples	Tiempos compuestos

Presente
(Bello : Presente)

Pretérito perfecto compuesto
(Bello : Antepresente)

ra o; raigo; rayo	he	raído
ra es	has	raído
ra e	ha	raído
ra emos	hemos	raído
ra éis	habéis	raído
ra en	han	raído

Pretérito imperfecto
(Bello : Copretérito)

Pretérito pluscuamperfecto
(Bello : Antecopretérito)

ra ía	había	raído
ra ías	habías	raído
ra ía	había	raído
ra íamos	habíamos	raído
ra íais	habíais	raído
ra ían	habían	raído

Pretérito perfecto simple
(Bello : Pretérito)

Pretérito anterior
(Bello : Antepretérito)

ra í	hube	raído
raíste	hubiste	raído
rayó	hubo	raído
raimos	hubimos	raído
raísteis	hubisteis	raído
rayeron	hubieron	raído

Futuro
(Bello : Futuro)

Futuro perfecto
(Bello : Antefuturo)

raer é	habré	raído
raer ás	habrás	raído
raer á	habrá	raído
raer emos	habremos	raído
raer éis	habréis	raído
raer án	habrán	raído

Condicional
(Bello : Pospretérito)

Condicional perfecto
(Bello : Antepospretérito)

raer ía	habría	raído
raer ías	habrías	raído
raer ía	habría	raído
raer íamos	habríamos	raído
raer íais	habríais	raído
raer ían	habrían	raído

MODO SUBJUNTIVO

Tiempos simples	Tiempos compuestos

Presente
(Bello : Presente)

Pretérito perfecto
(Bello : Antepresente)

raiga ; raya	haya	raído
raigas ; rayas	hayas	raído
raiga ; raya	haya	raído
raigamos; rayamos	hayamos	raído
raigáis ; rayáis	hayáis	raído
raigan ; rayan	hayan	raído

Pretérito imperfecto
(Bello : Pretérito)

Pretérito pluscuamperfecto
(Bello : Antepretérito)

rayera	hubiera	raído
rayeras	hubieras	raído
rayera	hubiera	raído
rayéramos	hubiéramos	raído
rayerais	hubierais	raído
rayeran	hubieran	raído
rayese	hubiese	raído
rayeses	hubieses	raído
rayese	hubiese	raído
rayésemos	hubiésemos	raído
rayeseis	hubieseis	raído
rayesen	hubiesen	raído

Futuro
(Bello : Futuro)

Futuro perfecto
(Bello : Antefuturo)

rayere	hubiere	raído
rayeres	hubieres	raído
rayere	hubiere	raído
rayéremos	hubiéremos	raído
rayereis	hubiereis	raído
rayeren	hubieren	raído

MODO IMPERATIVO

Presente	
	raigamos; rayamos nosotros
ra e (tú)	ra ed (vosotros)
raiga; raya (él, usted)	raigan; rayan (ellos, ustedes)

FORMAS NO PERSONALES

Tiempos simples	Tiempos compuestos
Infinitivo: **raer**	Infinitivo compuesto
	haber raído
Gerundio: **rayendo**	
	Gerundio compuesto
Participio: **raído**	habiendo raído

54 regar verbos irregulares

MODO INDICATIVO

Tiempos simples	Tiempos compuestos

Presente
(Bello : Presente)

Pretérito perfecto compuesto
(Bello : Antepresente)

riego	he	regado
riegas	has	regado
riega	ha	regado
reg amos	hemos	regado
reg áis	habéis	regado
riegan	han	regado

Pretérito imperfecto
(Bello : Copretérito)

Pretérito pluscuamperfecto
(Bello : Antecopretérito)

reg aba	había	regado
reg abas	habías	regado
reg aba	había	regado
reg ábamos	habíamos	regado
reg abais	habíais	regado
reg aban	habían	regado

Pretérito perfecto simple
(Bello : Pretérito)

Pretérito anterior
(Bello : Antepretérito)

regué	hube	regado
reg aste	hubiste	regado
reg ó	hubo	regado
reg amos	hubimos	regado
reg asteis	hubisteis	regado
reg a *ron*	hubieron	regado

Futuro
(Bello : Futuro)

Futuro perfecto
(Bello : Antefuturo)

regar é	habré	regado
regar ás	habrás	regado
regar á	habrá	regado
regar emos	habremos	regado
regar éis	habréis	regado
regar án	habrán	regado

Condicional
(Bello : Pospretérito)

Condicional perfecto
(Bello : Antepospretérito)

regar ía	habría	regado
regar ías	habrías	regado
regar ía	habría	regado
regar íamos	habríamos	regado
regar íais	habríais	regado
regar ían	habrían	regado

MODO SUBJUNTIVO

Tiempos simples	Tiempos compuestos

Presente
(Bello : Presente)

Pretérito perfecto
(Bello : Antepresente)

riegue	haya	regado
riegues	hayas	regado
riegue	haya	regado
reguemos	hayamos	regado
reguéis	hayáis	regado
rieguen	hayan	regado

Pretérito imperfecto
(Bello : Pretérito)

Pretérito pluscuamperfecto
(Bello : Antepretérito)

reg a *ra*	hubiera	regado
reg a *ras*	hubieras	regado
reg a *ra*	hubiera	regado
reg á *ramos*	hubiéramos	regado
reg a *rais*	hubierais	regado
reg a *ran*	hubieran	regado
reg a *se*	hubiese	regado
reg a *ses*	hubieses	regado
reg a *se*	hubiese	regado
reg á *semos*	hubiésemos	regado
reg a *seis*	hubieseis	regado
reg a *sen*	hubiesen	regado

Futuro
(Bello : Futuro)

Futuro perfecto
(Bello : Antefuturo)

reg a *re*	hubiere	regado
reg a *res*	hubieres	regado
reg a *re*	hubiere	regado
reg á *remos*	hubiéremos	regado
reg a *reis*	hubiereis	regado
reg a *ren*	hubieren	regado

MODO IMPERATIVO

Presente

riega (tú)	**reguemos** (nosotros)
riegue (él, usted)	**reg** ad (vosotros)
	rieguen (ellos, ustedes)

FORMAS NO PERSONALES

Tiempos simples	Tiempos compuestos
Infinitivo: **regar**	Infinitivo compuesto haber regado
Gerundio: **reg** ando	Gerundio compuesto habiendo regado
Participio: **reg** ado	

55 reír verbos irregulares

MODO INDICATIVO

Tiempos simples	Tiempos compuestos

Presente
(Bello : Presente)

Pretérito perfecto compuesto
(Bello : Antepresente)

río	he	reído
ríes	has	reído
ríe	ha	reído
reímos	hemos	reído
re ís	habéis	reído
ríen	han	reído

Pretérito imperfecto
(Bello : Copretérito)

Pretérito pluscuamperfecto
(Bello : Antecopretérito)

re ía	había	reído
re ías	habías	reído
re ía	había	reído
re íamos	habíamos	reído
re íais	habíais	reído
re ían	habían	reído

Pretérito perfecto simple
(Bello : Pretérito)

Pretérito anterior
(Bello : Antepretérito)

re í	hube	reído
reíste	hubiste	reído
rió	hubo	reído
reímos	hubimos	reído
reísteis	hubisteis	reído
rieron	hubieron	reído

Futuro
(Bello : Futuro)

Futuro perfecto
(Bello : Antefuturo)

reir é	habré	reído
reir ás	habrás	reído
reir á	habrá	reído
reir emos	habremos	reído
reir éis	habréis	reído
reir án	habrán	reído

Condicional
(Bello : Pospretérito)

Condicional perfecto
(Bello : Antepospretérito)

reir ía	habría	reído
reir ías	habrías	reído
reir ía	habría	reído
reir íamos	habríamos	reído
reir íais	habríais	reído
reir ían	habrían	reído

MODO SUBJUNTIVO

Tiempos simples	Tiempos compuestos

Presente
(Bello : Presente)

Pretérito perfecto
(Bello : Antepresente)

ría	haya	reído
rías	hayas	reído
ría	haya	reído
riamos	hayamos	reído
riáis	hayáis	reído
rían	hayan	reído

Pretérito imperfecto
(Bello : Pretérito)

Pretérito pluscuamperfecto
(Bello : Antepretérito)

riera	hubiera	reído
rieras	hubieras	reído
riera	hubiera	reído
riéramos	hubiéramos	reído
rierais	hubierais	reído
rieran	hubieran	reído
riese	hubiese	reído
rieses	hubieses	reído
riese	hubiese	reído
riésemos	hubiésemos	reído
rieseis	hubieseis	reído
riesen	hubiesen	reído

Futuro
(Bello : Futuro)

Futuro perfecto
(Bello : Antefuturo)

riere	hubiere	reído
rieres	hubieres	reído
riere	hubiere	raído
riéremos	hubiéremos	reído
riereis	hubiereis	reído
rieren	hubieren	reído

MODO IMPERATIVO

Presente	**riamos** (nosotros)
ríe (tú)	**reíd** (vosotros)
ría (él, usted)	**rían** (ellos, ustedes)

FORMAS NO PERSONALES

Tiempos simples	Tiempos compuestos
Infinitivo: **reír**	Infinitivo compuesto
	haber reído
Gerundio: **riendo**	
	Gerundio compuesto
Participio: **reído**	habiendo reído

FORMAS PERSONALES

MODO INDICATIVO		MODO SUBJUNTIVO	
Tiempos simples	Tiempos compuestos	Tiempos simples	Tiempos compuestos

Presente (Bello : Presente)	Pretérito perfecto compuesto (Bello : Antepresente)	Presente (Bello : Presente)	Pretérito perfecto (Bello : Antepresente)
riño	he reñido	riña	haya reñido
riñes	has reñido	riñas	hayas reñido
riñe	ha reñido	riña	haya reñido
reñ imos	hemos reñido	riñamos	hayamos reñido
reñ ís	habéis reñido	riñáis	hayáis reñido
riñen	han reñido	riñan	hayan reñido

Pretérito imperfecto (Bello : Copretérito)	Pretérito pluscuamperfecto (Bello : Antecopretérito)	Pretérito imperfecto (Bello : Pretérito)	Pretérito pluscuamperfecto (Bello : Antepretérito)
reñ ía	había reñido	riñera	hubiera reñido
reñ ías	habías reñido	riñeras	hubieras reñido
reñ ía	había reñido	riñera	hubiera reñido
reñ íamos	habíamos reñido	riñéramos	hubiéramos reñido
reñ íais	habíais reñido	riñerais	hubierais reñido
reñ ían	habían reñido	riñeran	hubieran reñido
		riñese	hubiese reñido
		riñeses	hubieses reñido
Pretérito perfecto simple (Bello : Pretérito)	Pretérito anterior (Bello : Antepretérito)	riñese	hubiese reñido
		riñésemos	hubiésemos reñido
reñ í	hube reñido	riñeseis	hubieseis reñido
reñ iste	hubiste reñido	riñesen	hubiesen reñido
riñó	hubo reñido		
reñ imos	hubimos reñido	Futuro (Bello : Futuro)	Futuro perfecto (Bello : Antefuturo)
reñ isteis	hubisteis reñido		
riñeron	hubieron reñido		
		riñere	hubiere reñido
		riñeres	hubieres reñido
Futuro (Bello : Futuro)	Futuro perfecto (Bello : Antefuturo)	riñere	hubiere reñido
		riñéremos	hubiéremos reñido
reñir é	habré reñido	riñereis	hubiereis reñido
reñir ás	habrás reñido	riñeren	hubieren reñido
reñir á	habrá reñido		

reñir emos	habremos reñido
reñir éis	habréis reñido
reñir án	habrán reñido

MODO IMPERATIVO

Presente	
riñ e (tú)	riñamos (nosotros)
riña (él, usted)	reñ id (vosotros)
	riñan (ellos, ustedes)

Condicional (Bello : Pospretérito)	Condicional perfecto (Bello : Antepospretérito)
reñir ía	habría reñido
reñir ías	habrías reñido
reñir ía	habría reñido
reñir íamos	habríamos reñido
reñir íais	habríais reñido
reñir ían	habrían reñido

FORMAS NO PERSONALES

Tiempos simples	Tiempos compuestos
Infinitivo: **reñir**	Infinitivo compuesto haber reñido
Gerundio: **riñendo**	
Participio: **reñ** ido	Gerundio compuesto habiendo reñido

57 **roer** verbos irregulares

FORMAS PERSONALES

MODO INDICATIVO		MODO SUBJUNTIVO	
Tiempos simples	Tiempos compuestos	Tiempos simples	Tiempos compuestos

MODO INDICATIVO

Tiempos simples

Presente
(Bello : Presente)

ro o; **roigo; royo**
ro es
ro e
ro emos
ro éis
ro en

Tiempos compuestos

Pretérito perfecto compuesto
(Bello : Antepresente)

he	roído
has	roído
ha	roído
hemos	roído
habéis	roído
han	roído

Pretérito imperfecto
(Bello : Copretérito)

ro ía
ro ías
ro ía
ro íamos
ro íais
ro ían

Pretérito pluscuamperfecto
(Bello : Antecopretérito)

había	roído
habías	roído
había	roído
habíamos	roído
habíais	roído
habían	roído

Pretérito perfecto simple
(Bello : Pretérito)

ro í
roíste
royó
roímos
roísteis
royeron

Pretérito anterior
(Bello : Antepretérito)

hube	roído
hubiste	roído
hubo	roído
hubimos	roído
hubisteis	roído
hubieron	roído

Futuro
(Bello : Futuro)

roer é
roer ás
roer á
roer emos
roer éis
roer án

Futuro perfecto
(Bello : Antefuturo)

habré	roído
habrás	roído
habrá	roído
habremos	roído
habréis	roído
habrán	roído

Condicional
(Bello : Pospretérito)

roer ía
roer ías
roer ía
roer íamos
roer íais
roer ían

Condicional perfecto
(Bello : Antepospretérito)

habría	roído
habrías	roído
habría	roído
habríamos	roído
habríais	roído
habrían	roído

MODO SUBJUNTIVO

Tiempos simples

Presente
(Bello: Presente)

ro a; **roiga;** roya
ro as; **roigas;** royas
ro a; **roiga;** roya
ro amos; **roigamos;** royamos
ro áis; **roigáis;** royáis
ro an; **roigan;** royan

Tiempos compuestos

Pretérito perfecto
(Bello: Antepresente)

haya	roído
hayas	roído
haya	roído
hayamos	roído
hayáis	roído
hayan	roído

Pretérito imperfecto
(Bello : Pretérito)

royera
royeras
royera
royéramos
royerais
royeran

royese
royeses
royese
royésemos
royeseis
royesen

Pretérito pluscuamperfecto
(Bello : Antepretérito)

hubiera	roído
hubieras	roído
hubiera	roído
hubiéramos	roído
hubierais	roído
hubieran	roído
hubiese	roído
hubieses	roído
hubiese	roído
hubiésemos	roído
hubieseis	roído
hubiesen	roído

Futuro
(Bello : Futuro)

royere
royeres
royere
royéremos
royereis
royeren

Futuro perfecto
(Bello : Antefuturo)

hubiere	roído
hubieres	roído
hubiere	roído
hubiéremos	roído
hubiereis	roído
hubieren	roído

MODO IMPERATIVO

Presente

ro e (tú)
ro a; **roiga;**
roya (él, usted)

ro amos; **roigamos;**
royamos (nosotros)
ro ed (vosotros)
ro an; **roigan; royan** (ellos, ustedes)

FORMAS NO PERSONALES

Tiempos simples	Tiempos compuestos
Infinitivo: **roer**	Infinitivo compuesto haber roído
Gerundio: **royendo**	
Participio: **roído**	Gerundio compuesto habiendo roído

93

FORMAS PERSONALES

MODO INDICATIVO		MODO SUBJUNTIVO	
Tiempos simples	Tiempos compuestos	Tiempos simples	Tiempos compuestos

Presente
(Bello : Presente)

	Pretérito perfecto compuesto (Bello : Antepresente)	
sé	he	sabido
sab es	has	sabido
sab e	ha	sabido
sab emos	hemos	sabido
sab éis	habéis	sabido
sab en	han	sabido

Presente
(Bello : Presente)

	Pretérito perfecto (Bello : Antepresente)	
sepa	haya	sabido
sepas	hayas	sabido
sepa	haya	sabido
sepamos	hayamos	sabido
sepáis	hayáis	sabido
sepan	hayan	sabido

Pretérito imperfecto
(Bello : Copretérito)

	Pretérito pluscuamperfecto (Bello : Antecopretérito)	
sab ía	había	sabido
sab ías	habías	sabido
sab ía	había	sabido
sab íamos	habíamos	sabido
sab íais	habíais	sabido
sab ían	habían	sabido

Pretérito imperfecto
(Bello : Pretérito)

	Pretérito pluscuamperfecto (Bello : Antepretérito)	
supiera	hubiera	sabido
supieras	hubieras	sabido
supiera	hubiera	sabido
supiéramos	hubiéramos	sabido
supierais	hubierais	sabido
supieran	hubieran	sabido
supiese	hubiese	sabido
supieses	hubieses	sabido
supiese	hubiese	sabido
supiésemos	hubiésemos	sabido
supieseis	hubieseis	sabido
supiesen	hubiesen	sabido

Pretérito perfecto simple
(Bello : Pretérito)

	Pretérito anterior (Bello : Antepretérito)	
supe	hube	sabido
supiste	hubiste	sabido
supo	hubo	sabido
supimos	hubimos	sabido
supisteis	hubisteis	sabido
supieron	hubieron	sabido

Futuro
(Bello : Futuro)

	Futuro perfecto (Bello : Antefuturo)	
supiere	hubiere	sabido
supieres	hubieres	sabido
supiere	hubiere	sabido
supiéremos	hubiéremos	sabido
supiereis	hubiereis	sabido
supieren	hubieren	sabido

Futuro
(Bello : Futuro)

	Futuro perfecto (Bello : Antefuturo)	
sabré	habré	sabido
sabrás	habrás	sabido
sabrá	habrá	sabido
sabremos	habremos	sabido
sabréis	habréis	sabido
sabrán	habrán	sabido

MODO IMPERATIVO

Presente

	sepamos (nosotros)
sab e (tú)	sab ed (vosotros)
sepa (él, usted)	sepan (ellos, ustedes)

Condicional
(Bello : Pospretérito)

	Condicional perfecto (Bello : Antepospretérito)	
sabría	habría	sabido
sabrías	habrías	sabido
sabría	habría	sabido
sabríamos	habríamos	sabido
sabríais	habríais	sabido
sabrían	habrían	sabido

FORMAS NO PERSONALES

Tiempos simples	Tiempos compuestos
Infinitivo: **saber**	Infinitivo compuesto haber sabido
Gerundio: **sab** iendo	Gerundio compuesto habiendo sabido
Participio: **sab** ido	

FORMAS PERSONALES

MODO INDICATIVO		MODO SUBJUNTIVO	
Tiempos simples	Tiempos compuestos	Tiempos simples	Tiempos compuestos

Presente (Bello : Presente)	Pretérito perfecto compuesto (Bello : Antepresente)	Presente (Bello : Presente)	Pretérito perfecto (Bello : Antepresente)
salgo	he salido	salga	haya salido
sal es	has salido	salgas	hayas salido
sal e	ha salido	salga	haya salido
sal imos	hemos salido	salgamos	hayamos salido
sal ís	habéis salido	salgáis	hayáis salido
sal en	han salido	salgan	hayan salido

Pretérito imperfecto (Bello : Copretérito)	Pretérito pluscuamperfecto (Bello : Antecopretérito)	Pretérito imperfecto (Bello : Pretérito)	Pretérito pluscuamperfecto (Bello : Antepretérito)
		sal ie *ra*	hubiera salido
sal ía	había salido	sal ie *ras*	hubieras salido
sal ías	habías salido	sal ie *ra*	hubiera salido
sal ía	había salido	sal ié *ramos*	hubiéramos salido
sal íamos	habíamos salido	sal ie *rais*	hubierais salido
sal íais	habíais salido	sal ie *ran*	hubieran salido
sal ían	habían salido		
		sal ie *se*	hubiese salido
		sal ie *ses*	hubieses salido
Pretérito perfecto simple (Bello : Pretérito)	Pretérito anterior (Bello : Antepretérito)	sal ie *se*	hubiese salido
		sal ié *semos*	hubiésemos salido
sal í	hube salido	sal ie *seis*	hubieseis salido
sal iste	hubiste salido	sal ie *sen*	hubiesen salido
sal ió	hubo salido		
sal imos	hubimos salido	Futuro (Bello : Futuro)	Futuro perfecto (Bello : Antefuturo)
sal isteis	hubisteis salido		
sal ie *ron*	hubieron salido	sal ie *re*	hubiere salido
		sal ie *res*	hubieres salido
		sal ie *re*	hubiere salido
Futuro (Bello : Futuro)	Futuro perfecto (Bello : Antefuturo)	sal ié *remos*	hubiéremos salido
		sal ie *reis*	hubiereis salido
saldré	habré salido	sal ie *ren*	hubieren salido
saldrás	habrás salido		
saldrá	habrá salido		

MODO IMPERATIVO

saldremos	habremos salido
saldréis	habréis salido
saldrán	habrán salido

Presente	
sal (tú)	salgamos (nosotros)
salga (él, usted)	sal id (vosotros)
	salgan (ellos, ustedes)

Condicional (Bello : Pospretérito)	Condicional perfecto (Bello : Antepospretérito)

FORMAS NO PERSONALES

Tiempos simples	Tiempos compuestos
saldría	habría salido
saldrías	habrías salido
saldría	habría salido
saldríamos	habríamos salido
saldríais	habríais salido
saldrían	habrían salido

Tiempos simples	Tiempos compuestos
Infinitivo: **salir**	Infinitivo compuesto haber salido
Gerundio: **sal** iendo	
	Gerundio compuesto
Participio: **sal** ido	habiendo salido

95

FORMAS PERSONALES

MODO INDICATIVO

Tiempos simples	Tiempos compuestos	
Presente (Bello : Presente)	**Pretérito perfecto compuesto** (Bello : Antepresente)	
satisfago	he	satisfecho
satisfac es	has	satisfecho
satisfac e	ha	satisfecho
satisfac emos	hemos	satisfecho
satisfac éis	habéis	satisfecho
satisfac en	han	satisfecho
Pretérito imperfecto (Bello : Copretérito)	**Pretérito pluscuamperfecto** (Bello : Antecopretérito)	
satisfac ía	había	satisfecho
satisfac ías	habías	satisfecho
satisfac ía	había	satisfecho
satisfac íamos	habíamos	satisfecho
satisfac íais	habíais	satisfecho
satisfac ían	habían	satisfecho
Pretérito perfecto simple (Bello : Pretérito)	**Pretérito anterior** (Bello : Antepretérito)	
satisfice	hube	satisfecho
satisficiste	hubiste	satisfecho
satisfizo	hubo	satisfecho
satisficimos	hubimos	satisfecho
satisficisteis	hubisteis	satisfecho
satisficieron	hubieron	satisfecho
Futuro (Bello : Futuro)	**Futuro perfecto** (Bello : Antefuturo)	
satisfaré	habré	satisfecho
satisfarás	habrás	satisfecho
satisfará	habrá	satisfecho
satisfaremos	habremos	satisfecho
satisfaréis	habréis	satisfecho
satisfarán	habrán	satisfecho
Condicional (Bello : Pospretérito)	**Condicional perfecto** (Bello : Antepospretérito)	
satisfaría	habría	satisfecho
satisfarías	habrías	satisfecho
satisfaría	habría	satisfecho
satisfaríamos	habríamos	satisfecho
satisfaríais	habríais	satisfecho
satisfarían	habrían	satisfecho

MODO SUBJUNTIVO

Tiempos simples	Tiempos compuestos	
Presente (Bello : Presente)	**Pretérito perfecto** (Bello : Antepresente)	
satisfaga	haya	satisfecho
satisfagas	hayas	satisfecho
satisfaga	haya	satisfecho
satisfagamos	hayamos	satisfecho
satisfagáis	hayáis	satisfecho
satisfagan	hayan	satisfecho
Pretérito imperfecto (Bello : Pretérito)	**Pretérito pluscuamperfecto** (Bello : Antepretérito)	
satisficiera	hubiera	satisfecho
satisficieras	hubieras	satisfecho
satisficiera	hubiera	satisfecho
satisficiéramos	hubiéramos	satisfecho
satisficierais	hubierais	satisfecho
satisficieran	hubieran	satisfecho
satisficiese	hubiese	satisfecho
satisficieses	hubieses	satisfecho
satisficiese	hubiese	satisfecho
satisficiésemos	hubiésemos	satisfecho
satisficieseis	hubieseis	satisfecho
satisficiesen	hubiesen	satisfecho
Futuro (Bello : Futuro)	**Futuro perfecto** (Bello : Antefuturo)	
satisficiere	hubiere	satisfecho
satisficieres	hubieres	satisfecho
satisficiere	hubiere	satisfecho
satifisciéremos	hubiéremos	satisfecho
satisficiereis	hubiereis	satisfecho
satisficieren	hubieren	satisfecho

MODO IMPERATIVO

Presente	
satisfaz; satisface (tú)	satisfagamos (nosotros)
satisfaga (él, usted)	satisfac ed (vosotros)
	satisfagan (ellos, ustedes)

FORMAS NO PERSONALES

Tiempos simples	Tiempos compuestos
Infinitivo: **satisfacer**	Infinitivo compuesto haber satisfecho
Gerundio: **satisfac** iendo	Gerundio compuesto habiendo satisfecho
Participio: **satisfecho**	

61 seguir verbos irregulares

FORMAS PERSONALES

MODO INDICATIVO

Tiempos simples	Tiempos compuestos

Presente
(Bello : Presente)

Pretérito perfecto compuesto
(Bello : Antepresente)

sigo	he	seguido
sigues	has	seguido
sigue	ha	seguido
segu imos	hemos	seguido
segu ís	habéis	seguido
siguen	han	seguido

Pretérito imperfecto
(Bello : Copretérito)

Pretérito pluscuamperfecto
(Bello : Antecopretérito)

segu ía	había	seguido
segu ías	habías	seguido
segu ía	había	seguido
segu íamos	habíamos	seguido
segu íais	habíais	seguido
segu ían	habían	seguido

Pretérito perfecto simple
(Bello : Pretérito)

Pretérito anterior
(Bello : Antepretérito)

segu í	hube	seguido
segu iste	hubiste	seguido
siguió	hubo	seguido
segu imos	hubimos	seguido
segu isteis	hubisteis	seguido
siguieron	hubieron	seguido

Futuro
(Bello : Futuro)

Futuro perfecto
(Bello : Antefuturo)

seguir é	habré	seguido
seguir ás	habrás	seguido
seguir á	habrá	seguido
seguir emos	habremos	seguido
seguir éis	habréis	seguido
seguir án	habrán	seguido

Condicional
(Bello : Pospretérito)

Condicional perfecto
(Bello : Antepospretérito)

seguir ía	habría	seguido
seguir ías	habrías	seguido
seguir ía	habría	seguido
seguir íamos	habríamos	seguido
seguir íais	habríais	seguido
seguir ían	habrían	seguido

MODO SUBJUNTIVO

Tiempos simples	Tiem

Presente
(Bello : Presente)

Pretérito perfecto
(Bello : Antepresente)

siga	haya	seguido
sigas	hayas	seguido
siga	haya	seguido
sigamos	hayamos	seguido
sigáis	hayáis	seguido
sigan	hayan	seguido

Pretérito imperfecto
(Bello : Pretérito)

Pretérito pluscuamperfecto
(Bello : Antepretérito)

siguiera	hubiera	seguido
siguieras	hubieras	seguido
siguiera	hubiera	seguido
siguiéramos	hubiéramos	seguido
siguierais	hubierais	seguido
siguieran	hubieran	seguido
siguiese	hubiese	seguido
siguieses	hubieses	seguido
siguiese	hubiese	seguido
siguiésemos	hubiésemos	seguido
siguieseis	hubieseis	seguido
siguiesen	hubiesen	seguido

Futuro
(Bello : Futuro)

Futuro perfecto
(Bello : Antefuturo)

siguiere	hubiere	seguido
siguieres	hubieres	seguido
siguiere	hubiere	seguido
siguiéremos	hubiéremos	seguido
siguiereis	hubiereis	seguido
siguieren	hubieren	seguido

MODO IMPERATIVO

Presente

sigue (tú)	sigamos (nosotros)
siga (él, usted)	segu id (vosotros)
	sigan (ellos, ustedes)

FORMAS NO PERSONALES

Tiempos simples	Tiempos compuestos
Infinitivo: **seguir**	Infinitivo compuesto
Gerundio: **siguiendo**	haber seguido
	Gerundio compuesto
Participio: **segu ido**	habiendo seguido

97

E → ie
E → i

∍ntir verbos irregulares

MODO INDICATIVO

Tiempos simples	Tiempos compuestos

Presente
(Bello : Presente)

Pretérito perfecto compuesto
(Bello : Antepresente)

siento	he sentido
sientes	has sentido
siente	ha sentido
sent imos	hemos sentido
sent ís	habéis sentido
sienten	han sentido

Pretérito imperfecto
(Bello : Copretérito)

Pretérito pluscuamperfecto
(Bello : Antecopretérito)

sent ía	había sentido
sent ías	habías sentido
sent ía	había sentido
sent íamos	habíamos sentido
sent íais	habíais sentido
sent ían	habían sentido

Pretérito perfecto simple
(Bello : Pretérito)

Pretérito anterior
(Bello : Antepretérito)

sent í	hube sentido
sent iste	hubiste sentido
sintió	hubo sentido
sent imos	hubimos sentido
sent isteis	hubisteis sentido
sintieron	hubieron sentido

Futuro
(Bello : Futuro)

Futuro perfecto
(Bello : Antefuturo)

sentir é	habré sentido
sentir ás	habrás sentido
sentir á	habrá sentido
sentir emos	habremos sentido
sentir éis	habréis sentido
sentir án	habrán sentido

Condicional
(Bello : Pospretérito)

Condicional perfecto
(Bello : Antepospretérito)

sentir ía	habría sentido
sentir ías	habrías sentido
sentir ía	habría sentido
sentir íamos	habríamos sentido
sentir íais	habríais sentido
sentir ían	habrían sentido

MODO SUBJUNTIVO

Tiempos simples	Tiempos compuestos

Presente
(Bello : Presente)

Pretérito perfecto
(Bello : Antepresente)

sienta	haya sentido
sientas	hayas sentido
sienta	haya sentido
sintamos	hayamos sentido
sintáis	hayáis sentido
sientan	hayan sentido

Pretérito imperfecto
(Bello : Pretérito)

Pretérito pluscuamperfecto
(Bello : Antepretérito)

sintiera	hubiera sentido
sintieras	hubieras sentido
sintiera	hubiera sentido
sintiéramos	hubiéramos sentido
sintierais	hubierais sentido
sintieran	hubieran sentido
sintiese	hubiese sentido
sintieses	hubieses sentido
sintiese	hubiese sentido
sintiésemos	hubiésemos sentido
sintieseis	hubieseis sentido
sintiesen	hubiesen sentido

Futuro
(Bello : Futuro)

Futuro perfecto
(Bello : Antefuturo)

sintiere	hubiere sentido
sintieres	hubieres sentido
sintiere	hubiere sentido
sintiéremos	hubiéremos sentido
sintiereis	hubiereis sentido
sintieren	hubieren sentido

MODO IMPERATIVO

Presente

	sintamos (nosotros)
siente (tú)	sent id (vosotros)
sienta (él, usted)	sientan (ellos, ustedes)

FORMAS NO PERSONALES

Tiempos simples	Tiempos compuestos
Infinitivo: **sentir**	Infinitivo compuesto haber sentido
Gerundio: **sintiendo**	Gerundio compuesto habiendo sentido
Participio: **sent** ido	

63 **soler** verbos irregulares

FORMAS PERSONALES

MODO INDICATIVO		MODO SUBJUNTIVO	
Tiempos simples	Tiempos compuestos	Tiempos simples	Tiempos compuestos

Presente (Bello : Presente)	Pretérito perfecto compuesto (Bello : Antepresente)	Presente (Bello : Presente)	Pretérito perfecto (Bello : Antepresente)
suelo	—	**suela**	—
sueles	—	**suelas**	—
suele	—	**suela**	—
sol emos	—	**sol** amos	—
sol éis	—	**sol** áis	—
suelen	—	**suelan**	—

Pretérito imperfecto (Bello : Copretérito)	Pretérito pluscuamperfecto (Bello : Antecopretérito)	Pretérito imperfecto (Bello : Pretérito)	Pretérito pluscuamperfecto (Bello : Antepretérito)
sol ía	—	**sol** iera	—
sol ías	—	**sol** ie *ras*	—
sol ía	—	**sol** ie *ra*	—
sol íamos	—	**sol** ié *ramos*	—
sol íais	—	**sol** ie *rais*	—
sol ían	—	**sol** ie *ran*	—
		sol ie *se*	—
		sol ie *ses*	—
		sol ie *se*	—
		sol ié *semos*	—
		sol ie *seis*	—
		sol ie *sen*	—

Pretérito perfecto simple (Bello : Pretérito)	Pretérito anterior (Bello : Antepretérito)		
sol í	—		
sol iste	—		
sol ió	—		
sol imos	—		
sol isteis	—		
sol ie *ron*	—		

		Futuro (Bello : Futuro)	Futuro perfecto (Bello : Antefuturo)
		—	—
		—	—
		—	—
		—	—
		—	—
		—	—

Futuro (Bello : Futuro)	Futuro perfecto (Bello : Antefuturo)
—	—
—	—
—	—
—	—
—	—
—	—

Condicional (Bello : Pospretérito)	Condicional perfecto (Bello : Antepospretérito)
—	—
—	—
—	—
—	—
—	—
—	—

MODO IMPERATIVO

Presente	
— (tú)	— (nosotros)
— (él, usted)	— (vosotros)
	— (ellos, ustedes)

FORMAS NO PERSONALES

Tiempos simples	Tiempos compuestos
Infinitivo: **soler**	Infinitivo compuesto —
Gerundio: —	Gerundio compuesto —
Participio: —	

99

64 tañer verbos irregulares

FORMAS PERSONALES

MODO INDICATIVO		MODO SUBJUNTIVO	
Tiempos simples	Tiempos compuestos	Tiempos simples	Tiempos compuestos

MODO INDICATIVO

Presente
(Bello : Presente)

tañ o
tañ es
tañ e
tañ emos
tañ éis
tañ en

Pretérito perfecto compuesto
(Bello : Antepresente)

he tañido
has tañido
ha tañido
hemos tañido
habéis tañido
han tañido

Pretérito imperfecto
(Bello : Copretérito)

tañ ía
tañ ías
tañ ía
tañ íamos
tañ íais
tañ ían

Pretérito pluscuamperfecto
(Bello : Antecopretérito)

había tañido
habías tañido
había tañido
habíamos tañido
habíais tañido
habían tañido

Pretérito perfecto simple
(Bello : Pretérito)

tañ í
tañ iste
tañó
tañ imos
tañ isteis
tañeron

Pretérito anterior
(Bello : Antepretérito)

hube tañido
hubiste tañido
hubo tañido
hubimos tañido
hubisteis tañido
hubieron tañido

Futuro
(Bello : Futuro)

tañer é
tañer ás
tañer á
tañer emos
tañer éis
tañer án

Futuro perfecto
(Bello : Antefuturo)

habré tañido
habrás tañido
habrá tañido
habremos tañido
habréis tañido
habrán tañido

Condicional
(Bello : Pospretérito)

tañer ía
tañer ías
tañer ía
tañer íamos
tañer íais
tañer ían

Condicional perfecto
(Bello : Antepospretérito)

habría tañido
habrías tañido
habría tañido
habríamos tañido
habríais tañido
habrían tañido

MODO SUBJUNTIVO

Presente
(Bello : Presente)

tañ a
tañ as
tañ a
tañ amos
tañ áis
tañ an

Pretérito perfecto
(Bello : Antepresente)

haya tañido
hayas tañido
haya tañido
hayamos tañido
hayáis tañido
hayan tañido

Pretérito imperfecto
(Bello : Pretérito)

tañera
tañeras
tañera
tañéramos
tañerais
tañeran

tañese
tañeses
tañese
tañésemos
tañeseis
tañesen

Pretérito pluscuamperfecto
(Bello : Antepretérito)

hubiera tañido
hubieras tañido
hubiera tañido
hubiéramos tañido
hubierais tañido
hubieran tañido

hubiese tañido
hubieses tañido
hubiese tañido
hubiésemos tañido
hubieseis tañido
hubiesen tañido

Futuro
(Bello : Futuro)

tañere
tañeres
tañere
tañéremos
tañereis
tañeren

Futuro perfecto
(Bello : Antefuturo)

hubiere tañido
hubieres tañido
hubiere tañido
hubiéremos tañido
hubiereis tañido
hubieren tañido

MODO IMPERATIVO

Presente

tañ e (tú)
tañ a (él, usted)
tañ amos (nosotros)
tañ ed (vosotros)
tañ an (ellos, ustedes)

FORMAS NO PERSONALES

Tiempos simples	Tiempos compuestos
Infinitivo: **tañer**	Infinitivo compuesto haber tañido
Gerundio: **tañendo**	Gerundio compuesto habiendo tañido
Participio: **tañ** ido	

5 **traer** verbos irregulares

FORMAS PERSONALES

MODO INDICATIVO

Tiempos simples	Tiempos compuestos

Presente
(Bello : Presente)

Pretérito perfecto compuesto
(Bello : Antepresente)

traigo	he	traído
traes	has	traído
trae	ha	traído
traemos	hemos	traído
traéis	habéis	traído
traen	han	traído

Pretérito imperfecto
(Bello : Copretérito)

Pretérito pluscuamperfecto
(Bello : Antecopretérito)

traía	había	traído
traías	habías	traído
traía	había	traído
traíamos	habíamos	traído
traíais	habíais	traído
traían	habían	traído

Pretérito perfecto simple
(Bello : Pretérito)

Pretérito anterior
(Bello : Antepretérito)

traje	hube	traído
trajiste	hubiste	traído
trajo	hubo	traído
trajimos	hubimos	traído
trajisteis	hubisteis	traído
trajeron	hubieron	traído

Futuro
(Bello : Futuro)

Futuro perfecto
(Bello : Antefuturo)

traeré	habré	traído
traerás	habrás	traído
traerá	habrá	traído
traeremos	habremos	traído
traeréis	habréis	traído
traerán	habrán	traído

Condicional
(Bello : Pospretérito)

Condicional perfecto
(Bello : Antepospretérito)

traería	habría	traído
traerías	habrías	traído
traería	habría	traído
traeríamos	habríamos	traído
traeríais	habríais	traído
traerían	habrían	traído

MODO SUBJUNTIVO

Tiempos simples	Tiempos compuestos

Presente
(Bello : Presente)

Pretérito perfecto
(Bello : Antepresente)

traiga	haya	traído
traigas	hayas	traído
traiga	haya	traído
traigamos	hayamos	traído
traigáis	hayáis	traído
traigan	hayan	traído

Pretérito imperfecto
(Bello : Pretérito)

Pretérito pluscuamperfecto
(Bello : Antepretérito)

trajera	hubiera	traído
trajeras	hubieras	traído
trajera	hubiera	traído
trajéramos	hubiéramos	traído
trajerais	hubierais	traído
trajeran	hubieran	traído
trajese	hubiese	traído
trajeses	hubieses	traído
trajese	hubiese	traído
trajésemos	hubiésemos	traído
trajeseis	hubieseis	traído
trajesen	hubiesen	traído

Futuro
(Bello : Futuro)

Futuro perfecto
(Bello : Antefuturo)

trajere	hubiere	traído
trajeres	hubieres	traído
trajere	hubiere	traído
trajéremos	hubiéremos	traído
trajereis	hubiereis	traído
trajeren	hubieren	traído

MODO IMPERATIVO

Presente

trae (tú)	traigamos (nosotros)
traiga (él, usted)	traed (vosotros)
	traigan (ellos, ustedes)

FORMAS NO PERSONALES

Tiempos simples	Tiempos compuestos
Infinitivo: **traer**	Infinitivo compuesto haber traído
Gerundio: **trayendo**	Gerundio compuesto habiendo traído
Participio: **traído**	

66 trocar verbos irregulares

FORMAS PERSONALES

MODO INDICATIVO		MODO SUBJUNTIVO	
Tiempos simples	Tiempos compuestos	Tiempos simples	Tiempos compuestos

Presente
(Bello : Presente)

Pretérito perfecto compuesto
(Bello : Antepresente)

trueco	he	trocado
truecas	has	trocado
trueca	ha	trocado
troc amos	hemos	trocado
troc áis	habéis	trocado
truecan	han	trocado

Presente
(Bello : Presente)

Pretérito perfecto
(Bello : Antepresente)

trueque	haya	trocad
trueques	hayas	trocad
trueque	haya	trocad
troquemos	hayamos	trocad
troquéis	hayáis	trocad
truequen	hayan	trocad

Pretérito imperfecto
(Bello : Copretérito)

Pretérito pluscuamperfecto
(Bello : Antecopretérito)

troc aba	había	trocado
troc abas	habías	trocado
troc aba	había	trocado
troc ábamos	habíamos	trocado
troc abais	habíais	trocado
troc aban	habían	trocado

Pretérito imperfecto
(Bello : Pretérito)

Pretérito pluscuamperfecto
(Bello : Antepretérito)

troc a ra	hubiera	trocad
troc a ras	hubieras	trocad
troc a ra	hubiera	trocad
troc á ramos	hubiéramos	trocad
troc a rais	hubierais	trocad
troc a ran	hubieran	trocad
troc a se	hubiese	trocad
troc a ses	hubieses	trocad
troc a se	hubiese	trocad
troc á semos	hubiésemos	trocad
troc a seis	hubieseis	trocad
troc a sen	hubiesen	trocad

Pretérito perfecto simple
(Bello : Pretérito)

Pretérito anterior
(Bello : Antepretérito)

troqué	hube	trocado
troc aste	hubiste	trocado
troc ó	hubo	trocado
troc amos	hubimos	trocado
troc asteis	hubisteis	trocado
troc a ron	hubieron	trocado

Futuro
(Bello : Futuro)

Futuro perfecto
(Bello : Antefuturo)

troc a re	hubiere	trocad
troc a res	hubieres	trocad
troc a re	hubiere	trocad
troc á remos	hubiéremos	trocad
troc a reis	hubiereis	trocad
troc a ren	hubieren	trocad

Futuro
(Bello : Futuro)

Futuro perfecto
(Bello : Antefuturo)

trocar é	habré	trocado
trocar ás	habrás	trocado
trocar á	habrá	trocado
trocar emos	habremos	trocado
trocar éis	habréis	trocado
trocar án	habrán	trocado

MODO IMPERATIVO

Presente

trueca (tú)	troquemos (nosotros)
trueque (él, usted)	troc ad (vosotros)
	truequen (ellos, ustedes)

Condicional
(Bello : Pospretérito)

Condicional perfecto
(Bello : Antepospretérito)

trocar ía	habría	trocado
trocar ías	habrías	trocado
trocar ía	habría	trocado
trocar íamos	habríamos	trocado
trocar íais	habríais	trocado
trocar ían	habrían	trocado

FORMAS NO PERSONALES

Tiempos simples	Tiempos compuestos
Infinitivo: trocar	Infinitivo compuesto haber trocado
Gerundio: troc ando	Gerundio compuesto habiendo trocado
Participio: troc ado	

FORMAS COMPUESTAS

MODO INDICATIVO

Tiempos simples	Tiempos compuestos

Presente
(Bello : Presente)

Pretérito perfecto compuesto
(Bello : Antepresente)

valgo	he	valido
val es	has	valido
val e	ha	valido
val emos	hemos	valido
val éis	habéis	valido
val en	han	valido

Pretérito imperfecto
(Bello : Copretérito)

Pretérito pluscuamperfecto
(Bello : Antecopretérito)

val ía	había	valido
val ías	habías	valido
val ía	había	valido
val íamos	habíamos	valido
val íais	habíais	valido
val ían	habían	valido

Pretérito perfecto simple
(Bello : Pretérito)

Pretérito anterior
(Bello : Antepretérito)

val í	hube	valido
val iste	hubiste	valido
val ió	hubo	valido
val imos	hubimos	valido
val isteis	hubisteis	valido
val ie ron	hubieron	valido

Futuro
(Bello : Futuro)

Futuro perfecto
(Bello : Antefuturo)

valdré	habré	valido
valdrás	habrás	valido
valdrá	habrá	valido
valdremos	habremos	valido
valdréis	habréis	valido
valdran	habrán	valido

Condicional
(Bello : Pospretérito)

Condicional perfecto
(Bello : Antepospretérito)

valdría	habría	valido
valdrías	habrías	valido
valdría	habría	valido
valdríamos	habríamos	valido
valdríais	habríais	valido
valdrían	habrían	valido

MODO SUBJUNTIVO

Tiempos simples	Tiempos compuestos

Presente
(Bello : Presente)

Pretérito perfecto
(Bello : Antepresente)

valga	haya	valido
valgas	hayas	valido
valga	haya	valido
valgamos	hayamos	valido
valgáis	hayáis	valido
valgan	hayan	valido

Pretérito imperfecto
(Bello : Pretérito)

Pretérito pluscuamperfecto
(Bello : Antepretérito)

val ie ra	hubiera	valido
val ie ras	hubieras	valido
val ie ra	hubiera	valido
val ié ramos	hubiéramos	valido
val ie rais	hubierais	valido
val ie ran	hubieran	valido

val ie se	hubiese	valido
val ie ses	hubieses	valido
val ie se	hubiese	valido
val ie semos	hubiésemos	valido
val ie seis	hubieseis	valido
val ie sen	hubiesen	valido

Futuro
(Bello : Futuro)

Futuro perfecto
(Bello : Antefuturo)

val ie re	hubiere	valido
val ie res	hubieres	valido
val ie re	hubiere	valido
val ié remos	hubiéremos	valido
val ie reis	hubiereis	valido
val ie ren	hubieren	valido

MODO IMPERATIVO

Presente	
val! e (tú)	**valgamos** (nosotros)
valga (él, usted)	**val ed** (vosotros)
	valgan (ellos, ustedes)

FORMAS NO PERSONALES

Tiempos simples	Tiempos compuestos
Infinitivo: **valer**	Infinitivo compuesto haber valido
Gerundio: **val** iendo	Gerundio compuesto habiendo valido
Participio: **val** ido	

FORMAS PERSONALES

MODO INDICATIVO

Tiempos simples	Tiempos compuestos

Presente
(Bello : Presente)

Pretérito perfecto compuesto
(Bello : Antepresente)

vengo	he	venido
vienes	has	venido
viene	ha	venido
ven imos	hemos	venido
ven ís	habéis	venido
vienen	han	venido

Pretérito imperfecto
(Bello : Copretérito)

Pretérito pluscuamperfecto
(Bello : Antecopretérito)

ven ía	había	venido
ven ías	habías	venido
ven ía	había	venido
ven íamos	habíamos	venido
ven íais	habíais	venido
ven ían	habían	venido

Pretérito perfecto simple
(Bello : Pretérito)

Pretérito anterior
(Bello : Antepretérito)

vine	hube	venido
viniste	hubiste	venido
vino	hubo	venido
vinimos	hubimos	venido
vinisteis	hubisteis	venido
vinieron	hubieron	venido

Futuro
(Bello : Futuro)

Futuro perfecto
(Bello : Antefuturo)

vendré	habré	venido
vendrás	habrás	venido
vendrá	habrá	venido
vendremos	habremos	venido
vendréis	habréis	venido
vendrán	habrán	venido

Condicional
(Bello : Pospretérito)

Condicional perfecto
(Bello : Antepospretérito)

vendría	habría	venido
vendrías	habrías	venido
vendría	habría	venido
vendríamos	habríamos	venido
vendríais	habríais	venido
vendrían	habrían	venido

MODO SUBJUNTIVO

Tiempos simples	Tiempos compuestos

Presente
(Bello : Presente)

Pretérito perfecto
(Bello : Antepresente)

venga	haya	venid
vengas	hayas	venid
venga	haya	venid
vengamos	hayamos	venid
vengáis	hayáis	venid
vengan	hayan	venid

Pretérito imperfecto
(Bello : Pretérito)

Pretérito pluscuamperfec
(Bello : Antepretérito)

viniera	hubiera	venid
vinieras	hubieras	venid
viniera	hubiera	venid
viniéramos	hubiéramos	venid
vinirais	hubierais	venid
vinieran	hubieran	venid

viniese	hubiese	venid
vinieses	hubieses	venid
viniese	hubiese	venid
viniésemos	hubiésemos	venid
vinieseis	hubieseis	venid
viniesen	hubiesen	venid

Futuro
(Bello : Futuro)

Futuro perfecto
(Bello : Antefuturo)

viniere	hubiere	venid
vinieres	hubieres	venid
viniere	hubiere	venid
viniéremos	hubiéremos	venid
vinieréis	hubiereis	venid
vinieren	hubieren	venid

MODO IMPERATIVO

Presente	
ven (tú)	vengamos (nosotros)
venga (él, usted)	ven id (vosotros)
	vengan (ellos, ustedes)

FORMAS NO PERSONALES

Tiempos simples	Tiempos compuestos
Infinitivo: **venir**	Infinitivo compuesto haber venido
Gerundio: **viniendo**	Gerundio compuesto habiendo venido
Participio: **ven** ido	

FORMAS PERSONALES

MODO INDICATIVO		MODO SUBJUNTIVO	
Tiempos simples	Tiempos compuestos	Tiempos simples	Tiempos compuestos

Presente (Bello : Presente)	Pretérito perfecto compuesto (Bello : Antepresente)	Presente (Bello : Presente)	Pretérito perfecto (Bello : Antepresente)
ve o	he visto	ve a	haya visto
ve es	has visto	ve as	hayas visto
ve	ha visto	ve a	haya visto
ve emos	hemos visto	ve amos	hayamos visto
ve eis	habéis visto	ve áis	hayáis visto
ve en	han visto	ve an	hayan visto

Pretérito imperfecto (Bello : Copretérito)	Pretérito pluscuamperfecto (Bello : Antecopretérito)	Pretérito imperfecto (Bello : Pretérito)	Pretérito pluscuamperfecto (Bello : Antepretérito)
ve ía	había visto	viera	hubiera visto
ve ías	habías visto	vieras	hubieras visto
ve ía	había visto	viera	hubiera visto
ve íamos	habíamos visto	viéramos	hubiéramos visto
ve íais	habíais visto	vierais	hubierais visto
ve ían	habían visto	vieran	hubieran visto
		viese	hubiese visto
		vieses	hubieses visto
		viese	hubiese visto
		viésemos	hubiésemos visto
		vieseis	hubieseis visto
		viesen	hubiesen visto

Pretérito perfecto simple (Bello : Pretérito)	Pretérito anterior (Bello : Antepretérito)		
vi	hube visto		
viste	hubiste visto		
vio	hubo visto	Futuro (Bello : Futuro)	Futuro perfecto (Bello : Antefuturo)
vimos	hubimos visto	viere	hubiere visto
visteis	hubisteis visto	vieres	hubieres visto
vieron	hubieron visto	viere	hubiere visto
		viéremos	hubiéremos visto
		viereis	hubiereis visto
		vieren	hubieren visto

Futuro (Bello : Futuro)	Futuro perfecto (Bello : Antefuturo)
ver é	habré visto
ver ás	habrás visto
ver á	habrá visto
ver emos	habremos visto
ver éis	habréis visto
ver án	habrán visto

MODO IMPERATIVO

Presente	
ve (tú)	ve amos (nosotros)
ve a (él, usted)	ved (vosotros)
	ve an (ellos, ustedes)

Condicional (Bello : Pospretérito)	Condicional perfecto (Bello : Antepospretérito)
ver ía	habría visto
ver ías	habrías visto
ver ía	habría visto
ver íamos	habríamos visto
ver íais	habríais visto
ver ían	habrían visto

FORMAS NO PERSONALES

Tiempos simples	Tiempos compuestos
Infinitivo: **ver**	Infinitivo compuesto haber visto
Gerundio: **viendo**	Gerundio compuesto habiendo visto
Participio: **visto**	

70 **volver** verbos irregulares

FORMAS PERSONALES

MODO INDICATIVO		MODO SUBJUNTIVO	
Tiempos simples	Tiempos compuestos	Tiempos simples	Tiempos compuestos

Presente (Bello : Presente)	Pretérito perfecto compuesto (Bello : Antepresente)	Presente (Bello : Presente)	Pretérito perfecto (Bello : Antepresente)
vuelvo	he vuelto	vuelva	haya vuelto
vuelves	has vuelto	vuelvas	hayas vuelto
vuelve	ha vuelto	vuelva	haya vuelto
volv emos	hemos vuelto	volv amos	hayamos vuelto
volv éis	habéis vuelto	volv áis	hayáis vuelto
vuelven	han vuelto	vuelvan	hayan vuelto

Pretérito imperfecto (Bello : Copretérito)	Pretérito pluscuamperfecto (Bello : Antecopretérito)	Pretérito imperfecto (Bello : Pretérito)	Pretérito pluscuamperfecto (Bello : Antepretérito)
volv ía	había vuelto	volv ie ra	hubiera vuelto
volv ías	habías vuelto	volv ie ras	hubieras vuelto
volv ía	había vuelto	volv ie ra	hubiera vuelto
volv íamos	habíamos vuelto	volv ié ramos	hubiéramos vuelto
volv íais	habíais vuelto	volv ie rais	hubierais vuelto
volv ían	habían vuelto	volv ie ran	hubieran vuelto
		volv ie se	hubiese vuelto
		volv ie ses	hubieses vuelto
		volv ie se	hubiese vuelto
		volv ié semos	hubiésemos vuelto
		volv ie seis	hubieseis vuelto
		volv ie sen	hubiesen vuelto

Pretérito perfecto simple (Bello : Pretérito)	Pretérito anterior (Bello : Antepretérito)		
volv í	hube vuelto		
volv iste	hubiste vuelto		
volv ió	hubo vuelto		
volv imos	hubimos vuelto		
volv isteis	hubisteis vuelto		
volv ie ron	hubieron vuelto		

		Futuro (Bello : Futuro)	Futuro perfecto (Bello : Antefuturo)
		volv ie re	hubiere vuelto
		volv ie res	hubieres vuelto
		volv ie re	hubiere vuelto
		volv ié remos	hubiéremos vuelto
		volv ie reis	hubiereis vuelto
		volv ie ren	hubieren vuelto

Futuro (Bello : Futuro)	Futuro perfecto (Bello : Antefuturo)
volver é	habré vuelto
volver ás	habrás vuelto
volver á	habrá vuelto
volver emos	habremos vuelto
volver éis	habréis vuelto
volver án	habrán vuelto

MODO IMPERATIVO

Presente	
vuelve (tú)	volv amos (nosotros)
vuelva (él, usted)	volv ed (vosotros)
	vuelvan (ellos, ustedes)

Condicional (Bello : Pospretérito)	Condicional perfecto (Bello : Antepospretérito)
volver ía	habría vuelto
volver ías	habrías vuelto
volver ía	habría vuelto
volver íamos	habríamos vuelto
volver íais	habríais vuelto
volver ían	habrían vuelto

FORMAS NO PERSONALES

Tiempos simples	Tiempos compuestos
Infinitivo: **volver**	Infinitivo compuesto haber vuelto
Gerundio: **volv** iendo	Gerundio compuesto habiendo vuelto
Participio: **vuelto**	

FORMAS PERSONALES

MODO INDICATIVO		MODO SUBJUNTIVO	
Tiempos simples	Tiempos compuestos	Tiempos simples	Tiempos compuestos

MODO INDICATIVO

Presente
(Bello : Presente)

Pretérito perfecto compuesto
(Bello : Antepresente)

yazco; yazgo; yago	he yacido
yac es	has yacido
yac e	ha yacido
yac emos	hemos yacido
yac éis	habéis yacido
yac en	han yacido

Pretérito imperfecto
(Bello : Copretérito)

Pretérito pluscuamperfecto
(Bello : Antecopretérito)

yac ía	había yacido
yac ías	habías yacido
yac ía	había yacido
yac íamos	habíamos yacido
yac íais	habíais yacido
yac ían	habían yacido

Pretérito perfecto simple
(Bello : Pretérito)

Pretérito anterior
(Bello : Antepretérito)

yac í	hube yacido
yac iste	hubiste yacido
yac ió	hubo yacido
yac imos	hubimos yacido
yac isteis	hubisteis yacido
yac ie ron	hubieron yacido

Futuro
(Bello : Futuro)

Futuro perfecto
(Bello : Antefuturo)

yacer é	habré yacido
yacer ás	habrás yacido
yacer á	habrá yacido
yacer emos	habremos yacido
yacer éis	habréis yacido
yacer án	habrán yacido

Condicional
(Bello : Pospretérito)

Condicional perfecto
(Bello : Antepospretérito)

yacer ía	habría yacido
yacer ías	habrías yacido
yacer ía	habría yacido
yacer íamos	habríamos yacido
yacer íais	habríais yacido
yacer ían	habrían yacido

MODO SUBJUNTIVO

Presente
(Bello : Presente)

Pretérito perfecto
(Bello : Antepresente)

yazca;	yazga;	yaga	haya	yacido
yazcas;	yazgas;	yagas	hayas	yacido
yazca;	yazga;	yaga	haya	yacido
yazcamos;	yazgamos;	yagamos	hayamos	yacido
yazcáis;	yazgáis;	yagáis	hayáis	yacido
yazcan;	yazgan;	yagan	hayan	yacido

Pretérito imperfecto
(Bello : Pretérito)

Pretérito pluscuamperfecto
(Bello : Antepretérito)

yac ie ra	hubiera yacido
yac ie ras	hubieras yacido
yac ie ra	hubiera yacido
yac ié ramos	hubiéramos yacido
yac ie rais	hubierais yacido
yac ie ran	hubieran yacido
yac ie se	hubiese yacido
yac ie ses	hubieses yacido
yac ie se	hubiese yacido
yac ié semos	hubiésemos yacido
yac ie seis	hubieseis yacido
yac ie sen	hubiesen yacido

Futuro
(Bello : Futuro)

Futuro perfecto
(Bello : Antefuturo)

yac ie re	hubiere yacido
yac ie res	hubieres yacido
yac ie re	hubiere yacido
yac ié remos	hubiéremos yacido
yac ie reis	hubiereis yacido
yac ie ren	hubieren yacido

MODO IMPERATIVO

Presente

	yazcamos; yazgamos; yagamos (nosotros)
yac e; yaz (tú)	yac ed (vosotros)
yazca; yazga; yaga (él, usted)	yazcan; yazgan; yagan (ellos, ustedes)

FORMAS NO PERSONALES

Tiempos simples	Tiempos compuestos
Infinitivo: **yacer**	Infinitivo compuesto haber yacido
Gerundio: **yac** iendo	
Participio: **yac** ido	Gerundio compuesto habiendo yacido

FORMAS PERSONALES

MODO INDICATIVO		MODO SUBJUNTIVO	
Tiempos simples	Tiempos compuestos	Tiempos simples	Tiempos compuestos

Presente
(Bello : Presente)

	Pretérito perfecto compuesto (Bello : Antepresente)	
actúo	he	actuado
actúas	has	actuado
actúa	ha	actuado
actu amos	hemos	actuado
actu áis	habéis	actuado
actúan	han	actuado

Presente
(Bello : Presente)

	Pretérito perfecto (Bello : Antepresente)	
actúe	haya	actuado
actúes	hayas	actuado
actúe	haya	actuado
actu emos	hayamos	actuado
actu éis	hayáis	actuado
actúen	hayan	actuado

Pretérito imperfecto
(Bello : Copretérito)

	Pretérito pluscuamperfecto (Bello : Antecopretérito)	
actu aba	había	actuado
actu abas	habías	actuado
actu aba	había	actuado
actu ábamos	habíamos	actuado
actu abais	habíais	actuado
actu aban	habían	actuado

Pretérito imperfecto
(Bello : Pretérito)

	Pretérito pluscuamperfecto (Bello : Antepretérito)	
actu a ra	hubiera	actuado
actu a ras	hubieras	actuado
actu a ra	hubiera	actuado
actu á ramos	hubiéramos	actuado
actu a rais	hubierais	actuado
actu a ran	hubieran	actuado
actu a se	hubiese	actuado
actu a ses	hubieses	actuado
actu a se	hubiese	actuado
actu á semos	hubiésemos	actuado
actu a seis	hubieseis	actuado
actu a sen	hubiesen	actuado

Pretérito perfecto simple
(Bello : Pretérito)

	Pretérito anterior (Bello : Antepretérito)	
actu é	hube	actuado
actu aste	hubiste	actuado
actu ó	hubo	actuado
actu amos	hubimos	actuado
actu asteis	hubisteis	actuado
actu a ron	hubieron	actuado

Futuro
(Bello : Futuro)

	Futuro perfecto (Bello : Antefuturo)	
actu a re	hubiere	actuado
actu a res	hubieres	actuado
actu a re	hubiere	actuado
actu á remos	hubiéremos	actuado
actu a reis	hubiereis	actuado
actu a ren	hubieren	actuado

Futuro
(Bello : Futuro)

	Futuro perfecto (Bello : Antefuturo)	
actuar é	habré	actuado
actuar ás	habrás	actuado
actuar á	habrá	actuado
actuar emos	habremos	actuado
actuar éis	habréis	actuado
actuar án	habrán	actuado

MODO IMPERATIVO

Presente

actúa (tú)	actu emos (nosotros)
actúe (él, usted)	actu ad (vosotros)
	actúen (ellos, ustedes)

Condicional
(Bello : Pospretérito)

	Condicional perfecto (Bello : Antepospretérito)	
actuar ía	habría	actuado
actuar ías	habrías	actuado
actuar ía	habría	actuado
actuar íamos	habríamos	actuado
actuar íais	habríais	actuado
actuar ían	habrían	actuado

FORMAS NO PERSONALES

Tiempos simples	Tiempos compuestos
Infinitivo: **actuar**	Infinitivo compuesto haber actuado
Gerundio: **actu** ando	Gerundio compuesto habiendo actuado
Participio: **actu** ado	

FORMAS PERSONALES

MODO INDICATIVO		MODO SUBJUNTIVO	
Tiempos simples	Tiempos compuestos	Tiempos simples	Tiempos compuestos

Presente (Bello : Presente)	Pretérito perfecto compuesto (Bello : Antepresente)	Presente (Bello : Presente)	Pretérito perfecto (Bello : Antepresente)
ahínco	he ahincado	ahínque	haya ahincado
ahíncas	has ahincado	ahínques	hayas ahincado
ahínca	ha ahincado	ahínque	haya ahincado
ahinc amos	hemos ahincado	ahinquemos	hayamos ahincado
ahinc áis	habéis ahincado	ahinquéis	hayáis ahincado
ahíncan	han ahincado	ahínquen	hayan ahincado

Pretérito imperfecto (Bello : Copretérito)	Pretérito pluscuamperfecto (Bello : Antecopretérito)	Pretérito imperfecto (Bello : Pretérito)	Pretérito pluscuamperfecto (Bello : Antepretérito)
ahinc aba	había ahincado	ahinc a ra	hubiera ahincado
ahinc abas	habías ahincado	ahinc a ras	hubieras ahincado
ahinc aba	había ahincado	ahinc a ra	hubiera ahincado
ahinc ábamos	habíamos ahincado	ahinc á ramos	hubiéramos ahincado
ahinc abais	habíais ahincado	ahinc a rais	hubierais ahincado
ahinc aban	habían ahincado	ahinc a ran	hubieran ahincado
		ahinc a se	hubiese ahincado
		ahinc a ses	hubieses ahincado
		ahinc a se	hubiese ahincado
		ahinc á semos	hubiésemos ahincado
		ahinc a seis	hubieseis ahincado
		ahinc a sen	hubiesen ahincado

Pretérito perfecto simple (Bello : Pretérito)	Pretérito anterior (Bello : Antepretérito)
ahinqué	hube ahincado
ahinc aste	hubiste ahincado
ahinc ó	hubo ahincado
ahinc amos	hubimos ahincado
ahinc asteis	hubisteis ahincado
ahinc a ron	hubieron ahincado

Futuro (Bello : Futuro)	Futuro perfecto (Bello : Antefuturo)
ahinc a re	hubiere ahincado
ahinc a res	hubieres ahincado
ahinc a re	hubiere ahincado
ahinc á remos	hubiéremos ahincado
ahinc a reis	hubiereis ahincado
ahinc a ren	hubieren ahincado

Futuro (Bello : Futuro)	Futuro perfecto (Bello : Antefuturo)
ahincar é	habré ahincado
ahincar ás	habrás ahincado
ahincar á	habrá ahincado
ahincar emos	habremos ahincado
ahincar éis	habréis ahincado
ahincar án	habrán ahincado

MODO IMPERATIVO

Presente	
	ahinquemos (nosotros)
ahínca (tú)	
ahínque (él, usted)	ahinc ad (vosotros)
	ahínquen (ellos, ustedes)

Condicional (Bello : Pospretérito)	Condicional perfecto (Bello : Antepospretérito)
ahincar ía	habría ahincado
ahincar ías	habrías ahincado
ahincar ía	habría ahincado
ahincar íamos	habríamos ahincado
ahincar íais	habríais ahincado
ahincar ían	habrían ahincado

FORMAS NO PERSONALES

Tiempos simples	Tiempos compuestos
Infinitivo: **ahincar**	Infinitivo compuesto haber ahincado
Gerundio: **ahinc** ando	
	Gerundio compuesto
Participio: **ahinc** ado	habiendo ahincado

FORMAS PERSONALES

MODO INDICATIVO		MODO SUBJUNTIVO	
Tiempos simples	Tiempos compuestos	Tiempos simples	Tiempos compuestos

MODO INDICATIVO

Presente
(Bello : Presente)

aíro	
aíras	
aíra	
air amos	
air áis	
aíran	

Pretérito perfecto compuesto
(Bello : Antepresente)

he	airado
has	airado
ha	airado
hemos	airado
habéis	airado
han	airado

Pretérito imperfecto
(Bello : Copretérito)

air aba	
air abas	
air aba	
air ábamos	
air abais	
air aban	

Pretérito pluscuamperfecto
(Bello : Antecopretérito)

había	airado
habías	airado
había	airado
habíamos	airado
habíais	airado
habían	airado

Pretérito perfecto simple
(Bello : Pretérito)

air é	
air aste	
air ó	
air amos	
air asteis	
air a *ron*	

Pretérito anterior
(Bello : Antepretérito)

hube	airado
hubiste	airado
hubo	airado
hubimos	airado
hubisteis	airado
hubieron	airado

Futuro
(Bello : Futuro)

airar é	
airar ás	
airar á	
airar emos	
airar éis	
airar án	

Futuro perfecto
(Bello : Antefuturo)

habré	airado
habrás	airado
habrá	airado
habremos	airado
habréis	airado
habrán	airado

Condicional
(Bello : Pospretérito)

airar ía	
airar ías	
airar ía	
airar íamos	
airar íais	
airar ían	

Condicional perfecto
(Bello : Antepospretérito)

habría	airado
habrías	airado
habría	airado
habríamos	airado
habríais	airado
habrían	airado

MODO SUBJUNTIVO

Presente
(Bello : Presente)

aíre	
aíres	
aíre	
air emos	
air éis	
aíren	

Pretérito perfecto
(Bello : Antepresente)

haya	airado
hayas	airado
haya	airado
hayamos	airado
hayáis	airado
hayan	airado

Pretérito imperfecto
(Bello : Pretérito)

air a *ra*	
air a *ras*	
air a *ra*	
air á *ramos*	
air a *rais*	
air a *ran*	

Pretérito pluscuamperfecto
(Bello : Antepretérito)

hubiera	airado
hubieras	airado
hubiera	airado
hubiéramos	airado
hubierais	airado
hubieran	airado

air a *se*	
air a *ses*	
air a *se*	
air á *semos*	
air a *seis*	
air a *sen*	

hubiese	airado
hubieses	airado
hubiese	airado
hubiésemos	airado
hubieseis	airado
hubiesen	airado

Futuro
(Bello : Futuro)

air a *re*	
air a *res*	
air a *re*	
air á *remos*	
air a *reis*	
air a *ren*	

Futuro perfecto
(Bello : Antefuturo)

hubiere	airado
hubieres	airado
hubiere	airado
hubiéremos	airado
hubiereis	airado
hubieren	airado

MODO IMPERATIVO

Presente

aíra (tú)	air emos (nosotros)
aíre (él, usted)	air ad (vosotros)
	aíren (ellos, ustedes)

FORMAS NO PERSONALES

Tiempos simples	Tiempos compuestos
Infinitivo: **airar**	Infinitivo compuesto
Gerundio: **air** ando	haber airado
	Gerundio compuesto
Participio: **air** ado	habiendo airado

110

FORMAS PERSONALES

MODO INDICATIVO

Tiempos simples	Tiempos compuestos

Presente
(Bello : Presente)

Pretérito perfecto compuesto
(Bello : Antepresente)

aúllo	he	aullado
aúllas	has	aullado
aúlla	ha	aullado
aull amos	hemos	aullado
aull áis	habéis	aullado
aúllan	han	aullado

Pretérito imperfecto
(Bello : Copretérito)

Pretérito pluscuamperfecto
(Bello : Antecopretérito)

aull aba	había	aullado
aull abas	habías	aullado
aull aba	había	aullado
aull ábamos	habíamos	aullado
aull abais	habíais	aullado
aull aban	habían	aullado

Pretérito perfecto simple
(Bello : Pretérito)

Pretérito anterior
(Bello : Antepretérito)

aull é	hube	aullado
aull aste	hubiste	aullado
aull ó	hubo	aullado
aull amos	hubimos	aullado
aull asteis	hubisteis	aullado
aull a ron	hubieron	aullado

Futuro
(Bello : Futuro)

Futuro perfecto
(Bello : Antefuturo)

aullar é	habré	aullado
aullar ás	habrás	aullado
aullar á	habrá	aullado
aullar emos	habremos	aullado
aullar éis	habréis	aullado
aullar án	habrán	aullado

Condicional
(Bello : Pospretérito)

Condicional perfecto
(Bello : Antepospretérito)

aullar ía	habría	aullado
aullar ías	habrías	aullado
aullar ía	habría	aullado
aullar íamos	habríamos	aullado
aullar íais	habríais	aullado
aullar ían	habrían	aullado

MODO SUBJUNTIVO

Tiempos simples	Tiempos compuestos

Presente
(Bello : Presente)

Pretérito perfecto
(Bello : Antepresente)

aúlle	haya	aullado
aúlles	hayas	aullado
aúlle	haya	aullado
aull emos	hayamos	aullado
aull éis	hayáis	aullado
aúllen	hayan	aullado

Pretérito imperfecto
(Bello : Pretérito)

Pretérito pluscuamperfecto
(Bello : Antepretérito)

aull a ra	hubiera	aullado
aull a ras	hubieras	aullado
aull a ra	hubiera	aullado
aull á ramos	hubiéramos	aullado
aull a rais	hubierais	aullado
aull a ran	hubieran	aullado
aull a se	hubiese	aullado
aull a ses	hubieses	aullado
aull a se	hubiese	aullado
aull á semos	hubiésemos	aullado
aull a seis	hubieseis	aullado
aull a sen	hubiesen	aullado

Futuro
(Bello : Futuro)

Futuro perfecto
(Bello : Antefuturo)

aull a re	hubiere	aullado
aull a res	hubieres	aullado
aull a re	hubiere	aullado
aull á remos	hubiéremos	aullado
aull a reis	hubiereis	aullado
aull a ren	hubieren	aullado

MODO IMPERATIVO

Presente

aúlla (tú)	aull emos (nosotros)
aúlle (él, usted)	aull ad (vosotros)
	aúllen (ellos, ustedes)

FORMAS NO PERSONALES

Tiempos simples	Tiempos compuestos
Infinitivo: **aullar**	Infinitivo compuesto haber aullado
Gerundio: **aull** ando	Gerundio compuesto habiendo aullado
Participio: **aull** ado	

FORMAS PERSONALES

MODO INDICATIVO	
Tiempos simples	Tiempos compuestos

Presente (Bello : Presente)		Pretérito perfecto compuesto (Bello : Antepresente)	
averigu o		he	averiguado
averigu as		has	averiguado
averigu a		ha	averiguado
averigu amos		hemos	averiguado
averigu áis		habéis	averiguado
averigu an		han	averiguado

Pretérito imperfecto (Bello : Copretérito)		Pretérito pluscuamperfecto (Bello : Antecopretérito)	
averigu aba		había	averiguado
averigu abas		habías	averiguado
averigu aba		había	averiguado
averigu ábamos		habíamos	averiguado
averigu abais		habíais	averiguado
averigu aban		habían	averiguado

Pretérito perfecto simple (Bello : Pretérito)		Pretérito anterior (Bello : Antepretérito)	
averigüé		hube	averiguado
averigu aste		hubiste	averiguado
averigu ó		hubo	averiguado
averigu amos		hubimos	averiguado
averigu asteis		hubisteis	averiguado
averigu a *ron*		hubieron	averiguado

Futuro (Bello : Futuro)		Futuro perfecto (Bello : Antefuturo)	
averiguar é		habré	averiguado
averiguar ás		habrás	averiguado
averiguar á		habrá	averiguado
averiguar emos		habremos	averiguado
averiguar éis		habréis	averiguado
averiguar án		habrán	averiguado

Condicional (Bello : Pospretérito)		Condicional perfecto (Bello : Antepospretérito)	
averiguar ía		habría	averiguado
averiguar ías		habrías	averiguado
averiguar ía		habría	averiguado
averiguar íamos		habríamos	averiguado
averiguar íais		habríais	averiguado
averiguar ían		habrían	averiguado

MODO SUBJUNTIVO	
Tiempos simples	Tiempos compuestos

Presente (Bello : Presente)		Pretérito perfecto (Bello : Antepresente)	
averigüe		haya	averiguado
averigües		hayas	averiguado
averigüe		haya	averiguado
averigüemos		hayamos	averiguado
averigüéis		hayáis	averiguado
averigüen		hayan	averiguado

Pretérito imperfecto (Bello : Pretérito)		Pretérito pluscuamperfecto (Bello : Antepretérito)	
averigu a *ra*		hubiera	averiguado
averigu a *ras*		hubieras	averiguado
averigu a *ra*		hubiera	averiguado
averigu á *ramos*		hubiéramos	averiguado
averigu a *rais*		hubierais	averiguado
averigu a *ran*		hubieran	averiguado
averigu a *se*		hubiese	averiguado
averigu a *ses*		hubieses	averiguado
averigu a *se*		hubiese	averiguado
averigu á *semos*		hubiésemos	averiguado
averigu a *seis*		hubieseis	averiguado
averigu a *sen*		hubiesen	averiguado

Futuro (Bello : Futuro)		Futuro perfecto (Bello : Antefuturo)	
averigu a *re*		hubiere	averiguado
averigu a *res*		hubieres	averiguado
averigu a *re*		hubiere	averiguado
averigu á *remos*		hubiéremos	averiguado
averigu a *reis*		hubiereis	averiguado
averigu a *ren*		hubieren	averiguado

MODO IMPERATIVO	
Presente	
averigu a (tú)	averigüemos (nosotros)
averigüe (él, usted)	averigu ad (vosotros)
	averigüen (ellos, ustedes)

FORMAS NO PERSONALES	
Tiempos simples	Tiempos compuestos
Infinitivo: **averiguar**	Infinitivo compuesto haber averiguado
Gerundio: **averigu** ando	Gerundio compuesto habiendo averiguado
Participio: **averigu** ado	

FORMAS PERSONALES

MODO INDICATIVO		MODO SUBJUNTIVO	
Tiempos simples	Tiempos compuestos	Tiempos simples	Tiempos compuestos

Presente (Bello : Presente)	Pretérito perfecto compuesto (Bello : Antepresente)	Presente (Bello : Presente)	Pretérito perfecto (Bello : Antepresente)
cabrahígo	he cabrahigado	cabrahígue	haya cabrahigado
cabrahígas	has cabrahigado	cabrahígues	hayas cabrahigado
cabrahíga	ha cabrahigado	cabrahígue	haya cabrahigado
cabrahig amos	hemos cabrahigado	cabrahiguemos	hayamos cabrahigado
cabrahig áis	habéis cabrahigado	cabrahiguéis	hayáis cabrahigado
cabrahígan	han cabrahigado	cabrahíguen	hayan cabrahigado

Pretérito imperfecto (Bello : Copretérito)	Pretérito pluscuamperfecto (Bello : Antecopretérito)	Pretérito imperfecto (Bello : Pretérito)	Pretérito pluscuamperfecto (Bello : Antepretérito)
cabrahig aba	había cabrahigado	cabrahig a ra	hubiera cabrahigado
cabrahig abas	habías cabrahigado	cabrahig a ras	hubieras cabrahigado
cabrahig aba	había cabrahigado	cabrahig a ra	hubiera cabrahigado
cabrahig ábamos	habíamos cabrahigado	cabrahig a ramos	hubiéramos cabrahigado
cabrahig abais	habíais cabrahigado	cabrahig a rais	hubierais cabrahigado
cabrahig aban	habían cabrahigado	cabrahig a ran	hubieran cabrahigado
		cabrahig a se	hubiese cabrahigado
		cabrahig a ses	hubieses cabrahigado
Pretérito perfecto simple (Bello : Pretérito)	Pretérito anterior (Bello : Antepretérito)	cabrahig a se	hubiese cabrahigado
		cabrahig á semos	hubiésemos cabrahigado
		cabrahig a seis	hubieseis cabrahigado
cabrahigué	hube cabrahigado	cabrahig a sen	hubiesen cabrahigado
cabrahig aste	hubiste cabrahigado		
cabrahig ó	hubo cabrahigado	Futuro (Bello : Futuro)	Futuro perfecto (Bello : Antefuturo)
cabrahig amos	hubimos cabrahigado		
cabrahig asteis	hubisteis cabrahigado	cabrahig a re	hubiere cabrahigado
cabrahig a ron	hubieron cabrahigado	cabrahig a res	hubieres cabrahigado
		cabrahig a re	hubiere cabrahigado
Futuro (Bello : Futuro)	Futuro perfecto (Bello : Antefuturo)	cabrahig á remos	hubiéremos cabrahigado
		cabrahig a reis	hubiereis cabrahigado
cabrahigar é	habré cabrahigado	cabrahig a ren	hubieren cabrahigado
cabrahigar ás	habrás cabrahigado		
cabrahigar á	habrá cabrahigado		
cabrahigar emos	habremos cabrahigado	**MODO IMPERATIVO**	
cabrahigar éis	habréis cabrahigado		
cabrahigar án	habrán cabrahigado	Presente	cabrahiguemos (nosotros)
		cabrahíga (tú)	cabrahig ad (vosotros)
		cabrahígue (él, usted)	cabrahíguen ellos, ustedes

Condicional (Bello : Pospretérito)	Condicional perfecto (Bello : Antepospretérito)
cabrahigar ía	habría cabrahigado
cabrahigar ías	habrías cabrahigado
cabrahigar ía	habría cabrahigado
cabrahigar íamos	habríamos cabrahigado
cabrahigar íais	habríais cabrahigado
cabrahigar ían	habrían cabrahigado

FORMAS NO PERSONALES

Tiempos simples	Tiempos compuestos
Infinitivo: **cabrahigar**	Infinitivo compuesto haber cabrahigado
Gerundio: **cabrahig** ando	
Participio: **cabrahig** ado	Gerundio compuesto habiendo cabrahigado

113

78 cazar verbos con cambios de ortografía o prosodia

FORMAS PERSONALES

MODO INDICATIVO

Tiempos simples	Tiempos compuestos

Presente
(Bello : Presente)

Pretérito perfecto compuesto
(Bello : Antepresente)

caz o	he	cazado
caz as	has	cazado
caz a	ha	cazado
caz amos	hemos	cazado
caz áis	habéis	cazado
caz an	han	cazado

Pretérito imperfecto
(Bello : Copretérito)

Pretérito pluscuamperfecto
(Bello : Antecopretérito)

caz aba	había	cazado
caz abas	habías	cazado
caz aba	había	cazado
caz ábamos	habíamos	cazado
caz abais	habíais	cazado
caz aban	habían	cazado

Pretérito perfecto simple
(Bello : Pretérito)

Pretérito anterior
(Bello : Antepretérito)

cacé	hube	cazado
caz aste	hubiste	cazado
caz ó	hubo	cazado
caz amos	hubimos	cazado
caz asteis	hubisteis	cazado
caz a ron	hubieron	cazado

Futuro
(Bello : Futuro)

Futuro perfecto
(Bello : Antefuturo)

cazar é	habré	cazado
cazar ás	habrás	cazado
cazar á	habrá	cazado
cazar emos	habremos	cazado
cazar éis	habréis	cazado
cazar án	habrán	cazado

Condicional
(Bello : Pospretérito)

Condicional perfecto
(Bello : Antepospretérito)

cazar ía	habría	cazado
cazar ías	habrías	cazado
cazar ía	habría	cazado
cazar íamos	habríamos	cazado
cazar íais	habríais	cazado
cazar ían	habrían	cazado

MODO SUBJUNTIVO

Tiempos simples	Tiempos compuestos

Presente
(Bello : Presente)

Pretérito perfecto
(Bello : Antepresente)

cace	haya	cazado
caces	hayas	cazado
cace	haya	cazado
cacemos	hayamos	cazado
cacéis	hayáis	cazado
cacen	hayan	cazado

Pretérito imperfecto
(Bello : Pretérito)

Pretérito pluscuamperfecto
(Bello : Antepretérito)

caz a ra	hubiera	cazado
caz a ras	hubieras	cazado
caz a ra	hubiera	cazado
caz á ramos	hubiéramos	cazado
caz a raís	hubierais	cazado
caz a ran	hubieran	cazado
caz a se	hubiese	cazado
caz a ses	hubieses	cazado
caz a se	hubiese	cazado
caz á semos	hubiésemos	cazado
caz a seís	hubieseis	cazado
caz a sen	hubiesen	cazado

Futuro
(Bello : Futuro)

Futuro perfecto
(Bello : Antefuturo)

caz a re	hubiere	cazado
caz a res	hubieres	cazado
caz a re	hubiere	cazado
caz á remos	hubiéremos	cazado
caz a reís	hubiereis	cazado
caz a ren	hubieren	cazado

MODO IMPERATIVO

Presente

caz a (tú)	cacemos (nosotros)
cace (él, usted)	caz ad (vosotros)
	cacen (ellos, ustedes)

FORMAS NO PERSONALES

Tiempos simples	Tiempos compuestos
Infinitivo: **cazar**	Infinitivo compuesto haber cazado
Gerundio: **caz** ando	Gerundio compuesto habiendo cazado
Participio: **caz** ado	

9 coger verbos con cambios de ortografía o prosodia

FORMAS PERSONALES

MODO INDICATIVO

Tiempos simples	Tiempos compuestos

Presente
(Bello : Presente)

Presente perfecto compuesto? — **Pretérito perfecto compuesto** (Bello : Antepresente)

cojo — he cogido
coges — has cogido
coge — ha cogido
cogemos — hemos cogido
cogéis — habéis cogido
cogen — han cogido

Pretérito imperfecto (Bello : Copretérito) — **Pretérito pluscuamperfecto** (Bello : Antecopretérito)

cogía — había cogido
cogías — habías cogido
cogía — había cogido
cogíamos — habíamos cogido
cogíais — habíais cogido
cogían — habían cogido

Pretérito perfecto simple (Bello : Pretérito) — **Pretérito anterior** (Bello : Antepretérito)

cogí — hube cogido
cogiste — hubiste cogido
cogió — hubo cogido
cogimos — hubimos cogido
cogisteis — hubisteis cogido
cogieron — hubieron cogido

Futuro (Bello : Futuro) — **Futuro perfecto** (Bello : Antefuturo)

cogeré — habré cogido
cogerás — habrás cogido
cogerá — habrá cogido
cogeremos — habremos cogido
cogeréis — habréis cogido
cogerán — habrán cogido

Condicional (Bello : Pospretérito) — **Condicional perfecto** (Bello : Antepospretérito)

cogería — habría cogido
cogerías — habrías cogido
cogería — habría cogido
cogeríamos — habríamos cogido
cogeríais — habríais cogido
cogerían — habrían cogido

MODO SUBJUNTIVO

Tiempos simples	Tiempos compuestos

Presente (Bello : Presente) — **Pretérito perfecto** (Bello : Antepresente)

coja — haya cogido
cojas — hayas cogido
coja — haya cogido
cojamos — hayamos cogido
cojáis — hayáis cogido
cojan — hayan cogido

Pretérito imperfecto (Bello : Pretérito) — **Pretérito pluscuamperfecto** (Bello : Antepretérito)

cogiera — hubiera cogido
cogieras — hubieras cogido
cogiera — hubiera cogido
cogiéramos — hubiéramos cogido
cogierais — hubierais cogido
cogieran — hubieran cogido

cogiese — hubiese cogido
cogieses — hubieses cogido
cogiese — hubiese cogido
cogiésemos — hubiésemos cogido
cogieseis — hubieseis cogido
cogiesen — hubiesen cogido

Futuro (Bello : Futuro) — **Futuro perfecto** (Bello : Antefuturo)

cogiere — hubiere cogido
cogieres — hubieres cogido
cogiere — hubiere cogido
cogiéremos — hubiéremos cogido
cogiereis — hubiereis cogido
cogieren — hubieren cogido

MODO IMPERATIVO

Presente
coge (tú)
coja (él, usted)
cojamos (nosotros)
coged (vosotros)
cojan (ellos, ustedes)

FORMAS NO PERSONALES

Tiempos simples	Tiempos compuestos

Infinitivo: **coger** — Infinitivo compuesto: haber cogido
Gerundio: **cog** iendo — Gerundio compuesto: habiendo cogido
Participio: **cog** ido

115

FORMAS PERSONALES

MODO INDICATIVO		MODO SUBJUNTIVO	
Tiempos simples	Tiempos compuestos	Tiempos simples	Tiempos compuestos

Presente (Bello : Presente)	Pretérito perfecto compuesto (Bello : Antepresente)	Presente (Bello : Presente)	Pretérito perfecto (Bello : Antepresente)
delinco	he delinquido	delinca	haya delinquido
delinqu es	has delinquido	delincas	hayas delinquido
delinqu e	ha delinquido	delinca	haya delinquido
delinqu imos	hemos delinquido	delincamos	hayamos delinquido
delinqu ís	habéis delinquido	delincáis	hayáis delinquido
delinqu en	han delinquido	delincan	hayan delinquido

Pretérito imperfecto (Bello : Copretérito)	Pretérito pluscuamperfecto (Bello : Antecopretérito)	Pretérito imperfecto (Bello : Pretérito)	Pretérito pluscuamperfecto (Bello : Antepretérito)
delinqu ía	había delinquido	delinqu ie ra	hubiera delinquido
delinqu ías	habías delinquido	delinqu ie ras	hubieras delinquido
delinqu ías	había delinquido	delinqu ie ra	hubiera delinquido
delinqu íamos	habíamos delinquido	delinqu ié ramos	hubiéramos delinquido
delinqu íais	habíais delinquido	delinqu ie rais	hubierais delinquido
delinqu ían	habían delinquido	delinqu ie ran	hubieran delinquido
		delinqu ie se	hubiese delinquido
		delinqu ie ses	hubieses delinquido
		delinqu ie se	hubiese delinquido
Pretérito perfecto simple (Bello : Pretérito)	Pretérito anterior (Bello : Antepretérito)	delinqu ié semos	hubiésemos delinquido
		delinqu ie seis	hubieseis delinquido
delinqu í	hube delinquido	delinqu ie sen	hubiesen delinquido
delinqu iste	hubiste delinquido		
delinqu ió	hubo delinquido		
delinqu imos	hubimos delinquido	Futuro (Bello : Futuro)	Futuro perfecto (Bello : Antefuturo)
delinqu isteis	hubisteis delinquido		
delinqu ie ron	hubieron delinquido	delinqu ie re	hubiere delinquido
		delinqu ie res	hubieres delinquido
		delinqu ie re	hubiere delinquido
Futuro (Bello : Futuro)	Futuro perfecto (Bello : Antefuturo)	delinqu ié remos	hubiéremos delinquido
		delinqu ie reis	hubiereis delinquido
delinquir é	habré delinquido	delinqu ie ren	hubieren delinquido
delinquir ás	habrás delinquido		
delinquir á	habrá delinquido		
delinquir emos	habremos delinquido	**MODO IMPERATIVO**	
delinquir éis	habréis delinquido		
delinquir án	habrán delinquido		

MODO IMPERATIVO	
Presente	delincamos (nosotros)
delinqu e (tú)	delinqu id (vosotros)
delinca (él, usted)	delincan (ellos, ustedes)

Condicional (Bello : Pospretérito)	Condicional perfecto (Bello : Antepospretérito)
delinquir ía	habría delinquido
delinquir ías	habrías delinquido
delinquir ía	habría delinquido
delinquir íamos	habríamos delinquido
delinquir íais	habríais delinquido
delinquir ían	habrían delinquido

FORMAS NO PERSONALES

Tiempos simples	Tiempos compuestos
Infinitivo: **delinquir**	Infinitivo compuesto haber delinquido
Gerundio: **delinqu** iendo	Gerundio compuesto habiendo delinquido
Participio: **delinqu** ido	

FORMAS PERSONALES

MODO INDICATIVO

Tiempos simples	Tiempos compuestos

Presente
(Bello : Presente)

Pretérito perfecto compuesto
(Bello : Antepresente)

dirijo	he	dirigido
dirig es	has	dirigido
dirig e	ha	dirigido
dirig imos	hemos	dirigido
dirig ís	habéis	dirigido
dirig en	han	dirigido

Pretérito imperfecto
(Bello : Copretérito)

Pretérito pluscuamperfecto
(Bello : Antecopretérito)

dirig ía	había	dirigido
dirig ías	habías	dirigido
dirig ía	había	dirigido
dirig íamos	habíamos	dirigido
dirig íais	habíais	dirigido
dirig ían	habían	dirigido

Pretérito perfecto simple
(Bello : Pretérito)

Pretérito anterior
(Bello : Antepretérito)

dirig í	hube	dirigido
dirig iste	hubiste	dirigido
dirig ió	hubo	dirigido
dirig imos	hubimos	dirigido
dirig isteis	hubisteis	dirigido
dirig ie ron	hubieron	dirigido

Futuro
(Bello : Futuro)

Futuro perfecto
(Bello : Antefuturo)

dirigir é	habré	dirigido
dirigir ás	habrás	dirigido
dirigir á	habrá	dirigido
dirigir emos	habremos	dirigido
dirigir éis	habréis	dirigido
dirigir án	habrán	dirigido

Condicional
(Bello : Pospretérito)

Condicional perfecto
(Bello : Antepospretérito)

dirigir ía	habría	dirigido
dirigir ías	habrías	dirigido
dirigir ía	habría	dirigido
dirigir íamos	habríamos	dirigido
dirigir íais	habríais	dirigido
dirigir ían	habrían	dirigido

MODO SUBJUNTIVO

Tiempos simples	Tiempos compuestos

Presente
(Bello : Presente)

Pretérito perfecto
(Bello : Antepresente)

dirija	haya	dirigido
dirijas	hayas	dirigido
dirija	haya	dirigido
dirijamos	hayamos	dirigido
dirijáis	hayáis	dirigido
dirijan	hayan	dirigido

Pretérito imperfecto
(Bello : Pretérito)

Pretérito pluscuamperfecto
(Bello : Antepretérito)

dirig ie ra	hubiera	dirigido
dirig ie ras	hubieras	dirigido
dirig ie ra	hubiera	dirigido
dirig ié ramos	hubiéramos	dirigido
dirig ie rais	hubierais	dirigido
dirig ie ran	hubieran	dirigido

dirig ie se	hubiese	dirigido
dirig ie ses	hubieses	dirigido
dirig ie se	hubiese	dirigido
dirig ié semos	hubiésemos	dirigido
dirig ie seis	hubieseis	dirigido
dirig ie sen	hubiesen	dirigido

Futuro
(Bello : Futuro)

Futuro perfecto
(Bello : Antefuturo)

dirig ie re	hubiere	dirigido
dirig ie res	hubieres	dirigido
dirig ie re	hubiere	dirigido
dirig ié remos	hubiéremos	dirigido
dirig ie reis	hubiereis	dirigido
dirig ie ren	hubieren	dirigido

MODO IMPERATIVO

Presente

dirig e (tú)	dirijamos (nosotros)
dirija (él, usted)	dirig id (vosotros)
	dirijan (ellos, ustedes)

FORMAS NO PERSONALES

Tiempos simples	Tiempos compuestos
Infinitivo: **dirigir**	Infinitivo compuesto haber dirigido
Gerundio: **dirig** iendo	
	Gerundio compuesto habiendo dirigido
Participio: **dirig** ido	

FORMAS PERSONALES

MODO INDICATIVO

Tiempos simples	Tiempos compuestos

Presente
(Bello : Presente)

Pretérito perfecto compuesto
(Bello : Antepresente)

distingo	he	distinguido
distingu es	has	distinguido
distingu e	ha	distinguido
distingu imos	hemos	distinguido
distingu ís	habéis	distinguido
distingu en	han	distinguido

Pretérito imperfecto
(Bello : Copretérito)

Pretérito pluscuamperfecto
(Bello : Antecopretérito)

distingu ía	había	distinguido
distingu ías	habías	distinguido
distingu ía	había	distinguido
distingu íamos	habíamos	distinguido
distingu íais	habíais	distinguido
distingu ían	habían	distinguido

Pretérito perfecto simple
(Bello : Pretérito)

Pretérito anterior
(Bello : Antepretérito)

distingu í	hube	distinguido
distingu iste	hubiste	distinguido
distingu ió	hubo	distinguido
distingu imos	hubimos	distinguido
distingu isteis	hubisteis	distinguido
distingu ie ron	hubieron	distinguido

Futuro
(Bello : Futuro)

Futuro perfecto
(Bello : Antefuturo)

distinguir é	habré	distinguido
distinguir ás	habrás	distinguido
distinguir á	habrá	distinguido
distinguir emos	habremos	distinguido
distinguir éis	habréis	distinguido
distinguir án	habrán	distinguido

Condicional
(Bello : Pospretérito)

Condicional perfecto
(Bello : Antepospretérito)

distinguir ía	habría	distinguido
distinguir ías	habrías	distinguido
distinguir ía	habría	distinguido
distinguir íamos	habríamos	distinguido
distinguir íais	habríais	distinguido
distinguir ían	habrían	distinguido

MODO SUBJUNTIVO

Tiempos simples	Tiempos compuestos

Presente
(Bello : Presente)

Pretérito perfecto
(Bello : Antepresente)

distinga	haya	distinguido
distingas	hayas	distinguido
distinga	haya	distinguido
distingamos	hayamos	distinguido
distingáis	hayáis	distinguido
distingan	hayan	distinguido

Pretérito imperfecto
(Bello : Pretérito)

Pretérito pluscuamperfecto
(Bello : Antepretérito)

distingu ie ra	hubiera	distinguido
distingu ie ras	hubieras	distinguido
distingu ie ra	hubiera	distinguido
distingu ié ramos	hubiéramos	distinguido
distingu ie rais	hubierais	distinguido
distingu ie ran	hubieran	distinguido

distingu ie se	hubiese	distinguido
distingu ie ses	hubieses	distinguido
distingu ie se	hubiese	distinguido
distingu ié semos	hubiésemos	distinguido
distingu ie seis	hubieseis	distinguido
distingu ie sen	hubiesen	distinguido

Futuro
(Bello : Futuro)

Futuro perfecto
(Bello : Antefuturo)

distingu ie re	hubiere	distinguido
distingu ie res	hubieres	distinguido
distingu ie re	hubiere	distinguido
distingu ié remos	hubiéremos	distinguido
distingu ie reis	hubiereis	distinguido
distingu ie ren	hubieren	distinguido

MODO IMPERATIVO

Presente

distingu e (tú)	distingamos (nosotros)
distinga (él, usted)	distingu id (vosotros)
	distingan ellos, ustedes

FORMAS NO PERSONALES

Tiempos simples	Tiempos compuestos
Infinitivo: **distinguir**	Infinitivo compuesto haber distinguido
Gerundio: **distingu** iendo	Gerundio compuesto habiendo distinguido
Participio: **distingu** ido	

FORMAS PERSONALES

MODO INDICATIVO		MODO SUBJUNTIVO	
Tiempos simples	Tiempos compuestos	Tiempos simples	Tiempos compuestos

Presente (Bello : Presente)		Pretérito perfecto compuesto (Bello : Antepresente)		Presente (Bello : Presente)		Pretérito perfecto (Bello : Antepresente)	
enra**í**zo		he	enraizado	enra**í**ce		haya	enraizado
enra**í**zas		has	enraizado	enra**í**ces		hayas	enraizado
enra**í**za		ha	enraizado	enra**í**ce		haya	enraizado
enraiz amos		hemos	enraizado	enraicemos		hayamos	enraizado
enraiz áis		habéis	enraizado	enraicéis		hayáis	enraizado
enra**í**zan		han	enraizado	enra**í**cen		hayan	enraizado

Pretérito imperfecto (Bello : Copretérito)		Pretérito pluscuamperfecto (Bello : Antecopretérito)		Pretérito imperfecto (Bello : Pretérito)		Pretérito pluscuamperfecto (Bello : Antepretérito)	
enraiz aba		había	enraizado	enraiz a *ra*		hubiera	enraizado
enraiz abas		habías	enraizado	enraiz a *ras*		hubieras	enraizado
enraiz aba		había	enraizado	enraiz a *ra*		hubiera	enraizado
enraiz ábamos		habíamos	enraizado	enraiz á *ramos*		hubiéramos	enraizado
enraiz abais		habíais	enraizado	enraiz a *rais*		hubierais	enraizado
enraiz aban		habían	enraizado	enraiz a *ran*		hubieran	enraizado
				enraiz a *se*		hubiese	enraizado
				enraiz a *ses*		hubieses	enraizado
				enraiz a *se*		hubiese	enraizado
				enraiz á *semos*		hubiésemos	enraizado
Pretérito perfecto simple (Bello : Pretérito)		Pretérito anterior (Bello : Antepretérito)		enraiz a *seis*		hubieseis	enraizado
				enraiz a *sen*		hubiesen	enraizado
enra**í**cé		hube	enraizado				
enraiz aste		hubiste	enraizado	Futuro (Bello : Futuro)		Futuro perfecto (Bello : Antefuturo)	
enraiz ó		hubo	enraizado				
enraiz amos		hubimos	enraizado	enraiz a *re*		hubiere	enraizado
enraiz asteis		hubisteis	enraizado	enraiz a *res*		hubieres	enraizado
enraiz a *ron*		hubieron	enraizado	enraiz a *re*		hubiere	enraizado
				enraiz á *remos*		hubiéremos	enraizado
				enraiz a *reis*		hubiereis	enraizado
Futuro (Bello : Futuro)		Futuro perfecto (Bello : Antefuturo)		enraiz a *ren*		hubieren	enraizado

Futuro (Bello : Futuro)		Futuro perfecto (Bello : Antefuturo)	
enraizar é		habré	enraizado
enraizar ás		habrás	enraizado
enraizar á		habrá	enraizado
enraizar emos		habremos	enraizado
enraizar éis		habréis	enraizado
enraizar án		habrán	enraizado

MODO IMPERATIVO

Presente	
	enraicemos (nosotros)
enra**í**za (tú)	enraiz ad (vosotros)
enra**í**ce (él, usted)	enra**í**cen (ellos, ustedes)

Condicional (Bello : Pospretérito)		Condicional perfecto (Bello : Antepospretérito)	
enraizar ía		habría	enraizado
enraizar ías		habrías	enraizado
enraizar ía		habría	enraizado
enraizar íamos		habríamos	enraizado
enraizar íais		habríais	enraizado
enraizar ían		habrían	enraizado

FORMAS NO PERSONALES

Tiempos simples	Tiempos compuestos
Infinitivo: **enraizar**	Infinitivo compuesto haber enraizado
Gerundio: **enraiz** ando	
Participio: **enraiz** ado	Gerundio compuesto habiendo enraizado

FORMAS PERSONALES			

MODO INDICATIVO

Tiempos simples	Tiempos compuestos

Presente
(Bello : Presente)

guío	
guías	
guía	
gui amos	
gui áis	
guían	

Pretérito perfecto compuesto
(Bello : Antepresente)

he	guiado
has	guiado
ha	guiado
hemos	guiado
habéis	guiado
han	guiado

Pretérito imperfecto
(Bello : Copretérito)

gui aba	
gui abas	
gui aba	
gui ábamos	
gui abais	
gui aban	

Pretérito pluscuamperfecto
(Bello : Antecopretérito)

había	guiado
habías	guiado
había	guiado
habíamos	guiado
habíais	guiado
habían	guiado

Pretérito perfecto simple
(Bello : Pretérito)

gui é	
gui aste	
gui ó	
gui amos	
gui asteis	
gui a ron	

Pretérito anterior
(Bello : Antepretérito)

hube	guiado
hubiste	guiado
hubo	guiado
hubimos	guiado
hubisteis	guiado
hubieron	guiado

Futuro
(Bello : Futuro)

guiar é	
guiar ás	
guiar á	
guiar emos	
guiar éis	
guiar án	

Futuro perfecto
(Bello : Antefuturo)

habré	guiado
habrás	guiado
habrá	guiado
habremos	guiado
habréis	guiado
habrán	guiado

Condicional
(Bello : Pospretérito)

guiar ía	
guiar ías	
guiar ía	
guiar íamos	
guiar íais	
guiar ían	

Condicional perfecto
(Bello : Antepospretérito)

habría	guiado
habrías	guiado
habría	guiado
habríamos	guiado
habríais	guiado
habrían	guiado

MODO SUBJUNTIVO

Tiempos simples	Tiempos compuestos

Presente
(Bello : Presente)

guíe	
guíes	
guíe	
gui emos	
gui éis	
guíen	

Pretérito perfecto
(Bello : Antepresente)

haya	guiado
hayas	guiado
haya	guiado
hayamos	guiado
hayáis	guiado
hayan	guiado

Pretérito imperfecto
(Bello : Pretérito)

gui a ra	
gui a ras	
gui a ra	
gui á ramos	
gui a rais	
gui a ran	
gui a se	
gui a ses	
gui a se	
gui á semos	
gui a seis	
gui a sen	

Pretérito pluscuamperfecto
(Bello : Antepretérito)

hubiera	guiado
hubieras	guiado
hubiera	guiado
hubiéramos	guiado
hubierais	guiado
hubieran	guiado
hubiese	guiado
hubieses	guiado
hubiese	guiado
hubiésemos	guiado
hubieseis	guiado
hubiesen	guiado

Futuro
(Bello : Futuro)

gui a re	
gui a res	
gui a re	
gui á remos	
gui a reis	
gui a ren	

Futuro perfecto
(Bello : Antefuturo)

hubiere	guiado
hubieres	guiado
hubiere	guiado
hubiéremos	guiado
hubiereis	guiado
hubieren	guiado

MODO IMPERATIVO

Presente	
guía (tú)	gui emos (nosotros)
guíe (él, usted)	gui ad (vosotros)
	guíen (ellos, ustedes)

FORMAS NO PERSONALES

Tiempos simples	Tiempos compuestos
Infinitivo: **guiar**	Infinitivo compuesto
	haber guiado
Gerundio: **gui** ando	
	Gerundio compuesto
Participio: **gui** ado	habiendo guiado

85 mecer verbos con cambios de ortografía o prosodia

FORMAS PERSONALES

MODO INDICATIVO		MODO SUBJUNTIVO	
Tiempos simples	Tiempos compuestos	Tiempos simples	Tiempos compuestos

Presente (Bello : Presente)

Presente (Bello : Presente)	Pretérito perfecto compuesto (Bello : Antepresente)	Presente (Bello : Presente)	Pretérito perfecto (Bello : Antepresente)
mezo	he mecido	meza	haya mecido
mec es	has mecido	mezas	hayas mecido
mec e	ha mecido	meza	haya mecido
mec emos	hemos mecido	mezamos	hayamos mecido
mec éis	habéis mecido	mezáis	hayáis mecido
mec en	han mecido	mezan	hayan mecido

Pretérito imperfecto (Bello : Copretérito)	Pretérito pluscuamperfecto (Bello : Antecopretérito)	Pretérito imperfecto (Bello : Pretérito)	Pretérito pluscuamperfecto (Bello : Antepretérito)
mec ía	había mecido	mec ie ra	hubiera mecido
mec ías	habías mecido	mec ie ras	hubieras mecido
mec ía	había mecido	mec ie ra	hubiera mecido
mec íamos	habíamos mecido	mec ié ramos	hubiéramos mecido
mec íais	habíais mecido	mec ie rais	hubierais mecido
mec ían	habían mecido	mec ie ran	hubieran mecido
		mec ie se	hubiese mecido
		mec ie ses	hubieses mecido
		mec ie se	hubiese mecido
		mec ié semos	hubiésemos mecido
		mec ie seis	hubieseis mecido
		mec ie sen	hubiesen mecido

Pretérito perfecto simple (Bello : Pretérito)	Pretérito anterior (Bello : Antepretérito)	Futuro (Bello : Futuro)	Futuro perfecto (Bello : Antefuturo)
mec í	hube mecido	mec ie re	hubiere mecido
mec iste	hubiste mecido	mec ie res	hubieres mecido
mec ió	hubo mecido	mec ie re	hubiere mecido
mec imos	hubimos mecido	mec ié remos	hubiéremos mecido
mec isteis	hubisteis mecido	mec ie reis	hubiereis mecido
mec ie ron	hubieron mecido	mec ie ren	hubieren mecido

Futuro (Bello : Futuro)	Futuro perfecto (Bello : Antefuturo)
mecer é	habré mecido
mecer ás	habrás mecido
mecer á	habrá mecido
mecer emos	habremos mecido
mecer éis	habréis mecido
mecer án	habrán mecido

MODO IMPERATIVO

Presente	
mec e (tú)	mezamos (nosotros)
meza (él, usted)	mec ed (vosotros)
	mezan (ellos, ustedes)

Condicional (Bello : Pospretérito)	Condicional perfecto (Bello : Antepospretérito)
mecer ía	habría mecido
mecer ías	habrías mecido
mecer ía	habría mecido
mecer íamos	habríamos mecido
mecer íais	habríais mecido
mecer ían	habrían mecido

FORMAS NO PERSONALES

Tiempos simples	Tiempos compuestos
Infinitivo: mecer	Infinitivo compuesto haber mecido
Gerundio: mec iendo	Gerundio compuesto habiendo mecido
Participio: mec ido	

121

FORMAS PERSONALES

MODO INDICATIVO

Tiempos simples	Tiempos compuestos

Presente
(Bello : Presente)

	Pretérito perfecto compuesto (Bello : Antepresente)	
pag o	he	pagado
pag as	has	pagado
pag a	ha	pagado
pag amos	hemos	pagado
pag áis	habéis	pagado
pag an	han	pagado

Pretérito imperfecto
(Bello : Copretérito)

	Pretérito pluscuamperfecto (Bello : Antecopretérito)	
pag aba	había	pagado
pag abas	habías	pagado
pag aba	había	pagado
pag ábamos	habíamos	pagado
pag abais	habíais	pagado
pag aban	habían	pagado

Pretérito perfecto simple
(Bello : Pretérito)

	Pretérito anterior (Bello : Antepretérito)	
pagué	hube	pagado
pag aste	hubiste	pagado
pag ó	hubo	pagado
pag amos	hubimos	pagado
pag asteis	hubisteis	pagado
pag a ron	hubieron	pagado

Futuro
(Bello : Futuro)

	Futuro perfecto (Bello : Antefuturo)	
pagar é	habré	pagado
pagar ás	habrás	pagado
pagar á	habrá	pagado
pagar emos	habremos	pagado
pagar éis	habréis	pagado
pagar án	habrán	pagado

Condicional
(Bello : Pospretérito)

	Condicional perfecto (Bello : Antepospretérito)	
pagar ía	habría	pagado
pagar ías	habrías	pagado
pagar ía	habría	pagado
pagar íamos	habríamos	pagado
pagar íais	habríais	pagado
pagar ían	habrían	pagado

MODO SUBJUNTIVO

Tiempos simples	Tiempos compuestos

Presente
(Bello : Presente)

	Pretérito perfecto (Bello : Antepresente)	
pague	haya	pagado
pagues	hayas	pagado
pague	haya	pagado
paguemos	hayamos	pagado
paguéis	hayáis	pagado
paguen	hayan	pagado

Pretérito imperfecto
(Bello : Pretérito)

	Pretérito pluscuamperfecto (Bello : Antepretérito)	
pag a ra	hubiera	pagado
pag a ras	hubieras	pagado
pag a ra	hubiera	pagado
pag á ramos	hubiéramos	pagado
pag a rais	hubierais	pagado
pag a ran	hubieran	pagado
pag a se	hubiese	pagado
pag a ses	hubieses	pagado
pag a se	hubiese	pagado
pag á semos	hubiésemos	pagado
pag a seis	hubieseis	pagado
pag a sen	hubiesen	pagado

Futuro
(Bello : Futuro)

	Futuro perfecto (Bello : Antefuturo)	
pag a re	hubiere	pagado
pag a res	hubieres	pagado
pag a re	hubiere	pagado
pag á remos	hubiéremos	pagado
pag a reis	hubiereis	pagado
pag a ren	hubieren	pagado

MODO IMPERATIVO

Presente

	paguemos (nosotros)
pag a (tú)	**pag** ad (vosotros)
pague (él, usted)	paguen (ellos, ustedes)

FORMAS NO PERSONALES

Tiempos simples	Tiempos compuestos
Infinitivo: **pagar**	Infinitivo compuesto haber pagado
Gerundio: **pag** ando	Gerundio compuesto habiendo pagado
Participio: **pag** ado	

FORMAS PERSONALES

MODO INDICATIVO

Tiempos simples	Tiempos compuestos
Presente (Bello : Presente)	Pretérito perfecto compuesto (Bello : Antepresente)
prohíbo	he prohibido
prohíbes	has prohibido
prohíbe	ha prohibido
prohib imos	hemos prohibido
prohib ís	habéis prohibido
prohíben	han prohibido
Pretérito imperfecto (Bello : Copretérito)	Pretérito pluscuamperfecto (Bello : Antecopretérito)
prohib ía	había prohibido
prohib ías	habías prohibido
prohib ía	había prohibido
prohib íamos	habíamos prohibido
prohib íais	habíais prohibido
prohib ían	habían prohibido
Pretérito perfecto simple (Bello : Pretérito)	Pretérito anterior (Bello : Antepretérito)
prohib í	hube prohibido
prohib iste	hubiste prohibido
prohib ió	hubo prohibido
prohib imos	hubimos prohibido
prohib isteis	hubisteis prohibido
prohib ie *ron*	hubieron prohibido
Futuro (Bello : Futuro)	Futuro perfecto (Bello : Antefuturo)
prohibir é	habré prohibido
prohibir ás	habrás prohibido
prohibir á	habrá prohibido
prohibir emos	habremos prohibido
prohibir éis	habréis prohibido
prohibir án	habrán prohibido
Condicional (Bello : Pospretérito)	Condicional perfecto (Bello : Antepospretérito)
prohibir ía	habría prohibido
prohibir ías	habrías prohibido
prohibir ía	habría prohibido
prohibir íamos	habríamos prohibido
prohibir íais	habríais prohibido
prohibir ían	habrían prohibido

MODO SUBJUNTIVO

Tiempos simples	Tiempos compuestos
Presente (Bello : Presente)	Pretérito perfecto (Bello : Antepresente)
prohíba	haya prohibido
prohíbas	hayas prohibido
prohíba	haya prohibido
prohib amos	hayamos prohibido
prohib áis	hayáis prohibido
prohíban	hayan prohibido
Pretérito imperfecto (Bello : Pretérito)	Pretérito pluscuamperfecto (Bello : Antepretérito)
prohib ie *ra*	hubiera prohibido
prohib ie *ras*	hubieras prohibido
prohib ie *ra*	hubiera prohibido
prohib ié *ramos*	hubiéramos prohibido
prohib ie *rais*	hubierais prohibido
prohib ie *ran*	hubieran prohibido
prohib ie *se*	hubiese prohibido
prohib ie *ses*	hubieses prohibido
prohib ie *se*	hubiese prohibido
prohib ié *semos*	hubiésemos prohibido
prohib ie *seis*	hubieseis prohibido
prohib ie *sen*	hubiesen prohibido
Futuro (Bello : Futuro)	Futuro perfecto (Bello : Antefuturo)
prohib ie *re*	hubiere prohibido
prohib ie *res*	hubieres prohibido
prohib ie *re*	hubiere prohibido
prohib ié *remos*	hubiéremos prohibido
prohib ie *reis*	hubiereis prohibido
prohib ie *ren*	hubieren prohibido

MODO IMPERATIVO

Presente	prohib amos (nosotros)
prohíbe (tú)	prohib id (vosotros)
prohíba (él, usted)	prohíban (ellos, ustedes)

FORMAS NO PERSONALES

Tiempos simples	Tiempos compuestos
Infinitivo: **prohibir**	Infinitivo compuesto haber prohibido
Gerundio: **prohib** iendo	Gerundio compuesto habiendo prohibido
Participio: **prohib** ido	

FORMAS PERSONALES

MODO INDICATIVO		MODO SUBJUNTIVO	
Tiempos simples	Tiempos compuestos	Tiempos simples	Tiempos compuestos

Presente (Bello : Presente)	Pretérito perfecto compuesto (Bello : Antepresente)	Presente (Bello : Presente)	Pretérito perfecto (Bello : Antepresente)
reúno	he reunido	reúna	haya reunido
reúnes	has reunido	reúnas	hayas reunido
reúne	ha reunido	reúna	haya reunido
reun imos	hemos reunido	reun amos	hayamos reunido
reun ís	habéis reunido	reun áis	hayáis reunido
reúnen	han reunido	reúnan	hayan reunido

Pretérito imperfecto (Bello : Copretérito)	Pretérito pluscuamperfecto (Bello : Antecopretérito)	Pretérito imperfecto (Bello : Pretérito)	Pretérito pluscuamperfecto (Bello : Antepretérito)
reun ía	había reunido	reun ie ra	hubiera reunido
reun ías	habías reunido	reun ie ras	hubieras reunido
reun ía	había reunido	reun ie ra	hubiera reunido
reun íamos	habíamos reunido	reun ié ramos	hubiéramos reunido
reun íais	habíais reunido	reun ie rais	hubierais reunido
reun ían	habían reunido	reun ie ran	hubieran reunido
		reun ie se	hubiese reunido
		reun ie ses	hubieses reunido
		reun ie se	hubiese reunido
		reun ié semos	hubiésemos reunido
		reun ie seis	hubieseis reunido
		reun ie sen	hubiesen reunido

Pretérito perfecto simple (Bello : Pretérito)	Pretérito anterior (Bello : Antepretérito)		
reun í	hube reunido		
reun iste	hubiste reunido		
reun ió	hubo reunido		
reun imos	hubimos reunido		
reun isteis	hubisteis reunido		
reun ie ron	hubieron reunido		

Futuro (Bello : Futuro)	Futuro perfecto (Bello : Antefuturo)	Futuro (Bello : Futuro)	Futuro perfecto (Bello : Antefuturo)
		reun ie re	hubiere reunido
		reun ie res	hubieres reunido
		reun ie re	hubiere reunido
		reun ié remos	hubiéremos reunido
		reun ie reis	hubiereis reunido
		reun ie ren	hubieren reunido

Futuro (Bello : Futuro)	Futuro perfecto (Bello : Antefuturo)
reunir é	habré reunido
reunir ás	habrás reundio
reunir á	habrá reunido
reunir emos	habremos reunido
reunir éis	habréis reunido
reunir án	habrán reunido

MODO IMPERATIVO

Presente	
reúne (tú)	reun amos (nosotros)
reúna (él, usted)	reun id (vosotros)
	reúnan (ellos, ustedes)

Condicional (Bello : Pospretérito)	Condicional perfecto (Bello : Antepospretérito)
reunir ía	habría reunido
reunir ías	habrías reunido
reunir ía	habría reunido
reunir íamos	habríamos reunido
reunir íais	habríais reunido
reunir ían	habrían reunido

FORMAS NO PERSONALES

Tiempos simples	Tiempos compuestos
Infinitivo: **reunir**	Infinitivo compuesto haber reunido
Gerundio: **reun** iendo	Gerundio compuesto habiendo reunido
Participio: **reun** ido	

FORMAS PERSONALES

MODO INDICATIVO

Tiempos simples	Tiempos compuestos

Presente
(Bello : Presente)

Pretérito perfecto compuesto
(Bello : Antepresente)

sac o	he	sacado
sac as	has	sacado
sac a	ha	sacado
sac amos	hemos	sacado
sac áis	habéis	sacado
sac an	han	sacado

Pretérito imperfecto
(Bello : Copretérito)

Pretérito pluscuamperfecto
(Bello : Antecopretérito)

sac aba	había	sacado
sac abas	habías	sacado
sac aba	había	sacado
sac ábamos	habíamos	sacado
sac abais	habíais	sacado
sac aban	habían	sacado

Pretérito perfecto simple
(Bello : Pretérito)

Pretérito anterior
(Bello : Antepretérito)

saqué	hube	sacado
sac aste	hubiste	sacado
sac ó	hubo	sacado
sac amos	hubimos	sacado
sac asteis	hubisteis	sacado
sac a ron	hubieron	sacado

Futuro
(Bello : Futuro)

Futuro perfecto
(Bello : Antefuturo)

sacar é	habré	sacado
sacar ás	habrás	sacado
sacar á	habrá	sacado
sacar emos	habremos	sacado
sacar éis	habréis	sacado
sacar án	habrán	sacado

Condicional
(Bello : Pospretérito)

Condicional perfecto
(Bello : Antepospretérito)

sacar ía	habría	sacado
sacar ías	habrías	sacado
sacar ía	habría	sacado
sacar íamos	habríamos	sacado
sacar íais	habríais	sacado
sacar ían	habrían	sacado

MODO SUBJUNTIVO

Tiempos simples	Tiempos compuestos

Presente
(Bello : Presente)

Pretérito perfecto
(Bello : Antepresente)

saque	haya	sacado
saques	hayas	sacado
saque	haya	sacado
saquemos	hayamos	sacado
saquéis	hayáis	sacado
saquen	hayan	sacado

Pretérito imperfecto
(Bello : Pretérito)

Pretérito pluscuamperfecto
(Bello : Antepretérito)

sac a ra	hubiera	sacado
sac a ras	hubieras	sacado
sac a ra	hubiera	sacado
sac á ramos	hubiéramos	sacado
sac a rais	hubierais	sacado
sac a ran	hubieran	sacado
sac a se	hubiese	sacado
sac a ses	hubieses	sacado
sac a se	hubiese	sacado
sac á semos	hubiésemos	sacado
sac a seis	hubieseis	sacado
sac a sen	hubiesen	sacado

Futuro
(Bello : Futuro)

Futuro perfecto
(Bello : Antefuturo)

sac a re	hubiere	sacado
sac a res	hubieres	sacado
sac a re	hubiere	sacado
sac á remos	hubiéremos	sacado
sac a reis	hubiereis	sacado
sac a ren	hubieren	sacado

MODO IMPERATIVO

Presente

sac a (tú)	saquemos (nosotros)
saque (él, usted)	sac ad (vosotros)
	saquen (ellos, ustedes)

FORMAS NO PERSONALES

Tiempos simples	Tiempos compuestos
Infinitivo: **sacar**	Infinitivo compuesto haber sacado
Gerundio: **sac** ando	Gerundio compuesto habiendo sacado
Participio: **sac** ado	

90 zurcir verbos con cambios de ortografía o prosodia

FORMAS PERSONALES

MODO INDICATIVO		MODO SUBJUNTIVO	
Tiempos simples	Tiempos compuestos	Tiempos simples	Tiempos compuestos

Presente (Bello : Presente)	Pretérito perfecto compuesto (Bello : Antepresente)	Presente (Bello : Presente)	Pretérito perfecto (Bello : Antepresente)
zurzo	he zurcido	zurza	haya zurcid
zurc es	has zurcido	zurzas	hayas zurcid
zurc e	ha zurcido	zurza	haya zurcid
zurc imos	hemos zurcido	zurzamos	hayamos zurcid
zurc ís	habéis zurcido	zurzáis	hayáis zurcid
zurc en	han zurcido	zurzan	hayan zurcid

Pretérito imperfecto (Bello : Copretérito)	Pretérito pluscuamperfecto (Bello : Antecopretérito)	Pretérito imperfecto (Bello : Pretérito)	Pretérito pluscuamperfecto (Bello : Antepretérito)
zurc ía	había zurcido	zurc ie ra	hubiera zurcid
zurc ías	habías zurcido	zurc ie ras	hubieras zurcid
zurc ía	había zurcido	zurc ie ra	hubiera zurcid
zurc íamos	habíamos zurcido	zurc ié ramos	hubiéramos zurcid
zurc íais	habíais zurcido	zurc ie ráis	hubierais zurcid
zurc ían	habían zurcido	zurc ie ran	hubieran zurcid
		zurc ie se	hubiese zurcid
		zurc ie ses	hubieses zurcid
		zurc ie se	hubiese zurcid
		zurc ié semos	hubiésemos zurcid
		zurc ie seis	hubieseis zurcid
		zurc ie sen	hubiesen zurcid

Pretérito perfecto simple (Bello : Pretérito)	Pretérito anterior (Bello : Antepretérito)		
zurc í	hube zurcido		
zurc iste	hubiste zurcido		
zurc ió	hubo zurcido		
zurc imos	hubimos zurcido		
zurc isteis	hubisteis zurcido		
zurc ie ron	hubieron zurcido		

		Futuro (Bello : Futuro)	Futuro perfecto (Bello : Antefuturo)
		zurc ie re	hubiere zurcid
		zurc ie res	hubieres zurcid
		zurc ie re	hubiere zurcid
		zurc ié remos	hubiéremos zurcid
		zurc ie reis	hubiereis zurcid
		zurc ie ren	hubieren zurcid

Futuro (Bello : Futuro)	Futuro perfecto (Bello : Antefuturo)
zurcir é	habré zurcido
zurcir ás	habrás zurcido
zurcir á	habrá zurcido
zurcir emos	habremos zurcido
zurcir éis	habréis zurcido
zurcir án	habrán zurcido

MODO IMPERATIVO

Presente	
zurc e (tú)	zurzamos (nosotros)
zurza (él, usted)	zurc id (vosotros)
	zurzan (ellos, ustedes)

Condicional (Bello : Pospretérito)	Condicional perfecto (Bello : Antepospretérito)
zurcir ía	habría zurcido
zurcir ías	habrías zurcido
zurcir ía	habría zurcido
zurcir íamos	habríamos zurcido
zurcir íais	habríais zurcido
zurcir ían	habrían zurcido

FORMAS NO PERSONALES

Tiempos simples	Tiempos compuestos
Infinitivo: zurcir	Infinitivo compuesto haber zurcido
Gerundio: zurc iendo	Gerundio compuesto habiendo zurcido
Participio: zurc ido	

126

4. Lista general de verbos

a

137

138

C

145

ch

163

164

181

p

183

185

186

190

191

193

196

5. Lista de los verbos irregulares

207

6. Régimen usual de los verbos con las preposiciones

a

abalanzarse a, tras alguien,
-al peligro, -hacia el recién llegado,
-sobre el centinela.
abandonarse a la suerte, -al dolor,
-en manos del cirujano.
abastar de víveres.
abastecer con pan y carne, -de agua,
-desde tierra, -en verano, -hasta
Navidad, -sin tregua.
abatirse al suelo, -ante los ruegos,
-con dificultad, -de espíritu, -en, por
los reveses, -hacia la proa, -hasta el
borde.
abdicar de las viejas ideas, -en el
Príncipe, -en contra de sus deseos,
-por la fuerza, -tras la derrota.
abismarse en el estudio.
abjurar al, del error, -ante el concilio,
-bajo pena de excomunión, -en
Toledo.
abocarse con alguno.
abochornarse de algo, -por alguno,
-sin razón.
abogar a favor de, en favor de alguien,
-ante el tribunal, -contra algo, -por
alguno.
abominar del vicio, -sin dudarlo.
abonarse al teatro, -desde el lindero,
-en profundidad, -hacia abajo,
-hasta la carretera, -sin parar.
abordar (una nave) a, con otra,
-contra las rocas.
aborrecer de muerte.
abrasarse de amor, -en deseos.
abrazarse a alguien, -con el enemigo.
abrevar con agua, -de maldad, -en la
charca.
abreviar con la partida, -de razones,
-en tiempo, -por la selva.
abrigarse a la fortaleza, -bajo techado,
-con ropa, -contra el frío, -del
aguacero, -en el portal, -entre los
árboles, -para dormir, -por
precaución, -tras el parapeto.
abrir al público, -con fuerza, -de arriba
abajo, -desde la torre, -en canal,
-hacia afuera, -sin precaución.
abrirse a, con los amigos, -de piernas,
-hacia dentro, -hasta la cintura,
-sobre la ciudad, -tras la epidemia.
abrumar con caricias, -de atenciones.

absolver al penitente, -ante la
comunidad, -del cargo, -sin pérdida
de tiempo, -tras la confesión.
abstenerse de beber.
abstraerse ante el espectáculo,
-con la música, -de lo que rodea.
abundar ante el Rey, -de, en riqueza.
aburrirse con alguien, -de esperar,
-en casa, -por todo, -sin motivo.
abusar de la amistad, -en el precio.
acabar a destiempo, -bajo el agua,
-con su fortuna, -contra un árbol,
-de venir, -en el manicomio, -entre
flores, -para octubre, -por negarse,
-sin dinero.
acaecer (algo) a alguno, -bajo
Carlos V,
-en tiempo de los árabes.
acalorarse con, en, por tan poco,
-de correr, -sin motivos, -tras la
carrera.
acarrear a lomo, -con barcazas,
-desde Jávea, en ruedas, -entre
todos, -hasta León, -para el amo, -sin
tregua.
acceder a la petición.
acelerarse a partir,
-desde media cuesta.
acendrarse (la virtud) con, en las
pruebas, -al juego.
aceptar (algo) de alguien, -en prueba,
-para otro, -por marido, -sin
pestañear.
acercarse a la villa, -desde tierra,
-hacia el enemigo, -hasta el río,
-por el norte.
acertar a, con la casa, -desde el
comienzo, -en la quiniela,
-hacia la mitad, -hasta el final, -sin
dudar.
aclamar al Presidente, -contra sus
enemigos, -desde el aeropuerto,
-hasta la ciudad, -por Rey, -sin
descansar.
aclimatarse a un país, -en España,
-entre nosotros, -sin problemas.
acobardarse ante, frente al contrario,
-con el frío, -de verse solo, -en la
pelea, -por la enfermedad.
acodarse a la ventana, -en el alféizar,
-sobre la baranda.
acoger bajo techo, -en casa,
-entre los nuestros.

acogerse a, bajo sagrado, -de la guerra,
-en el templo, -hasta la primavera,
-sobre medianoche, -tras la frontera.

acometer a alguien, contra, hacia el
enemigo, -de cara, -hasta la caída del
sol, -(a alguien) por la espalda,
-según lo pactado, -sin tregua.

acomodarse a, con otra opinión, -de
criado, -en una casa, -por poco
tiempo, -para viajar, -sobre la
cubierta, -tras la derrota.

acompañar a palacio,
-con, de pruebas, -en el sentimiento,
-hasta la iglesia.

acompañarse al piano,
-con, de buenos.

acondicionar con sal y pimienta, -(la
fruta) en cajas, -para el transporte,
-según la receta.

aconsejar contra su enemigo,
-(a alguien) de algo, -en algún
asunto, -sobre la elección.

aconsejarse con, de sabios,
-en el negocio.

acontecer a todos,
-bajo la República, -por el verano,
-según lo concluido.

acoplar (el remolque) al tractor,
-(el instrumento) en la caja, -entre
los dos, -tras el camión.

acorazarse contra la maledicencia,
-de indiferencia, -para la pelea.

acordar (la voz) al instrumento,
-con un instrumento, -entre los
socios.

acordarse con los contrarios,
-de lo pasado, -en hacer algo, -sobre
algo.

acortar con, por el atajo, -de palabras,
-desde el principio.

acostarse con alguien, -contra la
pared, -en pijama, -entre las peñas,
-hacia medianoche, -hasta las cinco,
-sobre el césped.

acostumbrarse a los trabajos,
-con los demás, -según la tradición,
-sin dificultad.

acreditarse con, para alguno,
-como médico, -de necio, -en su
oficio.

acribillar a tiros, -con clavos.

actuar bajo la amenaza, -como fiscal,
-con otro, -contra alguien, -de

comparsa, -en los negocios, -para sí,
-por lo civil, -según la ley.

acudir a, con la solución, -ante la
autoridad, -de todas partes, -desde
muy lejos, -sin pérdida de tiempo,
-tras la caballería.

acumular (los intereses) al capital,
-riquezas sobre riquezas.

acusar (a alguno) ante el juez, -con
insistencia, -de un delito.

acusarse de las culpas.

achicarse ante el jefe.

achicharrarse al sol.

achuchar (a una persona) contra algo.

adaptar o **adaptarse** al uso.

adelantar en la carrera, -(no) nada
con enfadarse, -(la silla) hacia la
mesa, -por la izquierda.

adelantarse a otros, -en algo,
-hasta el Tajo, -por el lado izquierdo,
-según lo convenido, -sin avisar.

adentrarse con la infantería,
-en el bosque, -desde la orilla del
mar -hasta el bosque, -para
descansar.

adestrarse o **adiestrarse** a esgrimir,
-con la espada, -en la lucha,
-entre campeones, -para el juego.

adherir o **adherirse** a un dictamen.

admirarse ante el suceso,
-en el espejo, -por el éxito.

admitir a alguien, -bajo juramento,
-como superior, -en sociedad, -**por**
jefe, -sin reservas.

adolecer de alguna enfermedad.

adoptar a alguien, -por hijo,
-para la batalla.

adorar a Dios, -de todo corazón.

adornar con flores, -de carteles,
-por fuera.

adueñarse con dádivas, -de la fortuna,
-en tres semanas, -por tierra y mar,
-sin resistencia.

advertir a alguien, -del peligro,
-en secreto, -sin reservas.

afanarse al trabajo, -bajo el sol,
-hasta la caída del sol, -por ganar,
-sobre el arado, -tras la yunta.

aferrarse a, con, en su opinión.

afianzar a alguien, -bajo techo,
-con sus bienes, -de calumnia, -sobre
el fondo del agua.

afianzarse ante algo o alguien, -en, por

la cintura, -con una recomendación,
-para saltar, -sobre el árbol.
aficionarse a, de alguna cosa.
afilar con el cuchillo, -en la piedra.
afiliarse a, en un partido.
afinar (un instrumento) con otro.
afinarse en el trato.
afirmarse en lo dicho, -sobre la montura.
afligirse con, de, por la situación
actual.
aflojar en el estudio.
aflorar a la superficie.
afluir (el público) al estadio.
aforrar con, de, en piel.
afrentar con denuestos.
afrentarse de su estado.
afrontar con la conducta.
agarrar de, por el pelo.
agarrarse a, de un hierro.
agazaparse bajo, tras el matorral.
agobiarse con, de, por los años.
agraciar con una gran cruz.
agradar al gusto, -con todos,
-de gusto, -para, para con todos.
agraviarse de alguno,
-por una chanza.
agregar (leche) al café.
agregarse a, con todos.
aguantarse con la bronca.
aguardar a otro día, -en casa.
ahitarse de manjares.
ahogarse de calor, -en poca agua,
-entre una cosa y otra.
ahondar con pico y pala, -en el tema.
ahorcajarse en los hombros de
alguno.
ahorcarse de, en un árbol,
-con una soga.
ahorrar de razones.
ahorrarse (no) con nadie.
airarse con, contra alguno,
-de, por lo que dijeron.
aislarse de la gente.
ajetrearse de un lado a otro,
-de un lado para otro.
ajustar (una cosa) a otra, -(un trabajo)
en mil pesetas.
ajustarse a la razón, -con el amo,
-en sus costumbres.
alabar a alguien, -de discreto, -(algo)
en otro, -(a alguien) por su
prudencia.
alabarse de valiente.

alargarse a la ciudad, -en la narración,
-hasta el pueblo.
alcanzar al techo, -con ruegos del rey.
-en días, -(la paga) hasta fin de mes,
-para todos.
aleccionar en el modo de conducirse.
alegar de, con pruebas, -como mérito,
-en defensa.
alegrarse con, de, por algo.
alejarse de su tierra, -en la mar.
alentar con la esperanza.
aliarse (uno) a, con otro.
alimentarse con huevos, -de hierbas.
alindar (una finca) con otra,
-por el Norte.
alinearse bajo las órdenes del
entrenador, -con el Real Madrid,
-de portero, -en el equipo titular, -(un
jugador) en lugar de, -en vez de otro.
alistarse como marinero,
-en un cuerpo, -por socio.
aliviar del, en el trabajo.
alquilar (un piso) en, por diez mil
pesetas.
alternar con los sabios,
-en el servicio, -entre unos y otros.
alucinarse con sofismas,
-en el examen.
aludir a algo.
alumbrarse con la linterna,
-en la oscuridad.
alzar (los ojos) al cielo,
-(algo) del suelo, -por caudillo.
alzarse a mayores, -con el reino,
-de la silla, -en rebelión.
allanar hasta el suelo.
allanarse a lo justo.
amagar con un ataque.
amanecer con fiebre, -en París,
-entre Pinto y Valdemoro, -por la
sierra, -sobre las cinco.
amañarse a escribir, -con cualquiera,
-para hacer un trabajo.
amar de corazón.
amargar con hiel.
amarrar a un tronco, -con cuerdas.
amenazar (a alguien) al pecho,
-con la espada, -de muerte.
amparar (a uno) de la persecución,
-en la posesión.
ampararse bajo un árbol, -con algo,
-contra el viento, -de la lluvia,
-en el portal.

amueblar con lujo.

andar a gatas, -con el tiempo,
  -de puntillas, -detrás de alguien, -en
  pleitos, -entre mala gente, -por
  conseguir algo, -sobre un volcán,
  -tras un negocio.

andarse en flores, -por las ramas.

anegar en sangre, -de tierra.

anhelar a más, -por mayor fortuna

animar al certamen, -con aplausos.

anteponer (la obligación) al gusto.

anticipar (diez mil pesetas) sobre el
  sueldo.

anticiparse a otro.

anunciarse en la prensa, -por la radio.

añadir a lo expuesto.

apacentarse con, de memorias.

apañarse con mil pesetas.

aparar con, en la mano.

aparecer en, por el horizonte,
  -entre las nubes.

aparecerse a, ante alguien, -en casa,
  -entre sueños.

aparejarse al, para el trabajo.

apartar a un lado, -de sí.

apartarse a un lado, -de la ocasión.

apasionarse con, de, en, por alguno.

apearse a, para merendar,
  -del autobús, -en marcha, -por la
  puerta delantera.

apechugar con todo.

apegarse a alguna cosa.

apelar a otro medio,
  -ante, -para ante el Tribunal
  superior, -contra, de la sentencia.

apelotonarse a la entrada
  de un cine.

apencar con las consecuencias.

apercibirse a, para la batalla,
  -contra el enemigo, -de armas.

apesadumbrarse con, de la noticia,
  -por niñerías.

apestar a perfume barato,
  -(el mercado) de géneros, -con sus
  lamentos.

apiadarse de los pobres.

aplicarse a los estudios.

apoderarse de la hacienda.

aportar a la ciudad, -en dinero.

apostar a correr, -con un amigo.
  -por el mejor.

apostatar de la fe.

apoyar con citas, -en autoridades.

apoyarse en la pared,
  -sobre la columna.

apreciar (a alguien) como profesor,
  -en mucho, -por sus prendas.

aprender a escribir, con, de fulano,
  -por sus principios.

aprestarse a la lucha.

apresurarse a venir, -en réplica,
  -por llegar a tiempo.

apretar a correr, -con las manos,
  -contra sí, -entre los brazos,
  -sobre la tapadera.

aprisionar bajo el agua, -con una
  trampa, -del cuello, -entre la
  escalera, -por los brazos, -tras la
  puerta.

aprobar en latín -por unanimidad.

apropiar a su idea, -para sí.

apropiarse de lo ajeno.

apropincuarse a alguna parte.

aprovechar en el estudio.

aprovecharse de la ocasión.

aprovisionar con aviones,
  -de municiones.

aproximar (una cosa) a otra.

aproximarse al altar.

apuntar a alguien, -con la pistola,
  -en mi haber, -hacia la solución

apurarse con un percance, -en los
  contratiempos, -por poco.

aquietarse con la explicación.

arder a fuego lento,
  -(la casa) con llamas, -por ir al cine.

arderse de cólera, -en deseos.

argüir a favor del acusado, -con
  pruebas, -contra, en favor de lo
  dicho, -de falso, -(ignorancia) en una
  persona, -en apoyo de la tesis, -en
  contra de la argumentación.

armar con lanza, -de carabina,
  -hasta los dientes.

armarse de paciencia.

armonizar (una cosa) con otra.

arraigarse en Castilla.

arrancar (la broza) al, del suelo,
  -de raíz.

arrancarse a cantar, -con mil pesetas,
  -(el toro) contra el picador,
  -hacia el torero, -por peteneras.

arrasarse (los ojos) de, en lágrimas.

arrastrar en su caída, -por tierra.

arrastrarse a los pies.

arrebatar de, de entre las manos.

arrebatarse de ira.
arrebozarse con, en la capa.
arrecirse de frío.
arreglarse a la razón,
  -con el acreedor.
arregostarse de nuevo,
  -a los cambios.
arrellanarse en la butaca.
arremeter al, con, contra, para el
  bandido.
arremolinarse a la salida, -alrededor
  del auto, -en la puerta.
arrepentirse de sus culpas.
arrestarse a todo.
arribar a Cádiz.
arriesgarse a salir, -en la empresa.
arrimarse a la pared.
arrinconarse en casa.
arrojar a, en la calle, -de sí, -desde el
  balcón, -por la ventana.
arrojarse a pelear, -contra el bandido,
  -de, por la ventana, -desde la terraza,
  -en el estanque, -sobre el enemigo.
arroparse con, en la manta.
arrostrar con los peligros.
asaetear a, con súplicas.
asar a la lumbre, -en la parrilla.
asarse de calor.
ascender a coronel, -de categoría,
  -en la carrera, -por los aires.
asegurar contra el pedrisco,
  -de incendios.
asegurarse de la verdad.
asemejarse a algo, -en, por el color.
asentarse (el pueblo) a orillas del río,
  -en el trono.
asentir a un dictamen.
asesorarse con, de letrados,
  -en cuestiones económicas.
asimilar (una cosa) a otra.
asir a la niña, -con una tenaza,
  -de la ropa, -por los cabellos.
asirse a las ramas, -con el contrario,
  -de las cuerdas.
asistir a los enfermos, -de oyente,
  -en la necesidad.
asociarse a, con otro.
asomarse a la calle, -por el balcón.
asombrarse con el, del suceso.
asonantar (una palabra) con otra.
asparse a gritos, -por algo.
aspirar a mayor fortuna.
asustarse de, con, por un ruido.

atacar a la raíz.
atar (el caballo) a un tronco,
  -con cuerdas, -de pies y manos, -por
  la cintura.
atarearse a escribir,
  -con, en los negocios.
atarse a una sola opinión,
  -en las dificultades.
atascarse en el barro.
ataviarse con, de lo ajeno.
atemorizarse con, de, por algo.
atenazar al banco.
atender a la conversación.
atenerse a lo seguro.
atentar a la vida, -contra la propiedad.
atestiguar con otro, -de oídas,
  -sobre el robo.
atiborrarse de comida.
atinar al blanco, -con la casa,
  -en la respuesta.
atollarse en el lodo.
atrancarse a uvas, -de comida.
atraer a su bando, -con promesas.
atragantarse con una espina.
atrancarse en el vado.
atravesar (el río) con, en la barca,
  -por el vado.
atravesarse en el camino.
atreverse a cosas grandes,
  -con todos.
atribuir a todo.
atribularse con, en, por los trabajos.
atrincherarse con una tapia,
  -en un repecho, -tras su silencio.
atropellar con, por todo.
atropellarse en las acciones.
atufarse con, de, por poco.
aumentar de, en peso.
aunarse con otro.
ausentarse de Madrid.
autorizar a firmar, -con su firma,
  -para algún acto.
avanzar a, hacia, hasta las líneas
  enemigas, -por el campo,
  -sobre el lago.
avecindarse en Segovia.
avenirse a todo, -entre sí.
avergonzar al abuelo, -por las faltas.
avergonzarse a, de pedir,
  -por su conducta.
averiguarse con alguno.
avezarse a la vagancia.
aviarse de ropa, -para salir.

avocar a sí.
ayudar a triunfar, -con armas,
  -en la dificultad.
ayudarse de la recomendación.
azotar (la lluvia) en los cristales.

b

bailar al compás, -con Isabel,
  -por Sevillanas.
bajar a la cueva, -de la torre, -en el
  ascensor, -hacia el valle, -por la
  escalera.
balancear a alguien, -en la cuerda.
balar (las ovejas) de miedo.
baldarse con la humedad, -de frío.
bambolearse en la soga.
bañar (un papel) con, de, en lágrimas,
  -por todas las partes.
barajar con la vecina.
barbear con la pared.
basarse en la fuerza militar,
  -sobre buenos principios.
bastar a, con el dinero, -para
  enriquecerse.
bastardear de su naturaleza, -en sus
  acciones.
batallar con el adversario, -contra los
  enemigos, -por los hijos.
beber a, por la salud de alguien,
  -de, en una fuente.
beneficiarse a una mujer,
  -con el horario de verano, -de las
  nuevas disposiciones.
besar en la frente.
bienquistarse con el jefe.
blasfemar contra Dios, -de la virtud,
  -por todo.
blasonar de noble.
bordar a mano, -(algo) al tambor,
  -con, de plata, -en cañamazo.
borrar (a alguien) de la lista.
bostezar de aburrimiento.
bramar de furor.
brear a golpes.
bregar con alguno,
  -contra los contrabandistas, -en las
  faenas caseras, -por los hijos.
brillar al sol, -por su ingenio.
brincar de júbilo.
brindar a la salud de alguno,
  -con regalos, -por el amigo ausente.

brotar de, en un peñasco.
bufar de ira.
bullir en, por los corrillos.
burilar en cobre.
burlar a alguno.
burlarse de algo.
buscar (fallo) al enemigo,
  -por donde salir.

c

cabalgar a mujeriegas, -en mula,
  -por aquellos riscos, -sobre un asno.
caber a diez, -de pies, -desde aquí
  hasta allí, -en la mano, -entre la cuba
  y las dos garrafas, -por el hueco.
caer al agua, -con otro, -de lo alto,
  -desde la ventana, -en tierra, -hacia
  tal parte, -hasta la calle, -por Pascua,
  -sobre los enemigos.
caerse a pedazos, -al suelo, -de viejo,
  -desde la ventana, -en tierra,
  -por el balcón, -sobre el codo.
cagarse de miedo.
calar a fondo.
calarse de agua.
calentarse a la lumbre,
  -con el ejercicio, -en el juego.
calificar de sabio.
calzarse con la prebenda, -en tal sitio.
callar (la verdad) a otro,
  -de, por miedo.
cambiar (una cosa) con, por otra,
  -de camisa, -en calderilla.
cambiarse a otra cosa,
  -(la risa) en llanto.
caminar a, de concierto, -hacia Alcalá,
  -para Sevilla, -por el atajo.
campar por sus respetos.
canjear (una cosa) por otra.
cansarse con el, del trabajo.
cantar a libro abierto, -con gracia,
  -de plano, -en voz baja, -por bulerías.
capitular con el enemigo, -(a alguno)
  de malversación.
caracterizarse de rey, -por su solidez.
carcajearse de la autoridad.
carecer de medios.
cargar a flete, -con el saco, -contra el
  adversario, -de trigo, -sobre él.
cargarse con la responsabilidad,
  -de razón.
casar (una cosa) con otra,

-en segundas nupcias, -por poderes.

casarse con su novia.

castigar a alguien, -con un día de haber, -de rodillas, -(a alguno) por su temeridad, -sin recreo.

catequizar (a alguno) para fin particular.

cautivar (a alguno) con sus encantos.

cavilar para hallar la solución, -sobre el asunto.

cazar al vuelo, -con halcón, -en terreno vedado.

cebar desde octubre hasta diciembre, -con grano.

cebarse en la venganza.

ceder a la autoridad, -ante la fuerza, -de su derecho, -en honra de alguno.

cegarse de cólera, -con su amor.

cejar ante las dificultades.

censurar (algo) a, en alguno.

ceñir a sus sienes, -con, de flores.

ceñirse a lo justo, -en la curva.

cerciorarse de un suceso.

cernerse sobre (algo) un peligro.

cerrar a piedra y lodo, -con, contra el enemigo, -hacia fuera, -por dentro, -tras él.

cerrarse a toda concesión, -de todo, -en callar.

cesar de correr, -en su empleo.

cifrar (su dicha) en la virtud.

circular por la calle.

circunscribirse a una cosa.

ciscarse de miedo, -en algo.

clamar a Dios de dolor, -por lo justo.

clamorear a muerto (las campanas), -por alguna cosa.

clasificar (una cosa) de derecha a izquierda, -en orden, -(a los alumnos) por mérito, -según sus aptitudes.

clavar a, en la pared, -por debajo.

coadyuvar a, en la construcción.

cobijarse bajo el tejado, -con su madre, -en el portal.

cobrar de los deudores, -en papel, -por San Martín.

cocer a la, con lumbre, -en su salsa, -entre la carne.

codearse con los mejores.

coexistir con Isabel Iª

coger a mano, -con el robo, -de buen humor, -en Segovia, -entre puertas,

-por la mano.

cohibirse ante, con alguien, -de hacer una cosa.

coincidir con alguien, -en gustos.

cojear del pie derecho.

colaborar a una obra, -con José, -en la revista.

colarse en el examen.

colegir de, por los antecedentes.

colgar de un clavo, -en la percha, -por los pies.

coligarse con algunos.

colindar con su finca.

colmar de mercedes.

colocar al principio, -con, en, por orden, -entre dos cosas.

colorear de rojo.

combatir con, contra el enemigo, -por una causa.

combinar (una cosa) con otra.

comedirse en las palabras.

comenzar a decir, -por reñir.

comer a dos carrillos, -como un pajarito, -de todo, -hasta hartarse, -por cuatro, -sin ganas.

comerciar con otra empresa, -en granos, -por mayor.

comerse (unos) a otros, -con salsa, -de envidia.

compadecerse (una cosa) con otra, -del infeliz.

compaginar (el estudio) con el descanso.

comparar (un objeto) a, con otro.

compartir (las penas) con otro, -(la fruta) en dos cestas, -entre varios.

compeler (a alguien) a pagar sus deudas.

compensar (una cosa) con otra, -(a alguien) de las molestias, -por las pérdidas.

competir al juez, -con alguno, -en precio, -por el primer puesto.

complacer a un amigo, -(a alguien) con sus atenciones, -en la realización de un proyecto.

complacerse con la noticia, -de, en alguna cosa.

completar (el peso) con otra nuez.

complicar (el trato) con exceso de cortesía.

componer (un himno) al sol, -(un

ramo) **con** rosas, -(un todo) **de** varias
partes, -(un poema) **en** honor de la
amada.
componerse con los acreedores,
-**de** bueno y malo.
comprar (algo) **al** contado,
-**del** comerciante, -**en** la tienda, -**para**
la novia, -**por** kilos.
comprender de qué se trata.
comprimirse en los gastos.
comprobar con el testigo, -**en** origen.
comprometer a otro, -**en** un negocio.
comprometerse a pagar,
-**con** alguno, -**en** una empresa.
computar (la distancia) **en** años luz,
-(cada punto) **por** cien pesetas.
comulgar bajo las dos especies,
-(a otro) **con** ruedas de molino, -**en**
los mismos ideales,
-**por** Pascua.
comunicar (la noticia) **al** público,
-(uno) **con** otro, -**de** uno a otro, -**por**
una ventana.
comunicarse (el fuego) **a** las casas,
-**de** lejos, -**entre** sí, -**por** señas.
concebir (odio) **contra, hacia, por** el
jefe.
concentrar (la luz) **con** una lente,
-(el poder) **en** una sola persona.
concentrarse en el estudio.
conceptuar (al testigo) **de** falso.
concernir (una cosa) **a** alguien.
concertar (uno) **con** otro,
-**en, por** precio, -**entre** dos
contrarios.
conciliar (una cosa) **con** otra.
conciliarse (el respeto) **del** público.
concluir con cantos,
-(a uno) **de** ignorante, -**en**
consonante, -**por** vender la casa.
concordar (la copia) **con** el original,
-**en** género y número.
concretarse al sueldo, -**con** lo que se
tiene, -(una teoría) **en** una obra.
concurrir a algún fin, -**con** otros,
-**en** un dictamen.
condenar (a uno) **a** galeras,
-**con** una multa, -**en** costas.
condensar en pocas páginas.
condescender a los ruegos,
-**con** la instancia, -**en** reiterarse.
condicionar (el beneficio) **al** trabajo.
condolerse de los trabajos.

conducir (una cosa) **al** cielo,
-**en** coche, -**por** mar.
conectar con Radio Madrid.
confabularse con los contrarios,
-**para** el golpe.
confederarse con los del Sur.
conferir (un negocio) **con, entre**
amigos.
confesar (el delito) **al** juez,
-**entre** amigos.
confesarse a Dios, -**con** alguno,
-**de** sus culpas.
confiar (la presidencia) **a** Felipe,
-**de, en** alguno, -**por** necesidad.
confinar (a alguno) **a, en** Menorca,
-(España) **con** Portugal.
confirmar (a alguien) **como** poeta,
-(al orador) **de** sabio, -**en** la fe, -**por**
idiota.
confirmarse en su opinión.
confluir a la plaza, -**con** otro,
-**en** un sitio.
conformar (su opinión) **a, con** la
ajena, -**por** fuerza.
conformarse al, con el tiempo,
-**por** obligación.
confrontar (un jugador) **con** otro,
-(dos ediciones) **entre** sí.
confundir (al amigo) **con** atenciones.
confundirse de lo que se ve,
-(una cosa) **con** otra, -**en** sus
opiniones.
congeniar con la novia.
congraciarse con otro.
congratularse con los suyos,
-**del** triunfo, -**por** la victoria.
conjeturar (algo) **de, por** lo visto.
conjurarse con otros,
-**contra** el tirano.
conminar (al enemigo) **a** rendirse,
-(a alguien) **con** una multa.
conmutar (una cosa) **con, por** otra,
-(una pena) **en** otra.
conocer a otro, -**de** vista,
-**en** tal asunto, -**por** su fama.
consagrar o **consagrarse al** estudio.
conseguir del padre (la mano de su
hija).
consentir con los caprichos, -**en** algo.
conservarse con, en salud,
-**hasta** el verano.
considerar a la servidumbre,
-(una cuestión) **bajo, de, en** todos

219

sus aspectos, -desde todos los
puntos de vista, -por todos lados.
consignar (el paquete) a nombre de
Antonio, -(mil pesetas) para gastos
de casa.
consistir en una friolera.
consolar (a uno) de un trabajo,
-en su aflicción, -sobre su pecho.
consolarse con sus parientes,
-de la pérdida sufrida, -en Dios.
conspirar a un fin, -con otros,
-contra alguno, -en un intento, -para
el triunfo de la rebelión.
constar (el todo) de partes,
-en los autos, -por escrito.
constituir (la nación) en república,
-(una hipoteca) sobre la finca.
constreñir (a alguien) a hacer algo.
construir (una palabra) con otra,
-(el verbo) en subjuntivo.
consultar con letrados, -en primer
lugar,
-(a alguno) para un empleo, -por
Navidad, -(un abogado) sobre un
asunto.
consumirse a fuego lento,
-con la fiebre, -de fastidio, -en
meditaciones, -hacia abajo.
contagiarse con, del, por el roce.
contaminarse con los vicios,
-de, en la epidemia.
contar (algo) al vecino, -como delito,
-con sus fuerzas, -de uno a tres, -de
dos en dos, -de cinco hasta diez,
-desde diez en adelante, -(a alguien)
entre sus amigos, -por verdadero.
contemplar en Dios, -a la hermosa.
contemporizar con el adversario.
contender con alguno, -contra los
moros, -en nobleza, -por las armas,
-sobre filosofía.
contenerse de beber, -en sus deseos,
-por educación.
contentarse con su suerte,
-del parecer.
contestar a la pregunta, -con el
declarante, -de malos modos.
continuar con salud, -desde aquí,
-en su puesto, -hacia el Norte, -por
buen camino.
contradecirse con sus actos.
contraer (algo) a un asunto,
-(amistad) con un amigo.

contrapesar (una cosa) con otra.
contraponer (una cosa) a, con otra.
contrastar (una cosa) con otra,
-(dos cosas) entre sí.
contratar (a alguien) en mil pesetas,
-por tres meses.
contratarse como actor, -para actuar
en París.
contravenir a la ley.
contribuir a tal cosa, -con dinero,
-en el éxito, -para la construcción.
convalecer de la enfermedad.
convencer a la policía.
convencerse con las razones,
-de la razón.
convenir (una cosa) al enfermo,
-con otro, -en alguna cosa.
convenirse a, con, en lo propuesto.
converger (los esfuerzos) al bien
común, -(los caminos) en un punto.
convergir (los esfuerzos) al bien
común, -(los caminos) en un punto.
conversar con el vecino,
-en, sobre literatura.
convertir (la cuestión) a otro objeto,
-al islamismo, -en dinero, -entre los
dos.
convertirse a Dios, -(el mal) en bien.
convidar (a alguno) a comer,
-con un billete, -para el baile.
convidarse a, con jerez,
-para la fiesta.
convivir con otros, -en buena
armonía.
convocar a junta, -en junio,
-por San Miguel.
cooperar a alguna cosa, -con otro,
-en el esfuerzo.
copiar a mano, -del original,
-en la manera de vestir.
coquetear con alguien.
coronar con, de, en flores,
-por Rey de España.
corregir (una obra) con, de, por su
propia mano.
corregirse de su falta.
correr a caballo, -con los gastos,
-de norte a sur, -en busca de uno,
-entre los árboles, -por mal camino,
-sobre lo pasado.
correrse de vergüenza, -en la propina
-por una culpa.
corresponder a los favores,

-con el amigo, -del mismo modo, -en
la misma forma.
cortar con la tijera, -de vestir,
-(la cordillera) de norte a sur, -(un
discurso) en lo más interesante, -por
lo sano.
coser a cuchilladas, -con máquina,
-para el comercio.
coserse (unos) a, con, contra otros.
cotejar (la copia) con el original,
-por arriba.
crecer a los ojos de todos,
-de tamaño, -en sabiduría.
creer a Juan, -(tal cosa) de otro,
-en Dios, -(a uno) por, sobre su
testimonio.
creerse de opiniones ajenas.
criar a sus pechos, -con solicitud,
-en la honestidad.
criarse en buenos pañales,
-para las armas.
cristalizar o **cristalizarse** en prismas.
cruzar (un macho) con una hembra,
-(una cuerda) de un sitio a otro,
-(la gente) en todas direcciones, -por
detrás.
cruzarse con alguien, -de caballero,
-(el coche) en la carretera.
cuadrar (algo) a una persona,
-(lo uno) con lo otro.
cubrir o **cubrirse** con, de joyas.
cucharetear en todo.
cuidar con vuestras palabras,
-de alguno.
culminar (la fiesta) con un banquete,
-en una zambra.
culpar (a uno) de omiso,
-en uno lo que se disculpa en otro,
-(a otro) por lo que hace.
cumplir con el deber,
-en representación, -por todos.
cundir (la noticia) por la ciudad.
curar al aire, -con medicamentos.
curarse con aceite, -de la gripe, -en
salud.
curiosear con los ojos, -por las calles.
curtirse al, con el, del fresco,
-en la lucha.

ch

chacotearse de algo.
chancearse con Luis, -de Pedro.

chapar con, de oro.
chapear (la cocina) con, de azulejos.
chapotear en el agua.
chapuzar en el mar.
chapuzarse en la piscina,
-por San Juan.
chocar a los telespectadores, -con el
coche, -contra la barrera, -en un
árbol.
chochear con los años, -de anciano,
-por la vejez.

d

dañar a alguien, -de palabra, -con
actos, -en la honra.
dañarse del estomago.
dar (algo) a cualquiera, -con la carga al
suelo, -contra un árbol, -de palos,
-en manías, -ocasión a, ocasión de,
ocasión para conocer, -por visto,
-sobre el más flaco.
darse al alcohol, -con una piedra en la
espinilla, -contra un árbol,
-de bofetadas, -por vencido.
datar (un monumento) de tiempos
antiguos.
deambular por las calles.
deber (dinero) a José, -de ciudadano.
decaer de su fortuna, -en vigor.
decidir a favor de, en favor de alguien,
-de nuestras vidas, -en un juicio,
-por su padre, -sobre el asunto.
decidirse a ir, -a favor del,
en favor del testigo, -por costumbre.
decir a Juan, -de alguno,
-en conciencia, -para sí, -por
teléfono.
declarar al Juez, -en pleito,
-(a alguien) por enemigo, -sobre el
asunto.
declararse (un hombre) a una mujer,
-a favor de un programa, -con
alguien, -en contra de, por una idea.
declinar a, hacia un lado, -de allí,
-en bajeza.
decrecer con el tiempo,
-en las últimas horas.
dedicar a estudiar.
dedicarse a la empresa.
deducir de, por lo explicado.
defender al contrario, -con bombas

221

de mano, -contra el viento, -de
alguien, -(al reo) por pobre.

defraudar al fisco, -(trigo) del almacén,
-en lo prometido.

degenerar de su estirpe,
-(una cosa) en otra peor.

dejar a María, -antes del mediodía,
-(a alguien) con la palabra en la boca,
-de llamar, -(a alguien) en paz, -(el
negocio) en manos del hijo, -para el
lunes, -por aburrimiento, -sin
restaurar.

dejarse de escribir.

delatar a la policía.

delegar al consejero, -en Alfonso.

deleitarse con el oído, -de oír,
-en contemplación del paisaje.

deliberar en Consejo, -entre socios,
-sobre la venta.

delirar en la enfermedad,
-por la fiebre.

demandar ante el juzgado,
-de, por calumnia, -en juicio.

demorarse en el pago.

demostrar con pruebas.

departir con el amigo,
-de, sobre la actualidad.

depender del Capitán.

deponer ante el juez, -contra el
criminal, -(a alguno) de su puesto,
-en juicio.

deportar (a alguien) a Canarias,
-(a alguien) de su tierra.

depositar bajo custodia, -en el cajón,
-(al reo) en manos del, en poder del
juez, -sobre la mesa.

derivar (una palabra) de otra,
-hacia temas íntimos.

derramar (agua) al, en el suelo,
-encima del vestido, -por la
alfombra,
-sobre el sofá.

derretirse de calor.

derribar al suelo, -de la cumbre,
-en, por tierra.

derrocar al suelo, -del acantilado,
-por tierra.

desabrirse con alguno.

desacertar en la elección del tema.

desacostumbrarse al frío,
-de la siesta.

desacreditar a la Empresa,
-ante la competencia, -con los

clientes, -en su fama, -entre la
profesión.

desafiar (a alguien) al ajedrez.

desaguar (un río) en otro,
-(un pantano) por las esclusas.

desaguarse por un tubo.

desahogarse con su amigo,
-de su aflicción, -en gritos.

desairar (a alguien) en sus
pretensiones.

desalojar del piso.

desaparecer del pueblo,
-para siempre.

desapoderar (a alguien) de sus
atribuciones.

desarraigar del campo.

desasirse de las cuerdas.

desatarse de un árbol, -en insultos.

desavenirse con su novia, entre sí.

desayunar con café.

desayunarse de alguna noticia,
-con café.

desbancar (a alguien) de su puesto.

desbordarse (el vino) del vaso,
-(el río) en la vega, -por la ciudad.

descabalarse con, en, por alguna cosa.

descabalgar del mulo.

descabezarse con un disgusto,
-en una dificultad.

descalabrar a pedradas,
-con un guijarro.

descansar del esfuerzo,
-en el colaborador, -sobre las armas.

descararse a pedir, -con el superior.

descargar contra el débil, -(los sacos)
del camión, -(la tormenta) en la
Sierra, -sobre la mujer.

descargarse con el ausente,
-contra él, -del secreto, -en el suelo,
-sobre la era.

descarriarse del buen camino.

descartarse de un compromiso.

descender al sótano, -de buena
familia, -desde la cúspide, -en el
favor, -hacia el valle, -por grados.

desclavar (un cuadro) de la pared.

descolgarse al huerto,
-con una petición, -de, desde la
ventana, -hasta la terraza, -por la
cañería.

descollar en física, -entre, sobre otros,
-por su ciencia.

descomponerse con alguno,

-en tres partes, desconfiar de algo o
alguien.
descontar de un préstamo.
descubrir al ladrón.
descubrirse a, con su amiga,
-ante el valor, -por respeto.
descuidarse de, en su obligación.
desdecir de su origen, -con el otro.
desdecirse de lo prometido.
desdeñarse de hablar con los demás.
desdoblarse (una imagen) en tres.
desechar (a una persona) del
pensamiento.
desembarazarse de dificultades.
desembarcar del barco,
-en el muelle.
desembocar en el mar.
desempeñar de sus deudas.
desenfrenarse en los vicios.
desengañarse de ilusiones.
desenredarse del nudo.
desentenderse de su responsabilidad.
desenterrar del carbón,
-de entre la arena.
desentonar (un color) con otro.
desertar al campo enemigo,
-de su deber.
desesperar de obtener un premio.
desfallecer de hambre.
desfogar (la cólera) con, en su amigo.
desgajarse del tronco.
deshacerse a trabajar, -del reloj,
-en excusas, -por las mujeres.
designar (a alguien) con su nombre,
-para el puesto, -(una cosa) por tal
palabra.
desimpresionarse de una idea.
desinteresarse de la conversación.
desistir del proyecto.
desleír en zumo.
deslizarse al pecado, -en los vicios,
-entre las piernas, -por la montaña,
-sobre el hielo.
deslucirse al sol.
desmentir a uno, -bajo juramento,
-(una cosa) de otra.
desmerecer (una cosa) de otra.
desmontarse de la moto.
desnudarse desde, hasta la cintura,
-por la cabeza.
desorientarse en sus investigaciones.
despacharse con, contra, su jefe.
desparramarse en el suelo,

-entre los muebles, -por la mesa,
-por entre los árboles.
despedirse de la familia.
despegarse de los vicios, -por arriba.
despeñarse al, en el vacío,
-de la cúspide, -por la pendiente.
desperecerse por algo.
despepitarse por ir al cine.
desperdigarse entre los trigales, -por
el valle, -por entre los árboles.
despertar al niño, -de un mal sueño,
-entre las olas, -sobre el agua.
despertarse con sed.
despoblarse de gente.
despojar o **despojarse** de la falda.
desposarse ante el juez,
-con una viuda, -por poderes.
desposeer de su fortuna.
despotricar contra el jefe.
desprenderse de un peso.
despreocuparse del negocio.
desproveer (a alguien) de recursos.
despuntar de inteligente,
-en los estudios, -entre sus amigos,
-por su saber.
desquitarse de la pérdida.
destacar (un color) de los otros,
-en matemáticas, -entre los amigos,
-por su simpatía.
desternillarse de risa.
desterrar a una isla, -de su patria,
-por traidor.
destinar a la escuela, -(un regalo)
para la novia.
destituir de un cargo,
-por incompetente.
desunir (a un amigo) de otro.
desvelarse por su trabajo.
desvergonzarse a pedir una
recomendación, -con su amigo.
desvestirse de los hábitos.
desviarse con la niebla, -del camino,
-hacia el norte.
desvivirse con ella, -por el bienestar.
detenerse a comer, -con, en los
obstáculos.
determinarse a partir, -a favor de,
en favor de uno, -por el más joven.
detestar del pecado.
devolver a su propietario,
-(mal) por bien.
diferenciarse (un hombre) de otro,
-en el acento, -por el modo de moverse.

diferir (algo) **a, hasta, para** septiembre,
  -**de** hoy a mañana, -**en** sus ideas,
  -**entre** ellos, -**por** una semana.
difundirse (la leche) **en** el café, -(la
  noticia) **entre** la gente, -(la nube)
  hasta desaparecer.
dignarse de saludarlo.
dilatar (una cosa) **a, para** otra vez,
  -**de** día en día, -**hasta** el lunes.
dilatarse en razones,
  -**hacia** la montaña, -**hasta** el mar.
diluir en un líquido.
dimanar (una cosa) **de** otra.
dimitir del cargo.
diptongar la o **en** ue.
diputar para un cargo.
dirigir a, hacia Barcelona,
  -(a alguien) **en** sus estudios,
  -**para** un fin, -**por** una senda.
discernir (una cosa) **de** otra,
  -**con** claridad, -**entre** todos.
discordar del profesor, -**en** opiniones,
  -**sobre** la solución.
discrepar de Carlos, -**con** su amiga,
  -**en** parecer.
disculpar al alumno, -**con** el maestro.
disculparse ante el grupo,
  -**con** el director, -**del** retraso, -**por** no
  asistir, -**sin** motivos.
discurrir de un punto a otro, -**en**
  varios asuntos, -(el río) **entre**
  praderas, -**por** lugares montañosos,
  -**sobre** matemáticas.
discutir (una orden) **al** jefe,
  -**con** alguien, -**de, sobre** política, -**por**
  sus intereses.
diseminar en todas direcciones,
  -**entre, por entre** los árboles,
  -**por** el bosque.
disentir del adversario.
disertar con el público,
  -**sobre** arte.
disfrazar con promesas.
disfrazarse bajo un hábito de monja,
  -**de** gitana, -**con, en** traje de labriego.
disfrutar con un amigo, -**de** buena
  salud, -**en** el cine.
disgregarse en fragmentos.
disgustarse con, de su respuesta,
  -**por** su comportamiento.
disimular con bigote y gafas.
disipar (el dinero) **en** juergas.
disolver con aceite, -**en** aguardiente.

disonar (un color) **de** los otros,
  -(alguien) **en** una reunión.
disparar contra el enemigo.
dispensar bajo condición, -**de** asistir,
  -**tras** la caída.
dispersarse en fragmentos, -**entre,
  por entre** los árboles, -**por** América.
disponer a bien morir, -**de** los bienes,
  -**en** hileras, -**por** secciones.
disponerse a, para caminar.
disputar con su padre,
  -**de, por, sobre** alguna materia.
distanciarse de su familia.
distar (una ciudad) **de** otra.
distinguir con un premio,
  -**entre** los demás, -**por** leal.
distinguirse de sus asociados,
  -**en** el estudio, -**entre** sus
  compañeros, -**por** su talla.
distraerse con la música,
  -**de** sus ocupaciones, -**en** el trabajo,
  -**por** la conversación.
distribuir a domicilio, -**en** trozos,
  -**entre** los sobrinos.
dividirse en regiones.
divorciarse de su mujer.
divagar del tema.
divertirse a costa de, con su amiga,
  -**en** dibujar.
dividir con las amigas,
  -(una cosa) **de** otra, -**en** dos partes,
  -**entre** los asociados, -**por** la mitad.
dividirse en regiones.
divorciarse de su mujer.
doblar (el salario) **al** trabajador,
  -**a** muerto, -**de** un golpe, -**hacia** la
  izquierda, -**hasta** la cintura, -**por** un
  difunto.
doblarse del esfuerzo, -**hasta** el suelo,
  -**por** el trabajo.
dolerse con un íntimo,
  -**de** las injusticias.
domiciliarse en Granada.
dominar en Europa.
dormir a pierna suelta, -**bajo** el árbol,
  -**con** el niño, -**en** paz,
  -**hacia** medianoche, -**sobre** ello.
dotar con dinero, -**de** ropa,
  -**en** diez millones.
dudar acerca de, sobre su honestidad,
  -**de** su amor, -**en** salir, -**entre** esto y
  aquello, -**hasta** estar seguro.
durar en el mismo puesto, -**para** todo,
  -**por** mucho tiempo.

e

echar a perder, -de casa, -detrás del, tras el fugitivo, -en falta -(las ramas) entre los árboles, -hacia el valle, -sobre sí la carga, -por la senda.

echarse al campo, -bajo un árbol, -de comer, -detrás del, tras el fugitivo, -entre los árboles, -hacia la izquierda, -para la pared, -por el suelo, -sobre el contrario.

educar en el buen camino, -para reina.

ejercitarse en el deporte.

elegir (el mejor) de los concursantes, -contra otro, -entre muchos, -por marido

elevarse al, hasta el cielo, de la tierra, -en éxtasis, -por las nubes, -sobre los demás.

eliminar (a un jugador) de la selección nacional, -(toxinas) por el sudor.

emanar (simpatía) de su persona.

emanciparse de la tutela.

embadurnar con pintura, -de rojo.

embarazarse con tanto paquete.

embarcarse con un socio, -de pasajero, -para Cuba.

embebecerse en mirar.

embeberse con la música, -del espíritu de Platón, -en la lectura.

embelesarse con la niña, -en ver la película.

embestir al torero, -con la espada, -contra el enemigo.

embobarse con, de, en algo.

emborracharse con vino, -de cerveza.

emboscarse en la sierra, -entre los árboles.

embozarse con la capa, -en el abrigo, -hasta las cejas.

embravecerse con, contra los débiles.

embriagarse con aguardiente, -de alegría.

embutir de algodón, -(una cosa) en otra.

emerger del agua.

emigrar a Francia, -de España.

emocionarse con el canto, -en la boda de la hija, -por la desgracia.

empacharse con el hornazo, -de comer, -por poco.

empalagarse con dulces, -de chocolate.

empalmar (un remolque) con, en el camión.

empapar con una esponja, -de, en leche.

empaparse bajo la lluvia, -de ciencia, -en la piscina.

empapuzarse de comida.

emparejar (un buey) con otro.

emparentar con buena familia.

empatar a dos goles, -con el Real Madrid.

empedrar con, de adoquines.

empeñarse con, por alguno, -en deudas, -para la boda, -por la enfermedad.

emperrarse con el juego, -en comprarse un coche.

empezar a brotar, -con bien, -desde la primera página, -en malos términos, -por el principio.

emplear (a alguien) para trabajar.

emplearse como criado, -de camarero, -en una tienda.

empotrar en el muro.

emprender a golpes, -con su socio, -(un trabajo) por sí solo.

empujar a, hacia, hasta un abismo, -con el pie, -contra el muro.

emular con alguien.

emulsionar con, en gasolina.

enajenarse (la amistad) de Juan, -por el miedo.

enamorarse de alguien.

enamoricarse de Carmen.

enamoriscarse de María.

encajar (la puerta) con, en el cerco.

encajarse en la reunión.

encalabrinarse con la secretaria.

encallar (el barco) en arena.

encaminarse al casino, -con su padre, -hacia el río.

encanecer en el taller.

encapricharse de un vestido, -con un chico, -en un tema.

encaramarse al tejado, -en un árbol, -sobre el muro.

encararse a, con su jefe.

encargar (a alguien) de un asunto.

encargarse de la tienda.

encariñarse con una chica.
encarnizarse con, en los vencidos.
encasillarse en un partido.
encastillarse en su idea.
encauzarse en su vida.
encenegarse en el barro.
encender a, en la lumbre.
encenderse de cólera, -en ira.
encerrar (algo) en una caja,
  -(la cita) entre paréntesis.
encerrarse en su casa,
  -entre cuatro paredes.
encogerse de hombros, -con el frío.
encomendar (el niño) a su abuela.
encomendarse a Dios,
  -en manos del médico.
enconarse con el vecino, -en insultos.
encontrar con un obstáculo,
  -bajo la cama, -entre Pinto y
  Valdemoro, -sobre la mesa, -tras la
  puerta.
encontrarse con un amigo,
  -en ideas contrarias, -entre amigos.
encuadernar a mano, -en rústica.
encuadrar (los reclutas) en, por
  unidades.
encuadrarse en un partido.
encumbrarse a, hasta el cielo,
  -sobre sus paisanos.
encharcarse en los vicios.
endurecerse al trabajo,
  -con, en, por el esfuerzo.
enemistar (a uno) con otro.
enfadarse con, contra alguno,
  -de la respuesta, -por tan poco.
enfermar con el trabajo, -del pulmón.
enfilar hacia el castillo.
enfocar con los faros,
  -(una cuestión) desde otro punto.
enfrascarse en la lectura.
enfrentarse al, con el enemigo.
enfurecerse con, contra el criado,
  -de ver injusticias, -por todo.
engalanar (los balcones) con banderas,
  -de colgaduras.
engalanarse con méritos ajenos,
  -de oro.
enganchar o **engancharse**
  (la camisa) con, en un clavo.
engañar a alguien.
engañarse con, por las apariencias,
  -en el precio.
engastar con perlas, -en oro.

engendrarse (un ser) con, de, en
  otro.
englobar (varias cantidades)
  en una sola.
engolfarse en los vicios.
engolosinarse con el premio.
engreírse con, de su dinero.
enjuagarse con agua.
enjugar (ropa) al fuego.
enlazar (una cuerda) a, con otra.
enloquecer de disgustos.
enmascararse de princesa.
enmendarse con, por el aviso,
  -de un error.
enojarse con, contra la familia,
  -de la mala noticia.
enorgullecerse de sus obras.
enraizar con fuerza, -de nuevo.
enredarse (una cosa) a, con, en otra,
  -de palabras, -entre los espinos,
  -por los cabellos.
enriquecer o **enriquecerse**
  con dádivas, -de virtudes, -en
  ciencia.
enrolarse en la marina.
ensangrentarse con, contra uno.
ensañarse con, en los vencidos.
ensayarse a cantar,
  -en la declamación, -para hablar en
  público.
enseñar a leer, -con el dedo, -por
  buen autor.
enseñorearse de una propiedad.
ensimismarse en sus pensamientos.
ensoberbecerse con, de su fortuna.
ensuciarse con lodo, -de grasa,
  -en el trabajo.
entapizar con, de ricos tejidos.
entender de mecánica, -en
  electrónica.
entenderse con la vecina, -en chino,
  -por señas.
enterarse del contenido, -de boca del
  por boca del testigo, -en la calle.
enternecerse con algo.
enterrarse en vida.
entibiarse con un amigo.
entonar (un canto) a la libertad,
  -(un color) con otro.
entrar a, en la iglesia, -con buen pie,
  -de soldado, -hacia las nueve,
  -hasta el coro, -por la puerta
  principal.

entregar (algo) a alguien.
entregarse al estudio, -del negocio,
 -en manos del vencedor,
 -sin condiciones.
entremeterse con los mejores,
 -en asuntos ajenos, -entre los
 buenos.
entremezclar o **entremezclarse**
 con, en arena.
entrenarse con el equipo,
 -en el estadio.
entresacar (las plantas) de un campo.
entretenerse con una novela,
 -en oír música.
entrevistarse con el Ministro.
entristecerse con, de, por las malas
 noticias.
entrometerse en los asuntos ajenos,
 -entre marido y mujer.
entroncar (una cosa) con otra.
entronizar (a la amada) en su corazón.
entusiasmarse con algo.
envanecerse con, de, en, por el triunfo.
envejecer con, de, por el duro trabajo,
 -en el oficio.
envenenar al papá, -con cianuro.
envenenarse de comer setas.
enviar (a alguno) al pueblo, -con un
 regalo, -de embajador, -por fruta.
enviciarse con, en el juego.
envolver o **envolverse**
 con, en, entre mantas.
enzarzarse en una discusión.
equidistar de Sevilla y Granada.
equipar con, de lo necesario.
equiparar (una cosa) a, con otra.
equivaler (veinte duros) a cien pesetas.
equivocar (una cosa) con otra.
equivocarse al hablar, -con otro,
 -de número, -en algo.
erigir en rey.
erigirse en juez.
errar en la vida, -por las calles.
escabullirse de la trampa,
 -entre, de entre, por entre la
 multitud.
escarbar en los secretos.
escapar a la calle, -con vida, -de la
 cárcel, -en un coche, -sobre un
 caballo.
escarmentar con la desgracia,
 -en cabeza ajena.
escindirse en dos partes.

escoger del, en el montón,
 -entre todas, -para, por mujer.
esconderse a la persecución, -de la
 policía, -en el desván, -entre las
 matas.
escribir a máquina, -de, sobre filosofía,
 -desde Madrid, -en español, -para el
 cine, -por el correo.
escrupulizar en pequeñeces.
escuchar con recogimiento,
 -en silencio.
escudarse con fuerza, -contra el muro,
 -de la religión, -en la autoridad.
escudriñar (el mar) en busca de los
 barcos, -entre los libros.
esculpir a cincel, -en mármol.
escupir a la cara, -en el suelo,
 -por el colmillo.
escurrirse al suelo, -de, de entre,
 entre las piernas, -en la propina.
esforzarse a, en trabajar,
 -para no dormirse, -por ganar
 dinero.
esfumarse de la vista, -en la lejanía.
esmaltar con, de adornos.
esmerarse en alguna cosa,
 -por ser amable.
espantarse al, con, de, por el ruido.
especializarse en medicina.
especular con terrenos, -en bolsa.
esperar a que llegue,
 -de, en los amigos, -para cenar.
espolvorear con azúcar.
establecerse de médico, -en Sevilla.
estafar con, en la compra.
estampar a mano, -contra el muro,
 -en madera, -sobre seda.
estar a, bajo la orden de otro,
 -con, en ánimo de viajar, -contra
 todo, -de regreso, -en casa, -entre
 amigos, -para salir, -por el Rey, -sin
 calma, -sobre ello, -tras ella, -tras de
 ese asunto.
estimar (a alguien) como amigo,
 -en miles de pesetas.
estimular al trabajo, -con dádivas.
estirar de la cuerda.
estragarse con el alcohol,
 -por la mala comida.
estraperlear con las mercancías.
estrechar entre brazos.
estrecharse con alguno,
 -en las propinas.

estregar con el estropajo.
estregarse contra la pared.
estrellarse con alguno, -contra un árbol, -en el suelo, -sobre la calzada.
estremecerse de miedo.
estrenarse con una obra maestra.
estribar (el pie) en el travesaño.
estudiar con los jesuitas, -en los clásicos, -para médico, -sin profesor.
evadirse de la prisión.
evaluar (la herencia) en cinco millones.
exagerar con la bebida, -en la dosis.
examinar o **examinarse** a fin de curso, -de gramática, -en Salamanca, -por Navidad.
exceder (la realidad) a la ficción, -del proyecto, -en autoridad.
excederse a sí mismo, -de sus facultades, -en regalos.
exceptuar (a alguien) de la regla.
excitar a la violencia.
excluir (a alguien) de algún sitio.
exculpar (a alguien) de una falta.
excusarse con su amigo, -de hacer algo, -por llegar tarde.
exhortar a cambiar de vida, -con razones.
exhumar (algo) del olvido.
eximir o **eximirse** del servicio militar.
exonerar del impuesto.
expansionarse con el amigo.
expeler del reino, -por la boca.
explayarse con los amigos, -en discursos.
exponerse a un desastre, -ante el enemigo.
expresarse de palabra, -en francés, -por escrito.
expulsar (a alguien) de algún sitio.
extender sobre la hierba.
extenderse a, hasta mil duros, -de norte a sur, -desde, hacia el Norte, -en digresiones, -por el suelo.
extralimitarse en sus facultades.
extraer de la mina.
extrañar de la patria.
extrañarse de su amigo.
extraviarse a otra cuestión, -del camino, -en sus opiniones, -para la sierra, -por el bosque.

f

faltar a la cita, -de Madrid, -en algo, -(una peseta) para mil, -por saber.
fallar a favor del, contra, en contra del, en favor del acusado, -con, en tono magistral.
fallecer a manos del enemigo, -de muerte violenta.
familiarizarse con las costumbres de otro país, -en el manejo del nuevo coche.
fastidiarse al andar, -con, de la charla de alguno.
fatigarse de subir, -en disculpas, -por atraer la atención.
favorecer a María, -con dinero.
favorecerse de alguien.
felicitarse del éxito de un amigo.
fiar (algo) a, de alguien, -en el contable.
fiarse a, de en un amigo.
fichar por el Real Madrid.
figurar como, de director, -(mucho) en Madrid.
fijar a, en la pared, -con cola, -de arriba abajo.
fijarse en un buen propósito.
firmar con sello, -de propia mano, -en blanco, -por su principal.
fisgar en la maleta de otro.
flamear al viento, -en el aire.
flaquear en la virtud, -por los cimientos.
flojear de las piernas, -en el esfuerzo.
florecer de sabiduría.
fluctuar en, entre dudas.
fluir (el agua) de la fuente, -por el caño.
forjar (el hierro) en barras.
formar (al alumno) con el buen ejemplo, -(quejas) de un amigo, -en fila, -entre los revolucionarios, -por secciones.
forrar de, con, en pieles.
fortificarse con barricadas, -contra el enemigo, -en la muralla.
forzar a salir, -con algo.
fracasar como futbolista, -en las oposiciones.
franquearse a, con alguien.
freír a preguntas, -con, en aceite.
frisar (una moldura) con, en otra.
frotar (una cosa) con, contra otra.
fugarse de la cárcel.

umar con boquilla, -en pipa.
undarse en razón.
undirse al sol, -con el calor.

g

ganar al ajedrez, -con el cambio,
 -de oposición, -en nivel, -para vivir,
 -por la mano.
gastar con gracia, -de su fortuna,
 -en banquetes.
girar a, hacia la izquierda, -(una letra)
 a cargo de alguien, -alrededor del,
 sobre el eje, -contra otro, -de una
 parte a otra, -(una cosa) en torno a
 otra, -por tal parte.
gloriarse de alguna cosa,
 -en el Señor.
gobernarse por consejos.
golpear con un bastón.
gotear (el agua) del tejado.
gozar o **gozarse** con, en el bien
 público,
 -del bienestar.
grabar al aguafuerte, -con cincel,
 -en cobre, -sobre madera.
graduar de bachiller.
graduarse de licenciado, -en ciencias.
granjear (la voluntad) a, de alguien,
 -para sí.
gravar con impuestos, -en mucho.
gravitar sobre algo.
guardar bajo, con llave, -(la casa)
 contra los ladrones, -del frío,
 -en la memoria, -entre las mantas,
 -para el invierno.
guardarse de los enemigos.
guarecerse bajo techo, -del frío,
 -en una cabaña.
guarnecer (una cosa) con, de otra.
guasearse de alguien.
guerrear con, contra Francia.
guiar (a alguien) a la victoria,
 -a través de, por la selva, -con la
 mano, -en las dificultades, -hacia el
 acantilado, -hasta la puerta.
guiarse por el ejemplo,
 -con un indígena.
gustar de chanzas.

h

haber de morir, -(dinero) en caja,
 -(siete) para una, por plaza.
habilitar (a uno) con dineros,
 -de ropa, -(la nave) para el hospital.
habitar bajo techo, -con su tía,
 -en Avila, -entre animales.
habituarse al calor.
hablar acerca de algo, -al jefe,
 -con alguno, -de, en, sobre alguna
 cosa, -en nombre de alguien, -entre
 dientes, -por sí, -sin ton ni son.
hacendar (un hijo) con tierras.
hacendarse en Granada.
hacer a ambas manos, -(mucho) con
 poco trabajo, -de héroe, -(algo) en
 regla, -para sí, -por alguno.
hacerse a las armas, -con, de buenos
 amigos, -(algo) en debida forma.
hallar (la solución) al problema,
 -(una cartera) en la calle.
hallarse a, en la fiesta, -con una
 pared, -de vacaciones.
hartar o **hartarse** a insultos,
 -de comer, -con jamón.
hastiarse al estudiar,
 -con los estudios, -de todo.
helarse de frío.
henchir (el colchón) con, de lana.
heredar al padre, -de su abuelo,
 -en, por línea directa.
herir de muerte, -en la estimación.
hermanar o **hermanarse** dos a dos,
 -(una cosa) con otra, -entre sí.
herrar a fuego, -en frío.
hervir a fuego lento, -con agua,
 -de gente, -sobre el fuego.
hincar (el pie) en el lodo.
hincarse de rodillas.
hincharse a comer,
 -con las alabanzas, -de beber.
hipar por ir al cine.
hocicar con, contra, en alguna cosa.
holgarse con, de alguna cosa.
hombrearse con los mayores.
honrarse con la amistad,
 -de, en complacer.
horrorizarse con, de todo.
huir al desierto, -ante los peligros,
 -de la ciudad.
humanarse con los vencidos.
humedecer con, en agua.

humillarse al Rey, -ante Dios,
-con los fuertes.
hundirse en el agua.
hurgar en la herencia.
hurtar (el cuerpo) al trabajo,
-de la tela, -en el precio.
hurtarse a los ojos, -de otro.

i

identificar (una cosa) con otra.
igualar o **igualarse** a, con otro,
-en saberes.
imbuir (a uno) de, en ideas falsas.
imitar a alguien, -en la voz.
impeler (a uno) a una acción.
impetrar (algo) del Gobernador.
implicarse con alguno, -en un crimen.
imponer (una pena) al reo,
-(dinero) en el banco, -(un impuesto)
sobre el tabaco.
importar (mucho) a alguno,
-(mercancías) de América,
-a, en España.
importunar con las pretensiones.
impregnar con, de, en gasolina.
impregnarse de, en gasóleo.
imprimir con, de letra nueva,
-en el ánimo, -sobre papel.
incapacitar para el cargo.
incautarse de algo.
incidir en culpa.
incitar a la sublevación, -contra otro,
-para guerrear.
inclinar (a alguno) a la virtud,
-en favor.
inclinarse a la amistad,
-ante la amenaza, -hasta el suelo,
-por el estudio.
incluir en la lista, -entre los mejores.
incorporar (un asunto) a, con, en otro.
inculcar en su pensamiento.
inculpar de un crimen.
incumbir (una acción) a otra persona.
incurrir en infracción.
indemnizar (a una persona) con dinero,
-del accidente, -por el perjuicio.
independizarse de los padres,
-en el aspecto económico.
indigestarse con fruta,
-de comer pasteles.

indignarse con, contra alguien,
-de, por una mala acción.
indisponer (a uno) con, contra el jefe.
inducir (a uno) a pecar, -en error.
indultar (a alguno) de la pena,
-por Semana Santa.
infatuarse con el éxito.
inferir (una cosa) de, por otra.
infestar (un pueblo) con, de una
enfermedad.
inficionar con malos ejemplos.
infiltrarse en el campo enemigo,
-entre los enemigos.
inflamar o **inflamarse** de cólera,
-en ira.
influir ante el tribunal, -con el jefe,
-en la sentencia, -para el indulto,
-sobre el resultado.
informar (a alguno) de, en, sobre
alguna cosa.
infundir (fuerzas) a, en alguno.
ingeniarse a vivir, -con poco,
-en construir, -para ir viviendo.
ingerir de golpe, -por la boca.
ingerirse en cosas de otros.
ingresar en la Universidad.
inhabilitar (a alguno) de un oficio,
-para cargos.
inhibirse (el juez) de, en el
conocimiento de una causa.
iniciar o **iniciarse** a, en la ciencia.
injerir a púa, -de escudete,
-(una rama) en un árbol.
inmiscuirse en un asunto.
inmolar (el honor) a la riqueza,
-(la vida) en aras de la patria.
inquietarse con, de, por la salud.
inscribir o **inscribirse** en algún sitio
insertar (un documento) en otro.
insinuarse a una mujer,
-con los poderosos, -en el ánimo de
rey.
insistir en la demanda,
-sobre el testigo.
insolentarse con, contra el jefe.
inspirar (una idea) a, en alguno.
inspirarse de Picasso.
instalar en su coche.
instar (a alguien) a obrar, -para el éxito,
-por un apoyo, -sobre el negocio.
instigar (a uno) a cometer un delito.
instruir del peligro, -en la virtud,
-sobre matemáticas.

insurreccionarse contra la República.
integrar o integrarse en un grupo.
intentar (una acusación) a, contra Juan.
intercalar (una frase) en la
  conversación.
interceder con alguno,
  -en favor de alguien, -por otro.
interesarse con algo, -en la empresa,
  -por Ana.
interferirse en una emisión.
internarse en el bosque, -por la selva.
interpolar (unas cosas) con, entre otras.
interponer (su autoridad) con alguno,
  -por otro.
interponerse entre adversarios.
interpretar del español al inglés,
  -en castellano.
intervenir cerca del Presidente,
  -con el juez, -en el reparto, -para el
  ajuste, -por el reo.
intimar con Juana.
introducir o introducirse con los
  que mandan, -en, por alguna parte,
  -entre los soldados.
inundar de agua, -(el suelo), en sangre.
invernar en Málaga.
invertir en tierras.
investir (a alguien) con una dignidad,
  -de doctor.
invitar a cenar, -con un gesto.
involucrar (asuntos extraños) en el
  tema.
ir a, hacia Burgos, -bajo custodia, -con
  su novio, -contra el adversario, -de
  compras, -de un sitio a otro, -de mal
  en peor, -de acá para allá, -desde un
  sitio a otro, -desde un sitio hasta
  otro, -en coche, -en busca de, en pos
  de alguien, -entre fusiles, -hasta,
  para Barcelona, -por mal camino,
  -sobre el río, -tras el fugitivo.
irritarse con, contra todos.
irrumpir en la reunión.

jactarse de rico.
jaspear (una pared) de negro, blanco
  y verde.
jubilar del trabajo.
jugar a las cartas, -(unos) con otros,

-contra los demás, -de manos,
  -en la lotería, -(alguna cosa) por otra.
juntar (una cosa) a, con otra,
  -(ovejas y cabras) en el rebaño,
  -(varias cosas) por los extremos.
jurar en vano, -por Dios,
  -sobre los evangelios.
justificarse ante el Director,
  -con el jefe, -de algún cargo, -para
  con el superior, -(la medida) por sí
  misma.
juzgar a alguien, -como improcedente,
  -de alguna cosa, -en derecho, -entre
  las partes, -por, sobre las
  apariencias, -según la costumbre.

L

laborar en beneficio de, en favor de la
  humanidad, -por el bien del país.
labrar a cincel, -de mañana,
  -en el alma.
ladear (el cuerpo) a, hacia la izquierda.
ladearse a la derecha, -con un amigo,
  -por un partido.
ladrar a la Luna.
lamentarse de, por la infelicidad.
languidecer de pena.
lanzar (piedras) al, contra el adversario,
  -de la torre.
lanzarse al agua, -contra el toro,
  -en el mar, -hacia la izquierda,
  -sobre la liebre.
lastimarse con una espina, -contra la
  pared, -de la noticia, -en un clavo.
lavar con jabón, -en el baño.
leer a Baroja, -con calma, -de corrido,
  -en voz alta, -entre líneas, -sobre
  electrónica, -por encima.
legar (una obra) a la posteridad.
levantar al niño, -del suelo,
  -en brazos, -por las nubes, -sobre la
  cabeza.
levantarse con una cosa, -contra la
  autoridad, -de la silla, -en armas,
  -hasta arriba, -sobre la punta de los
  pies.
liar con cuerdas.
liarse a palos, -con una mujer.
libertar al prisionero.
libertarse del peligro.
librar a cargo de, contra un banco,

-de riesgos, -(su esperanza) en Dios,
-sobre una plaza.
licenciarse del ejército,
-en Filosofía y Letras.
lidiar con la muleta,
-contra los animales, -por la fe.
ligar (una cosa) a, con otra.
ligarse con, por su promesa.
limitar con Portugal, -por el Norte.
limitarse a copiar.
limpiar con el pañuelo, -de sangre,
-en la blusa.
limpiarse con la toalla, -de pecado,
-en el paño.
lindar (una finca) con otra.
lisonjearse con, de esperanzas.
litigar con, contra su hermano,
-de, por pobre, -sobre una herencia.
loar (a alguien) de sabio, -por
sabiduría, -(una cosa) en su persona.
localizar (una epidemia) a, en una
región.
lograr (algo) de alguien.
lucir ante las gentes, -bajo el sol,
-sobre el corpiño, -tras la montaña.
lucirse en una prueba.
lucrarse a costa ajena.
luchar con, contra el enemigo,
-por la victoria.
ludir (una cosa) con, por otra.

ll

llamar a la puerta, -con la mano,
-de tú a otro, -por señas.
llamarse a engaño
llegar a casa, -de Francia, -en coche,
-hasta el Presidente, -por la rodilla.
llenar con, de trigo, -hasta la boca.
llevar a casa, -con paciencia,
-en coche, -por tema, -sobre el lomo.
llevarse (bien) con el vecino, -de la ira,
-por delante.
llorar de alegría, -por la desgracia.
llover a cántaros, -sobre el campo.

m

maldecir al enemigo, -de todo.
malearse con los amigotes.

malgastar (el dinero) en tonterías.
maliciar de cualquiera,
-en cualquier cosa.
malmeter (a uno) a hacer cosas malas,
-con otro.
malquistarse con un compañero.
maltratar al animal, -de palabra,
-hasta herirlo.
mamar (un vicio) con, en la leche.
manar (agua) de una fuente,
-en la riqueza.
mancomunarse con otros.
manchar (la ropa) con sangre,
-de grasa.
mandar (una carta) al correo, -de
emisario, -(a uno) con la música a
otra parte, -en su casa, -por dulces.
mangonear en todo.
manifestarse en política,
-por la ciudad.
manipular con cuidado,
-en la máquina.
mantener (correspondencia) con
alguno, -en buen estado.
mantenerse con, de fruta, -en forma.
maquinar contra alguno.
maravillarse con, de la noticia.
marcar a fuego, -con hierro, -por
suyo.
marchar o **marcharse** a Granada,
-de Madrid, -de Madrid a Sevilla,
-desde Sevilla hasta Granada,
-hacia Toledo, -para Valencia, -por
carretera, -sin despedirse.
matar (a alguien) a palos, -con un palo,
-contra la pared, -de un disgusto.
matarse a trabajar, -con otro, -contra
un muro, -por ganar dinero.
matizar con, de rojo y amarillo.
matricularse de oyente,
-en la Universidad, -por libre.
mecer al niño, -con fuerza, -en la cuna
-sin ritmo.
mediar con alguno, -en una querella,
-entre los parientes, -por un
hermano.
medir a palmos, -(una cosa) con otra,
-por varas.
medirse con Marta, -en la pared.
meditar en solitario, -entre sí,
-sobre el asunto.
medrar en riqueza.
mejorar de, en condición.

merecer con, de, para con alguno,
-para conseguir.
mermar (el jamón) en medio kilo.
merodear por los alrededores.
mesurarse en las acusaciones.
meter (al hijo) a trabajar, -de camarero,
-en cintura, -(una cosa) entre otras
varias, -por vereda.
meterse a gobernar, -bajo un árbol,
-con los que mandan, -de chófer,
-de cabeza en el agua, -en casa, -en
la cama con fiebre, -entre gente ruin,
-por medio.
mezclar (sal) a la harina,
-(una cosa) con otra, -en vino.
mezclarse a la gente,
-con mala gente, -en varios
negocios, -entre el público.
mirar a la cara, -con buenos ojos,
-de reojo, -hacia el Sur, -por alguno,
-por encima del, sobre el hombro.
mirarse al espejo, -(bien) antes de
hacer algo, -en el agua.
moderarse en la expresión.
mofarse del público.
mojar en salsa.
moler a palos, -con impertinencias.
molerse a trabajar.
molestar con acciones.
molestarse en vigilar.
montar a, sobre el caballo, -en cólera.
morar en un castillo.
morir a manos del contrario, -de viejo,
-en la cama, -entre enemigos,
-para los amigos, -por nada.
morirse de frío, -por llegar pronto.
mortificarse con penitencias, -en algo.
notejar (a uno) de ignorante.
notivar (el decreto) con, en buenas
razones.
nover o **moverse** a piedad,
-con lo que dice, -de un sitio a otro,
-por egoísmo.
nudar a otro sitio, -de ropa,
-(el agua) en vino.
nudarse de casa, -(el favor) en desvío.
nultiplicar (un número) por otro.
nurmurar de la gente.

n

nacer al mundo del teatro, -con dinero,
-de buena familia, -en Granada,
-para músico.
nacionalizarse en España.
nadar a braza, -de espaldas,
-en la piscina, -entre dos aguas,
-hacia la costa.
navegar a, para Canarias, -con buen
viento, -contra el viento, -de bolina,
-en un yate, -entre dos aguas, -hacia
Vigo.
necesitar de auxilios, -para comer.
negarse al trato.
negociar con madera.
nivelarse a su vecino, -con los ricos.
nombrar para gobernador.
notar con esmero, -(a alguien) de
hablador, -(faltas) en obras ajenas.
nutrirse con carnes y frutas,
-de leche fresca, -en sabiduría.

o

obedecer al director, -con rapidez,
-sin dudarlo.
obligar a devolver, -con su actitud,
-por fuerza.
obrar a la ligera, -como conocedor,
-con maldad, -en poder de alguien,
-por amor.
obsequiar con flores.
obstar (una cosa) a, para otra.
obstinarse contra alguno,
-en su opinión.
obtener (un producto) con otro,
-(algún favor) de otro.
ocultar a alguien, -con una cortina,
-de la vista, -detrás de la casa,
-entre los árboles, -tras la montaña.
ocuparse con un negocio,
-de sus padres, -en trabajar.
ocurrir con rapidez.
odiar a, de muerte.
ofenderse con los insultos,
-de los agravios, -por todo.
ofrecerse a servir, -de acompañante,
-en holocausto, -para ayudar,
-por servidor.
ofrendar (la vida) a, por la patria.
oír bajo confesión, -con atención,
-del Juez, -en secreto, -por sí mismo.

233

oler a rosas.
operarse del estómago.
olvidarse de María.
opinar acerca de Luis, -con mi socio,
   -(bien) de alguien, -en, sobre política.
oponer (una barrera) a, contra la nieve.
oponerse a la justicia, -con razón.
opositar a cátedra.
oprimir al pueblo, -bajo su poder,
   -con impuestos.
optar a, por un empleo,
   -entre varios candidatos.
orar en favor de, por los vivos.
ordenar u **ordenarse** de sacerdote,
   -en columnas, -por asignaturas.
orientar u **orientarse** a, hacia Levante,
   -por las estrellas.
orzar a popa, -de avante.

p

pactar con el enemigo, -entre sí,
   -por bueno.
padecer con, de, en, por la injusticia.
pagar a los trabajadores, -en dinero,
   -con palabras, -de su fortuna,
   -para Navidad, -por otro.
paladearse con un dulce.
paliar (un problema) con ayuda.
palidecer ante, bajo, con los peligros,
   -de cólera.
palpar con la mano, -entre las ropas,
   -por sus manos.
parapetarse con sacos terrenos,
   -de los tiros, -en su habitación, -tras
   el secreto profesional.
parar a la puerta, -en casa, -de frente.
pararse a descansar, -ante la catedral,
   -con su mujer, -de golpe, -en la calle,
   -entre dos estaciones, -para comer,
   -por algún sitio.
parecer ante el juez, -en alguna parte.
parecerse a su padre, -de cara,
   -en los ojos.
participar del beneficio,
   -en el negocio.
particularizarse con el amigo,
   -en el trato.
partir a, para Francia, -(la capa) con el
   pobre, -de Portugal, -en trozos,
   -entre amigos, -hacia Roma, -para
   Milán, -por la mitad.
pasar a casa, -ante el juez, -bajo el
tiroteo, -de moda, -de Zaragoza a
Madrid, -(No) de ser un error, -en
silencio, -entre montañas, -por la
calle, -por entre los árboles, -sobre el
dibujo.
pasarse al enemigo, -con poco,
   -de listo, -por casa, -sin dinero.
pasear a orilla del río, -con Victoria,
   -en barco, -por el parque,
   -sobre el césped.
pasearse a caballo, -con otro,
   -en, por el campo, -sobre el césped.
pasmarse con la nevada, -de frío.
pavonearse con, de su triunfo.
pecar con la mirada, -contra la ley,
   -de ignorante, -en alguna cosa, -por
   exceso.
pechar con un trabajo.
pedir al Ministro, -contra la ley,
   -de derecho, -desde joven, -en
   justicia, -para otro, -por Dios.
pegar a la puerta, -con cola, -contra,
   en la pared, -(golpes) sobre la mesa.
pelear a puñetazos, -con espada,
   -contra la adversidad,
   -en defensa de algo, -por la familia.
pelearse a muerte, -(uno) con otro,
   -por la fortuna.
peligrar de muerte, -en el agua.
penar de amores, -en la cárcel,
   -por sus hijos.
pender ante el tribunal, -de un hilo,
   -en la cruz, -(una amenaza) sobre
   nuestras vidas.
penetrar en casa, -entre, por entre las
   columnas, -hacia el corazón, -hasta
   las entrañas, -por lo más espeso.
penetrarse de razón.
pensar (algo) de alguien, -en el novio,
   -entre sí, -para consigo,
   -sobre filosofía.
percatarse del peligro.
percibir al día, -como obsequio,
   -de regalo, -por el trabajo.
perder al ajedrez, -de vista, -en el juego
perderse de vista, -en el bosque,
   -entre la maleza, -por atrevido.
perecer a manos del enemigo,
   -de sed, -en el accidente.
perecerse por una mujer.
peregrinar a Roma, -por los templos
perfumar con incienso.
permanecer con su madre, -en Avila

-hasta Junio, -por Navidad, -sin falta,
-tras la montaña.
permutar (un objeto) con, por otro.
perseguir a caballo, -(el bienestar) del
pueblo, -(un puesto) en un
ministerio, -entre los árboles, -por el
campo.
perpetuar (el recuerdo) de los caídos,
-(su fama) en la posteridad.
perseverar en el estudio.
persistir en una idea.
personarse ante la policía,
-en la comisaría.
persuadir a María, -con razones,
-de los hechos, -por su bondad.
pertenecer a un grupo.
pertrecharse con, de lo necesario.
piar por la comida.
picar de, en todo.
picarse con alguno, -de puntual,
-en el deporte, -por una broma.
pinchar con el palillo, -en hueso.
pintar al óleo, -con pintura, -de rojo,
-en el muro.
pirrarse por la música.
pisar con las botas, -en el cuello,
-por la calle, -sobre el barro.
pitorrearse de alguien.
plagarse de mosquitos.
plantar en la huerta.
plantarse en Málaga.
plasmar en alguien (algo).
pleitear con su socio,
-contra el vecino, -por pobre.
poblar con chopos, -de pinos,
-en buena tierra.
poblarse de gente.
poder a todos, -con el peso,
-de atracción, -para con alguno.
ponderar (algo) de grande.
poner a trabajar, -ante los hechos,
-bajo tutela, -como nuevo, -(bien)
con otro, -contra la pared, -de
alcalde, -(dos horas) de París a
Madrid, -en duda, -entre la espada y
la pared, -por las nubes, -sobre la
mesa.
ponerse a escribir, -ante la puerta,
-bajo un árbol, -como una sopa,
-contra la ley, -(bien) con Dios,
-de muestra, -en guardia, -entre los
contendientes, -por medio, -sobre el
tejado.

porfiar con su amigo, -contra alguno,
-en la calle, -hasta vencer,
-sobre lo mismo.
portarse como un hombre,
-con arrojo.
portear en hombros.
portearse con el camión, -por tren.
posar ante la cámara, -en una rama,
-para el pintor, -sobre la mesa.
posesionarse de la herencia.
posponer (el interés) a la honra.
postrarse a los pies, -ante el altar, -de
dolor, -en cama, -por suelo.
practicar en una escuela.
precaverse contra la enfermedad,
-del calor.
preceder en antigüedad.
preciarse de valiente.
precipitarse al vacío, -del balcón,
-desde el tejado, -por la borda.
predestinar (un hijo) al, para el
sacerdocio.
predisponer (a alguien) a hacer, a
favor de, en contra de, en favor de
algo, -para sentenciar.
predominar en casa, -sobre todos.
preferir a Pedro, -entre todos,
-para médico.
preguntar a Isabel, -con insistencia,
-para saber, -por el correo.
prendarse de una mujer.
prender (una cosa) a otra, -con alfileres,
-de un gancho, -en la tierra.
prenderse en un clavo.
preocuparse con, de, por algo.
prepararse a, para la lucha,
-con armas, -contra el frío.
preponderar (una cosa)
sobre otra.
prescindir de alguna cosa.
presentar para un cargo.
presentarse al general,
-bajo, con mal aspecto, -de, por
candidato, -en la estación.
preservar o **preservarse** contra el
peligro, -de la enfermedad.
presidir en un tribunal,
-por antigüedad.
prestar a un amigo, -(la dieta) para la
salud, -sobre garantía.
presumir de rico, -con todos.
presupuestar (los gastos) en diez mil
pesetas.

prevalecer entre todos,
-sobre la injusticia.
prevenir contra el mal, -de un peligro,
-en contra de, en favor de otro,
-sobre algo.
prevenirse al, contra el peligro,
-de, con lo necesario, -en la ocasión,
-para un viaje.
principiar con, en, por tales palabras.
pringarse con, de aceite,
-en una miseria.
privar con el monarca,
-(a alguno) de lo suyo.
probar a saltar, -de todo.
proceder a una elección, -como un
caballero, -con, -sin acuerdo, -con-
tra los morosos, -de oficio, -en justicia, -sin orden.
procesar por ladrón.
procurar para, por sus hijos.
producir ante el juez, -de todo,
-en juicio.
producirse de, por todo,
-en forma violenta.
progresar en el trabajo.
prohibir bajo pena, -de nuevo.
prolongar (un plazo) al deudor.
prometer a la niña, -en casamiento,
-por esposa.
promover (a Juan) a Director,
-para gobernador.
pronunciarse en favor de Andrés,
-por Antonio.
propagar en, entre el pueblo,
-por la ciudad.
propagarse (el incendio) al piso
superior.
propasarse a murmurar,
-en la amistad.
propender a la confianza.
proponer (la paz) al enemigo, -(a uno)
en primer lugar, -para secretaria, -(a
uno) por árbitro.
proporcionar o **proporcionarse** a
las fuerzas, -con, para alguna cosa.
prorratear entre varios.
prorrogar por dos años.
prorrumpir en lágrimas.
proseguir con, en el trabajo.
prosternarse a, para pedir,
-ante el altar, -en tierra.

prostituir (el ingenio) al oro,
-en Barcelona, -por dinero.
proteger (a alguien) en sus designios.

protegerse con ropa de invierno,
-contra el frío, -del sol.
protestar contra la calumnia,
-de su inocencia, -por esas palabras.
proveer a la necesidad pública,
-(la plaza) con, de víveres, -en
justicia, -entre partes.
provenir de otra familia.
provocar a ira, -con insultos.
proyectar en, sobre la pantalla.
prudenciarse en los gastos.
pugnar con, contra el enemigo,
-en defensa de otro, -para, por
librarse.
pujar con, contra las dificultades,
-en, sobre el precio, -por alguna
cosa.
purgar (un libro) de errores,
-(una pena) por un crimen.
purgarse con, aceite de ricino,
-de la culpa.
purificarse con agua, -de sus culpas.

q

quebrantar con, por el trabajo,
-de miedo.
quebrar (el corazón) a su amada,
-con un amigo, -en mil millones, -por
lo más fino.
quebrarse (el ánimo) con, por las
dificultades.
quedar a deber, -con Alberto
en tal cosa, -de pies, -en el paseo,
-para contarlo, -por valiente.
quedarse a oscuras, -con la casa,
-de pies, -en cama, -entre bastidores
-para contarlo, -por amo, -sin blanca
quejarse a, de Luis.
quemarse con el fuego,
-de la respuesta, -por la mala
gestión.
querellarse al alcalde, -ante el juez,
-contra, de su socio.
querer con locura.
quitar a alguien, -del medio.
quitarse de enredos.

r

rabiar con, contra el jefe, -de hambre, -por quedar bien.
radiar en, por esta longitud.
radicar en el Escorial.
raer con fuerza, -(la mancha) del escrito.
ratificarse en lo dicho.
rayar a gran altura, -con la frontera, -en lo grandioso.
razonar con el profesor, -sobre álgebra.
rebajar a cinco pesos, -con agua, -(un precio) de otro.
rebajarse a disculparse, -ante el público, -de rancho.
rebasar del límite.
rebatir (una razón) con otra, -(una cantidad) de otra.
rebelarse contra el gobierno.
rebosar de alegría, -en agua, -hasta el borde.
recabar (una cosa) con, de Pedro.
recaer (la elección) en, sobre el más digno.
recapacitar sobre un asunto.
recargar (el café) de azúcar.
recatarse de las gentes.
recelar o **recelarse** del adversario.
recetar al enfermo, -con acierto, -contra el mal.
recibir a, en cuenta, -(a uno) de, como criado, -por esposa.
reclamar a, de Ramón, -ante el juez, -contra un pariente, -en juicio, -para él, -por su bien.
reclinar (la cabeza) contra, en la pared, -sobre la mano.
reclinarse en, sobre el respaldo.
recobrarse de la enfermedad.
recoger a, de mano real, -con el cinturón, -en su casa.
recogerse a casa, -en sí mismo.
recompensar al trabajador, -con el sueldo, -del esfuerzo, -en metálico, -por su fidelidad, -tras la batalla.
reconcentrarse (el odio) en el corazón.
reconciliar o **reconciliarse** con su adversario.
reconocer a Luisa, -ante el público, -(a uno) como, por hijo, -(mérito) en una obra, -entre ambos.
reconquistar (Granada) de los moros.
reconvenir (a alguno) con, de, por, sobre algo.
reconvertir en dólares.
recorrer (España) de un extremo al otro, -desde un extremo hasta el otro.
recostarse en, sobre la cama.
recrearse con la pintura, -en oír música.
recubrir (la mesa) con un mantel, -de flores.
recurrir a un amigo, -contra, de la sentencia.
reducir a la mitad, -de precio.
reducirse a lo más preciso, -en los gastos.
redundar en beneficio.
reemplazar (a una persona) con, por otra, -(a Juan) en su trabajo.
reencarnarse en animal.
reengendrar (a alguien) en Cristo.
referirse a su negocio.
reflejar (la luz) en, sobre un plano.
reflexionar en solitario, -sobre el problema.
reformarse en el vestir.
refregarse con el estropajo, -contra la esquina.
refrescarse con agua, -en el río.
refugiarse a, bajo, en sagrado, -contra los tiros, -entre las ruinas.
refutar (una teoría) con hechos.
regalar (el oído) a alguien.
regalarse con buenas comidas, -en dulces recuerdos.
regar a, ante la puerta, -con, de llanto, -por la tarde.
regir de vientre.
regocijarse con, de la noticia, -por Luisa.
regodearse con, en alguna cosa.
regresar a Madrid, de París.
rehabilitar (a uno) a su antiguo cargo, -en su puesto.
rehogar (la carne) a fuego lento, -con aceite, -en manteca.
reinar en España, -(el terror) entre las gentes, -sobre la población.
reincidir en el crimen.

reincorporar (a uno) a su destino.

reintegrar a su puesto, -en sus bienes.

reintegrarse de lo suyo

reírse con Alfonso, -de Juan, -en las barbas de uno, -entre dientes, -por lo bajo, -sin parar.

relacionarse con otros, -entre sí.

relajar al brazo seglar.

relajarse del lado izquierdo, -en la conducta.

relamerse de placer.

relevar (a uno) del cargo.

rematar al toro, -con una copla, -en cruz.

remirarse al, en el espejo.

remitirse al original.

remontarse al, hasta el cielo, -en alas de la fantasía, -por los aires, -sobre los demás.

remover de su puesto.

renacer a la vida, -con, por la gracia, -en Jesucristo.

rendirse a la razón, -con el peso, -de fatiga.

renegar de la situación.

renunciar a un proyecto, -(algo) -en otro.

reñir al, con el novio, -entre amigos, -por la herencia.

reparar (perjuicios) con favores, -en cualquier cosa.

repararse del daño.

repartir (alguna cosa) a, entre algunos, -en porciones iguales.

repasar por un camino.

repercutir (la subida del dólar) en los precios.

representar al rey, -(su dolor) con ademanes, -en el contrato, -para los jóvenes, -sobre un asunto.

representarse (una cosa) a, en la imaginación.

reprimirse de hablar.

reputar (a alguno) de inteligente, -(la honra) en mucho, -por honrado.

requerir de amores.

requerirse (tacto) en, para un negocio.

resaltar (un color) de otro.

resarcirse con maquinaria, -de una pérdida.

resbalar con la grasa, -en, sobre el hielo.

resbalarse de, de entre, entre las manos, -por la pendiente.

rescatar al olvido, -(la plaza) del enemigo, -por el mar.

resentirse con, contra alguno, -de, por lo dicho, -en el costado.

reservar para sí.

reservarse al comienzo, -(el juicio) acerca de algo, -en el combate, -para el final.

resfriarse con alguno, -en la amistad.

resguardarse con, contra la pared, -de los tiros.

residir en la ciudad, -entre salvajes.

resignarse a los sufrimientos, -con su suerte, -en la desgracia.

resistir a la violencia.

resolverse a salir, -(el agua) en vapor, -por unanimidad.

resonar (la ciudad) con, en cánticos de gozo, -entre montañas, -hacia el Sur.

respaldarse con, contra la tapia, -en la silla.

resplandecer a, con el sol, -contra el fondo, -de alegría, -en sabiduría, -entre los demás, -por la luz.

responder a la pregunta, -con la fianza, -del préstamo, -por otro.

restar (fuerzas) al enemigo, -(una cantidad) de otra.

restituir a Juan, -bajo confesión, -con dinero, -en tierras, -(una cosa) por entero.

restregar (una cosa) con, contra otra.

resucitar de entre los muertos.

resultar (un kilo) a cien pesetas, -contra su opinión, -(una cosa) de otra, -en beneficio de todos.

resumir o **resumirse** en dos palabras.

resurgir de la derrota.

retar a muerte, -con espada, -de traidor.

retener en la memoria.

retirarse a la sombra, -con éxito, -de la circulación.

retorcerse de dolor.

retornar a casa, -con sus hijos, -de lejos, -(uno) en sí.

retractarse de la acusación.

retraerse a alguna parte, -de alguna cosa.

retrasar en los estudios.

retratarse con su mujer,
-en traje de baño.
retroceder a, de, hacia tal parte,
-de un sitio a otro, -en el camino.
reunir a todos.
reunirse con amigos.
reventar de risa, -por hablar.
revertir en su provecho.
revestir o **revestirse** con, de
facultades.
revolcarse en el barro, -por el suelo,
-sobre el polvo.
revolver en el armario,
-con un tenedor, -entre las sábanas.
revolverse al, contra, sobre el
enemigo.
rezar a Dios, -con su madre,
-en la ermita, -por los difuntos.
rimar (un verso) con otro.
rivalizar con América, -en hermosura,
-por el número uno.
rodar de lo alto, -bajo los caballos,
-por el suelo.
rodear (una ciudad) con, de murallas,
-por el bosque.
roer para agujerear.
rogar a Dios, -por los pecadores.
romper a cantar, -con la novia,
-en lágrimas, -por medio.
rozarse (una cosa) con otra,
-contra el árbol, -en las palabras.

S

saber a leche, -de dificultades, -para
sí, -por cierto.
saborearse con el chocolate.
sacar a la luz, -con bien, -de alguna
parte, -de entre infieles, -en limpio,
-por consecuencia.
saciar de viandas.
saciarse con poco, -de bebida.
sacrificarse a no gastar,
-para mejorar, -por alguno.
sacudir (algo) de sí.
sacudirse de importunos.
salir a la calle, -con dirección a
Granada, -contra alguno, -de
Cartagena, -en los periódicos, -para
Sevilla, -por fiador.
salirse con la suya, -de la norma.
salpicar con, de aceite.

saltar a tierra, -con una simpleza,
-de gozo, -de mata en mata, -en el
aire, -por la pared.
salvar al enfermo, -con cuidados,
-de la muerte.
salvarse a nado, -con una balsa,
-en el barco, -por pies.
sanar a María, -con hierbas,
-de la enfermedad, -por ensalmo.
satisfacer a su novia,
-con la condena, -por las culpas.
satisfacerse con algo, -de la deuda.
saturarse de ciencia.
secar al aire, -bajo el sol, -con un paño,
-en el prado, -sobre la hierba.
secarse con, en la toalla, -desed.
secundar (a uno) en sus proyectos.
segar a destajo, -con la hoz, -de sol a sol,
-desde la carretera, -hacia el río,
-hasta la tarde.
segregar (una cosa) a, de otra.
seguir con la empresa, -de cerca,
-en el intento, -para Cádiz.
seguirse (una cosa) a, de otra.
sembrar (el camino) con, de flores,
-en el huerto, -entre piedras, -por
Abril.
semejar o **semejarse** (una cosa)
a otra, -en algo.
sentarse a la mesa, -bajo el rosal,
-de cabecera de mesa, -en un sillón,
-junto al huésped, -sobre un cojín.
sentenciar a destierro, -en justicia,
-por robo, -según la ley.
sentir con otro, -en el alma,
-por un hombre.
sentirse con ánimos, -de la cabeza,
-sin la pierna.
señalar con el dedo.
señalarse en la guerra, -por discreto.
señorearse de la ciudad.
separar (una cosa) de otra.
sepultar (a alguien) bajo tierra,
-en el olvido.
ser (una cosa) a gusto de todos,
-con usted, -de Soria, -(el mejor)
entre los mejores, -para mí.
servir al Rey, -con armas, -de criado,
-en palacio, -para criada,
-por la comida, -sin sueldo.
servirse de la amistad,
-en, para un lance, -por la escalera
falsa.

simpatizar con Felipe.
simultanear (una cosa) con otra.
sincerarse ante el juez, -con el amigo,
  -del error, -desde el comienzo,
  -hasta el final.
sincronizarse con las imágenes.
singularizarse con alguno, -en todo,
  -entre los suyos, -por su traje.
sisar al alma, -de la tela,
  -en la compra.
sitiar por tierra, mar y aire.
situarse en alguna parte,
  -entre dos ríos.
sobrenadar (el petróleo) en el mar.
sobrepasar (el gasto) al presupuesto,
  -en estatura.
sobreponerse a sus sentimientos.
sobrepujar en precio.
sobresalir (una piedra) del suelo,
  -en mérito, -entre todos, -por su
  ciencia.
sobresaltarse con, de, por la
  información.
sobreseer en la causa.
sobrevivir a alguien.
socorrer con comida, -de víveres.
solazarse con fiestas, -en el prado,
  -entre mujeres.
solicitar al presidente,
  -con el ministro, -del gobernador,
  -para , por sus padres.
soltar o **soltarse** (un niño) a andar,
  -con una tontería, -de la mano,
  -desde arriba abajo.
someterse a, bajo la autoridad.
sonar a hueco, -en, hacia tal parte,
  -para el Norte.
sonreír con sonrisa feliz, -de la idea,
  -por dentro.
soñar con las vacaciones,
  -en un mundo feliz.
sorprender al ladrón, -con la vista,
  -en la cama.
sospechar de, en alguien.
sostener al candidato, -con razones,
  -en el debate.
subdividir con justicia, -en partes.
subir a la torre, -del sótano,
  -desde el primer piso, -en ascensor,
  -hacia la cumbre, -hasta Sierra
  Nevada, -por la escalera, -sobre la
  mesa.
subordinar al mando.

subrogar (una cosa) con, en lugar de,
  para, por otra.
subsistir con, del dinero ajeno.
substituir a, por alguno, -(una cosa)
  con otra, -(un poder) en alguno.
substraerse a, de la obediencia.
subvenir a las necesidades.
suceder a José, -con Juan lo que con
  Luis, -(a alguno) en el empleo.
sucumbir a un nuevo ataque,
  -ante, bajo el enemigo.
sufrir a, de Juan lo que no se sufre a,
  de Luis, -bajo el cautiverio, -con
  paciencia, -por amor de Dios.
sujetar al niño, -con habilidad,
  -por los pies.
sujetarse a la norma, -con una mano.
sumarse a la manifestación.
sumergirse bajo, en el agua.
supeditar (los gastos) a los ingresos.
suplicar a la reina, -ante el Consejo,
  -(al tribunal) de la sentencia,
  -en recurso, -por el condenado.
suplir (una cosa) a, con otra,
  -en el puesto, -por otro.
surgir de la niebla, -en el horizonte,
  -entre los árboles.
surtir a la población, -de víveres.
suspender de una cuerda,
  -en las asignaturas, -hasta Navidad,
  -por la cintura.
suspirar de amor, -por el poder.
sustentarse con frutas, -de ilusiones.
sustituir a, por alguno, -(una cosa)
  con otra. -(un poder) en alguno.
sustraerse a, de la obediencia.

t

tachar (a alguien) de frívolo,
  -por su comportamiento.
tachonar de estrellas,
  -con florones de oro.
tallar (una piedra) a bisel, -en rombos.
tañer con fuerza.
tapar con una manta.
tardar en venir.
tarifar con el director.
tejer con lana, -de seda.
televisar en directo.
temblar con el susto, -de frío,
  -por su vida.

temer de otro, -por su familia.
tender a hacer algo.
tenderse en, por el suelo.
templarse con dos copas, -en
  beber.
tener a mano, -ante los ojos, -con
  cuidado, -de, -por criada, -en
  menos, -entre manos, -para
  sí,-(algo) que hacer, -sin sosiego,
  -sobre la conciencia.
tenerse a lo escrito, -de, en pie,
  -por válido, -sobre el borde.
tentar (a uno) a fumar, -con una copa.
teñir con, de, en rojo.
terciar con el jefe, -en la lucha,
  -entre ellos.
terminar de, en punta, -por llegar.
testimoniar con alguien, -de oídas,
  -sobre el robo.
tirar a la derecha, -con fuerza,
  -contra, el enemigo, -de la capa,
  -hacia la izquierda, -para León, -por
  medio, -sobre la liebre.
tirarse al suelo, -entre las ortigas.
tiritar de frío.
titubear ante, en la decisión.
tocar a misa, -con la punta de los dedos,
  -de oído, -en la ventana.
tomar a broma, -bajo su protección,
  -con, entre sus manos, -de la
  bandeja, -en el suelo, -hacia el Sur,
  -para sí, -por la ventana, -sobre el
  hombro.
topar con, contra, en el muro.
torcer a, hacia la izquierda.
tornar a las andadas, -de Asturias,
  -(la defensa) en acusación, -por el
  Oeste.
tornarse contra el jefe, -hacia su
  padre, -tras sus pasos.
tostarse al, bajo el sol, -con crema.
trabajar a destajo, -de obrero, -en tal
  materia, -para vivir, -por
  distinguirse.
trabar (una cosa) con, de, en otra.
trabarse con, de, en palabras.
trabucarse en la disputa.
traducir al, en francés, -del inglés.
traer a casa, -ante el juez,
  -con uno mismo, -consigo, -de
  Londres, -en, entre manos, -hacia,
  sobre sí, -por divisa.
traficar con armas, -en drogas.

trasbordar a otro vagón,
  -de un barco a otro.
transferir (alguna cosa) a, en otra
  persona, -de una parte a otra.
transfigurarse con el disfraz, -en
  otro.
transformar o **transformarse** (una
  cosa) en otra.
transitar por la Plaza Mayor.
transmutar (una cosa) en otra.
transpirar con el calor,
  -por todos los poros.
transportar a lomos, -de una parte a
  otra, -en camión, -sobre una silla.
transportarse de júbilo.
trasegar (el vino) de una cuba a otra.
trasladar a alguien, -al, en castellano,
  -de Granada a Málaga, -del alemán.
traspasar (la herencia) a los huérfanos.
traspasarse en el trato.
trasplantar de una parte a, -de una
  parte en otra.
tratar a los vecinos, -acerca de un
  problema, -con Antonio, -de
  valiente, -en lanas, -(el óxido) por
  una pintura, -sobre una cuestión.
travesear con su amigo, -por el parque.
trepar a un árbol, -por la cuerda.
triunfar con sus aliados, -de, sobre los
  enemigos, -en el encuentro.
trocar (una cosa) con, en, por otra.
tronar con José, -contra el vicio.
tropezar con, contra, en la mesa.
turbar o **turbarse** en el examen,
  -por la pasión.

u

ufanarse con la victoria, -del triunfo.
ultrajar con insultos, -de palabra,
  -en su honor.
uncir (la yunta) al carro, -(vaca) con
  buey.
ungir con bálsamo, -por sacerdote.
uniformar a los voluntarios,
  -con los veteranos, -del mismo color.
unir (una cosa) a, con otra.
unirse a, con los compañeros,
  -en el grupo, -entre todos.
untar al funcionario, -con, de grasa.
usar de malas artes.

utilizar a Juan, -con Alonso,
-de prueba, -en la pelea.

V

vacar a sus quehaceres.
vaciar del contenido, -en yeso.
vaciarse de agua, -por la compuerta.
vacilar en la elección, -entre una
solución y otra.
vagabundear de un lado a otro,
-de un lado para otro.
vagar por la ciudad.
valer (una cosa) a millón, -ante el juez,
-con creces, -(tanto) como su
hermano, -para soldado, -por dos.
valerse de alguno o alguna cosa.
vanagloriarse de, por su familia.
varar en la arena.
variar de opinión, -en tamaño.
velar a los muertos, -en defensa de los
intereses del país, -por el bien
público, -sobre la salud.
vencer a, con, por traición,
-en la batalla, -por superioridad.
vender a Juan, -con pérdida, -de
contrabando, -en un millón, -por
diez millones
venderse a alguno, -en tanto,
-por dinero.
vengarse de una ofensa,
-en el mismo lugar, -por el crimen.
venir o **venirse** a casa, -con coche,
-(el enemigo) contra nosotros,
-de Sevilla, -desde Valencia,
-en decretar, -hacia, hasta aquí,
-para las vacaciones, -por buen
camino, -sobre alguien una
desgracia.
ver al enfermo, -con sus propios ojos,
-de hacer algo, -por un agujero.
veranear en la Costa del Sol.
verse con Andrés, -en el espejo,
-entre los suyos, -sin dinero.
verter al suelo, -del cántaro, -en
español, -hacia el río.
vestir a la, de moda.
vestirse con lo ajeno, -de seda.
viajar a caballo, -de noche,
-en segunda, -hacia, hasta Granada,
-por avión.

viciarse con el, del trato de alguno.
vigilar al preso, -del castillo,
-en defensa de la ciudad, -por el bien
común, -sobre el río.
vincular (la gloria) a, en la virtud,
-sobre una hacienda.
vindicar o **vindicarse** del insulto.
violentarse a contestar,
-en responder.
virar a, hacia la costa, -de borda,
-en redondo, -hasta inclinar la barca,
-por avante, -sobre el ancla.
vivir a gusto, -con poco, -de rentas,
-desde años, -en paz, -entre salvajes,
-hacia los años veinte, -hasta cien
años, -para ver, -por milagro, -sin
pena ni gloria, -sobre la haz de tierra.
volar al cielo, -con sus propias alas,
-de rama en rama, -en avión, -por
muy alto, -sobre España.
volver a casa, -de la aldea, -en, sobre sí,
-hacia tal parte, -por el camino, -para
el pueblo, -sin retorno.
votar al candidato, -con la mayoría,
-en el pleito, -por el concejal.

Y

yacer con la amante, -ante, contra,
sobre las flores, -tras el seto, -sin
vida.

Z

zafarse de la pregunta,
-con su cómplice, -de responder,
-por la ventana.
zaherir con palabras.
zambullir o **zambullirse** en, bajo el
agua.
zamparse en la sala.
zampuzar o **zampuzarse** en el agua.
zarpar del puerto.
zozobrar con, en la tormenta.
zurcir con hilo, -de seda, -entre mallas.

7. Apéndices

1. Verbos impersonales

Los verbos impersonales, que se refieren casi siempre a fenómenos atmosféricos, sólo se emplean en las terceras personas del singular de las formas personales de los tiempos simples y compuestos del modo indicativo y subjuntivo, y en las formas no personales de los tiempos simples y compuestos del modo infinitivo y gerundio. Ejemplo: LLOVER.

FORMAS PERSONALES

MODO INDICATIVO

Tiempos simples	Tiempos compuestos
Presente (Bello: Presente)	Pretérito perfecto compuesto (Bello: Antepresente)
llueve	ha llovido
Pretérito imperfecto (Bello: Copretérito)	Pretérito pluscuamperfecto (Bello: Antecopretérito)
llov ía	había llovido
Pretérito perfecto simple (Bello: Pretérito)	Pretérito anterior (Bello: Antepretérito)
llov ió	hubo llovido
Futuro (Bello: Futuro)	Futuro perfecto (Bello: Antefuturo)
llover á	habrá llovido
Condicional (Bello: Pospretérito)	Condicional perfecto (Bello: Antepospretérito)
llover ía	habría llovido

MODO SUBJUNTIVO

Tiempos simples	Tiempos compuestos
Presente (Bello: Presente)	Pretérito perfecto (Bello: Antepresente)
llueva	haya llovido
Pretérito imperfecto (Bello: Pretérito)	Pretérito pluscuamperfecto (Bello: Antepretérito)
llov ie *ra* **llov** ie *se*	hubiera llovido hubiese llovido
Futuro (Bello: Futuro)	Futuro perfecto (Bello: Antefuturo)
llov ie *re*	hubiere llovido

FORMAS NO PERSONALES

Tiempos simples	Tiempos compuestos
Infinitivo: **llover**	Infinitivo compuesto haber llovido
Gerundio: **llov** iendo	
Participio: **llov** ido	Gerundio compuesto habiendo llovido

Se usan como impersonales los siguientes verbos:

acaecer	chispear	mayear	rielar
acantalear	chubasquear	mollinear	rociar
acontecer	descampar	mollinar	rosar
alborear	deshelar	mollinear	rugir
algaracear	desnevar	neblinear	rumorar
amanecer	diluviar	nevar	rumorear
amollinar	escampar	neviscar	runrunearse
anochecer	escarchar	obscurecer	rutilar
apedrear	escarchillar	obstar	suceder
argayar	fucilar	orvallar	tardecer
atardecer	garuar	orvayar	tempestear
atenebrarse	garugar	oscurecer	trapear
atronar	gotear	paramar	tronar
babujar	goterear	paramear	urgir
cascarrinar	granizar	parecer	ventar
cellisquear	haber	pasar	ventear
centellar	hacer	pesar	ventiscar
centellear	harinear	pintear	ventisquear
cercear	helar	poder	zaracear
clarear	lanchar	pringar	
clarecer	lobreguecer	refocilar	
coruscar	llover	relampaguear	
chaparrear	lloviznar	resultar	
chirapear	marcear	retronar	

Para ser conjugados, estos verbos toman las irregularidades propias del grupo al que pertenecen.

2. Verbos defectivos

Son defectivos los verbos que no se usan en todos los modos, tiempos o personas, y que carecen de alguna forma de la conjugación. Estos verbos son los siguientes:

se usa en:

abarse : infinitivo.
imperativo: en las segundas personas.
formas no personales.

abolir : formas cuya desinencia empieza por *i*.
indicativo: la primera y segunda personas del plural en el presente, todos los otros tiempos simples y compuestos.

subjuntivo: todos los tiempos excepto en el presente.

imperativo: sólo la segunda persona del plural.

formas no personales.

acaecer : las terceras personas del singular y del plural de todos los tiempos.

formas no personales.

acontecer : las terceras personas del singular y del plural de todos los tiempos.

formas no personales.

adir : infinitivo.

formas no personales, con referencia a *herencia.*

agredir : igual que **abolir.**

aguerrir : igual que **abolir.**

aplacer : indicativo: las terceras personas del singular y del plural del presente y del pretérito imperfecto.

formas no personales.

arrecir : igual que **abolir.**

atañer : las terceras personas del singular y del plural de todos los tiempos.

formas no personales.

aterir : igual que **abolir.**

balbucir : formas cuya desinencia empieza por *i.*

indicativo: todos los tiempos excepto la primera persona del singular del presente.

subjuntivo: todos los tiempos excepto en el presente.

imperativo: sólo en la segunda persona del singular y del plural.

formas no personales.

blandir : igual que **abolir.**

cernir : indicativo: la tercera persona del singular y del plural del presente y del pretérito imperfecto.

subjuntivo: la tercera persona del plural y del singular del presente.

formas no personales.

colorir : igual que **abolir.**

concernir : igual que **cernir.**

desabrir : sólo el participio, *desabrido.*

denegrir : sólo en las formas no personales.

descolorir : sólo el participio y el infinitivo.

despavorir : igual que **descolorir.**

embaír : igual que **abolir,** ver la conjugación en el cuadro 28.

empecer : sólo en las terceras personas del singular y del plural.

empedernir : igual que **abolir.**

garantir : igual que **abolir.** (En América no es defectivo).

guarnir : igual que **abolir.**

incoar : igual que **abolir,** pero se conjuga como **cortar.**

incumbir	:	las terceras personas del singular y del plural de todos los tiempos. fornas no personales.	
manir	:	igual que **abolir**.	
preterir	:	igual que **descolorir**.	
soler	:	indicativo: presente, pretérito imperfecto, pretérito perfecto simple y pretérito perfecto compuesto. subjuntivo: presente y pretérito imperfecto.	
transgredir	:	igual que **abolir**.	
trasgredir	:	igual que **abolir**.	
usucapir	:	sólo en las formas no personales.	

3. Verbos regulares con participio pasivo irregular

Cuando el participio pasivo es regular, se acaba en -*ado* en los verbos de la primera conjugación, y en -*ido* en los de la segunda y tercera. Algunos verbos que coinciden con una conjugación regular, tienen un participio pasivo irregular. Estos verbos son los siguientes:

abrir	abierto	**proscribir**	proscrito
adscribir	adscrito	**reabrir**	reabierto
circunscribir	circunscrito	**recubrir**	recubierto
cubrir	cubierto	**reinscribir**	reinscrito
describir	descrito	**rescribir**	rescrito
descubrir	descubierto	**romper**	roto
encubrir	encubierto	**sobrescribir**	sobrescrito
entreabrir	entreabierto	**subscribir**	subscrito
escribir	escrito	**suscribir**	suscrito
inscribir	inscrito	**transcribir**	transcrito
manuscribir	manuscrito	**trascribir**	trascrito
prescribir	prescrito		

En ciertos verbos irregulares, dicha irregularidad se ve reflejada en los participios pasivos de éstos:

absolver	absuelto	**pudrir**	podrido
decir	dicho	**rarefacer**	rarefacto
disolver	disuelto	**resolver**	resuelto
hacer	hecho	**satisfacer**	satisfecho
licuefacer	licuefacto	**tumefacer**	tumefacto
morir	.muerto	**ver**	visto
poner	puesto	**volver**	vuelto

Las mismas características se encuentran en los verbos derivados correspondientes (**anteponer, contradecir, desenvolver, deshacer, devolver, disponer, entrever, envolver, exponer, imponer, oponer, posponer, prever, proponer, rehacer, reponer, revolver, superponer, suponer, yuxtaponer,** etc.) y se exceptúan **bendecir** y **maldecir** que pertenecen al grupo de verbos con dos participios, regular e irregular, que sigue a continuación.

4. Verbos con dos participios

absorber	absorbido	absorto
abstraer	abstraído	abstracto
afligir	afligido	aflicto
ahitar	ahitado	ahíto
atender	atendido	atento
bendecir	bendecido	bendito
bienquerer	bienquerido	bienquisto
circuncidar	circuncidado	circunciso
compeler	compelido	compulso
comprender	comprendido	comprenso
comprimir	comprimido	compreso
concluir	concluido	concluso
confesar	confesado	confeso
confundir	confundido	confuso
consumir	consumido	consunto
contundir	contundido	contuso
convencer	convencido	convicto
corregir	corregido	correcto
corromper	corrompido	corrupto
despertar	despertado	despierto
desproveer	desproveído	desprovisto
difundir	difundido	difuso
dividir	dividido	diviso
elegir	elegido	electo
enjugar	enjugado	enjuto
excluir	excluido	excluso
eximir	eximido	exento
expeler	expelido	expulso
expresar	expresado	expreso
extender	extendido	extenso
extinguir	extinguido	extinto
fijar	fijado	fijo
freír	freído	frito
hartar	hartado	harto
imprimir	imprimido	impreso

incluir	incluido	incluso
incurrir	incurrido	incurso
infundir	infundido	infuso
ingerir	ingerido	ingerto
injertar	injertado	injerto
insertar	insertado	inserto
invertir	invertido	inverso
juntar	juntado	junto
maldecir	maldecido	maldito
malquerer	malquerido	malquisto
manifestar	manifestado	manifiesto
manumitir	manumitido	manumiso
marchitar	marchitado	marchito
nacer	nacido	nato
omitir	omitido	omiso
oprimir	oprimido	opreso
pasar	pasado	paso
poseer	poseído	poseso
prender	prendido	preso
presumir	presumido	presunto
pretender	pretendido	pretenso
propender	propendido	propenso
proveer	proveído	provisto
recluir	recluido	recluso
reimprimir	reimprimido	reimpreso
retorcer	retorcido	retuerto
salpresar	salpresado	salpreso
salvar	salvado	salvo
sepultar	sepultado	sepulto
sofreír	sofreído	sofrito
soltar	soltado	suelto
substituir	substituido	substituto
sujetar	sujetado	sujeto
suprimir	suprimido	supreso
suspender	suspendido	suspenso
sustituir	sustituido	sustituto
teñir	teñido	tinto
torcer	torcido	tuerto
torrefactar	torrefactado	torrefacto

En los verbos **freír, imprimir, prender** y **proveer,** los dos participios, regular o irregular, se usan indistintamente; no obstante, en los demás verbos el participio irregular sólo se usa como adjetivo y no para formar los tiempos compuestos.

Índice

Imp. TARDY QUERCY S.A. Bourges - D.L. Mars 1987 - N° Édit. 9670 - N° Imp. 13528
Imprimé en France